厦|门|大|学|法|学|院|经|济|法|学|文|库

朱崇实 刘志云 总主编

公司机会规则研究

谢晓如 著

厦门大学出版社 国家一级出版社
XIAMEN UNIVERSITY PRESS 全国百佳图书出版单位

总　序

　　与传统的部门法相比,经济法在我国产生比较晚,它肇始于改革开放以后的巨大变革时代,从一开始就立足于国家控制经济和经济体制改革的背景,经历了从计划经济到"有计划的商品经济"再向市场经济跃迁的经济体制改革进程。也正由此,经济法具有很强的本土性,中国经济法学研究从一开始就充分关注本土性问题。同时,不断变革的时代背景也决定了经济法是中国法律体系中最活跃的,也是最易变的法律。自身成长壮大的需要和社会经济变革的要求,都注定它必须面向不断试错的、渐进的社会转型,回应和影像市场经济跌宕起伏的动态,在完成型塑我国社会经济的过程中不断发展、嬗变和成熟。

　　自改革开放以来,伴随着社会主义市场经济体制的逐步确立,经济法研究在我国蓬勃兴起,各种理论观点交相辉映。过去的三十余年里,在与其他部门法的论争中,经济法学界逐渐廓清了诸多方面的混沌认识,并在向市场经济转轨的经济社会变迁历程中,辅助立法部门构建起中国的经济法律体系,确立了经济法在整个社会主义法律体系中不可替代的独立性地位。特别是伴随着《中国人民银行法》、《银行业监督管理法》、《企业所得税法》、《反垄断法》、《企业国有资产法》等一批经济立法的生效,以宏观调控法和市场规制法为主体的经济法律体系逐步建立起来了。在整个法律框架内,经济法在我国的社会经济生活中所起的作用变得越来越重要,并将同其他部门法,特别是民法、行政法等协调配合,共同实现法律体系对社会经济的调整功能。

　　厦门大学法学院是全国较早开展经济法教学和科研的单位之一。1980年厦门大学法律系复办时,就开设了经济法课程,并在民法教研室中设立了经济法教研组;1982年正式成立了经济法教研室;1994年经国家教委批准,设立了经济法专业,开始培养本科生人才;1996年经国务院学位委员会批准,设立了经济法硕士点，开始招收硕士研究生；2004 年，厦门大学经济法学研究中心成立；2005 年，开始挂靠其他专业博士点招收"金融法、法律经济学"方向的博士研究生。2006 年，在我校获得法学一级学科硕士、博士学位授予权的基础上，设立了经济法博士点，成为我国经济法高层次专门人才的培养基地之一。立足于现有基础，厦门大学法学院经济法学科将保持并发扬在金融法、经济法基础理论与宏观调控法和财税法等研究方向上的鲜明特色，坚持"国内经济法与国际经济法问题相结合，以国内经济法为主"和"法学与经济学相结合，以法学为主"的原则，顺应经济全球化和世界经济一体化的时代发展潮流，以我国建设社会主义法治国家和市场经济体制为契机，积极开展经济法学理论研究与制度构建工作，在国内经济法学界继续保持较高的学术地位和学术影响。

"厦门大学法学院经济法学文库"的编辑出版，是依托厦门大学经济法教研室和厦门大学经济法研究中心进行学科建设和发展的一项新举措，以"前沿意识、精品理念"为指导，以系列学术专著、译著的形式，集中展现我国经济法领域的专题研究成果，促进学术繁荣和理论争鸣。"文库"稿件的来源以厦门大学法学院的学者、校友在经济法领域的专著、译著为主，也欢迎国内经济法学者和司法机关的工作人员不吝惠赐佳作。"文库"坚持作品的原创性标准，理论构建与司法实践并重，崇尚严谨的治学态度，鼓励学术上的革故鼎新与百家争鸣。在出版经济法学专家学者力作的同时，也关注经济法学界的新人新作，包括在优秀博士学位论文基础上扩充整理的学术专著，在他们的学术之路上扶上一马、送上一程。

我们期望"文库"不但成为经济法专家学者交流思想的平台，成为青年才俊迈向学术生涯的入口，成为经济法学研究成果汇集的智库，更力图使其能为变动不居的社会主义市场体制运行提供前沿理论探索和阶段性制度保障，为中国的法治之路贡献自己的绵薄之力。

朱崇实　刘志云

2010 年 11 月 8 日

内容摘要

在现今市场竞争日益激烈的时代,商业机会的竞争显得尤为重要。公司不仅要面对外部市场上竞争者对商业机会的争夺,更要防止公司内部经营者篡夺本属于公司的商业机会。如果公司经营者利用职务之便将公司的商业机会篡为自用,公司的发展便无从谈起,更不用说在市场竞争中立于不败之地。因此,英美法院发展出公司机会规则(Corporate Opportunity Doctrine),用以限制公司经营者篡夺公司的商业机会。我国《公司法》也于 2005 年引进了这一规则。公司机会规则虽然较易表述,但是在实务操作上还有许多复杂的问题困扰着法院。例如,应如何认定公司机会、公司经营者何时方可利用该机会,等等。因此,进一步厘清这些问题就成为当前的重要课题。

全书分为导论、正文和结论等三部分。其中正文共分为五章,分别对公司机会规则的理论基础、规范主体、行为认定、抗辩事由以及法律救济等方面,进行较为深入的讨论。

第一章阐述了公司机会规则的法理基础和经济学基础。公司机会规则由英美法院多年的判例法累积发展而来,与竞业禁止规则、商业判断规则等在规范范围方面存在差异,有其独立存在的价值。公司机会受法律保护并不是因其具有传统民法上的财产和权利属性,而是因为公司经营者对公司负有忠实义务,公司相对于经营者而言对机会拥有特殊权利。此外,从经济学角度分析,公司机会规则对减少代理成本、提高整体经济效率有重要作用。

第二章对公司机会规则的义务主体与权利主体进行分析。在义务主体方面,包括董事、高级管理人员在内的传统义务主体理应受公司机会规则的约束,只不过在实践上应注意合理认定其身份。此外,独立董事、控制股东和监事也可适用公司机会规则,但是,基于他们在公司中的地位和权限,承担的义务范围和程度要低于董事和高级管理人员。在权利主体方面，公司作为当然的权利主体受到公司机会规则保护，但人合性公司与资合性公司应适用宽严不同的规则。而股东个体和债权人则不能主张公司机会规则的保护。

第三章主要讨论公司机会规则的行为规范。美国主要采用认定公司机会的方式来确定经营者是否存在篡夺公司机会的行为，进而发展出一系列认定公司机会的标准，包括利益或预期标准、经营范围标准、公平标准、两步分析标准以及美国法学会在《公司治理原则：分析与建议》中提出的事前披露标准。而英国则采用传统的利益冲突方法，通过判断经营者利用机会是否会与公司产生利益冲突，来确定他们是否存在篡夺公司机会的行为。我国的司法实践应参考美国法认定公司机会的标准，确定公司经营者是否存在篡夺公司机会的行为。

第四章考察了在司法实践中常见的篡夺公司机会的抗辩事由，主要包括无能力抗辩和公司批准抗辩两个方面。其中，无能力抗辩可细分为财务无能力、法律上无能力和第三方拒绝与公司交易等。为了防止公司经营者隐瞒事实和不尽最大努力等道德风险，原则上不应支持无能力抗辩。公司经营者只有向公司披露并获得公司批准同意其利用机会，才能获得免责。这就需要从实体和程序上构建披露和批准的规范，比如披露的范围和程度、批准的适格机关、参与批准的成员的独立性等。

第五章为篡夺公司机会的法律救济。在英美法中，篡夺公司机会的法律救济方式以拟制信托、损害赔偿为主。带有浓重衡平法色彩的拟制信托对于限制公司经营者篡夺公司机会具有明显的制度优势。然而，我国现行公司立法和司法实践主要以大陆法上的公司归入权作为篡夺公司机会的法律救济。我国立法应进一步改进归入权制度，以便归入权与损害赔偿两种救济措施在适用时相互配合，达到最佳效果。

关键词：公司机会；忠实义务；利益冲突

ABSTRACT

With the market competition being increasingly competitive, competitions around business opportunityis particularly important. Not only do corporations face the fierce struggles from rivals for business opportunities, but prevent inner executives from usurping the corporate opportunities. If the corporate executives by his position divert the business opportunities from the corporations to himself, the corporations' development can go nowhere, let alone to keep the leading status in market competitions. Therefore, Corporate Opportunity Doctrine are created by English and American courts to curb the executives diverting the corporate opportunities. Simple to be made clear in theory as it may be, many problems may emerge in practice, like what is Corporate Opportunity, when the corporate executives may take advantage of it. Such issues have been bothering courts and scholars in England and the USA. The Corporate opportunity Doctrine was brought in China Corporation Law in 2005, thus solving these problems has become an important issue in the current.

This dissertation isfunctionally divided into 3 parts—Introduction, Text and Conclusion. The text consists of 5 chapters which are around the discussion about corporate opportunity Doctrine, including basic theories, subjects, conduct, defenses and legal remedies.

Chapter 1 centers on the corresponding legal theories and financial basis. Corporate Opportunity Doctrine originated from previous cases in England and America, differing from The Non-Compete and Self-Dealing in ranges, thus displaying its own value. The legal base that corporate opportunities are protected by law is not due to the corporations' attributes of civil law and right, but to the duty of loyalty from executives. Besides, in terms of its economic analysis, it is of great use in decreasing agency costs and enhancing social economic efficiency.

Chapter 2 is developed around the duty and right subjects applied to the Corporate Opportunity Doctrine. As for the duty subjects, traditional subjects are directors, senior managers. In addition, the specific subjects of independent directors, supervisors and controlling shareholders should be regulated by the Corporate Opportunity Doctrine, but shoulder less blame and responsibility than ordinary staff. As for right subjects, corporations should be protected by the Doctrine, but shareholders, and creditors can't claim the rights.

Chapter 3 centers around the act norms of Corporate Opportunity Doctrine. American law applied some standard, including Interest or Expectancy Test, Line of Business Test, Fairness Test, et, to identify whether a usurpation exist or not; whereas Interest-conflicts Approach is used in England, that is, whether interest-conflicts exist is taken into account to determine if a usurpation happens. China should refer to America standard to identify the existence of usurpation.

Chapter 4 mainly explores commonly defenses in cases, including defenses of inability and corporate approval. Defenses of inability encompasses the financial inability defense, legal inability defense and the refusal-to-deal defense. In order not to trigger dishonesty and immoral conduct, defenses of inability should not be accepted. Exemption can be approved only by the approval of related corporations. The rules should be elaborated, like its range and degree, qualified corporate organizations, independence of the members, etc.

In Chapter 5, legal remedies are mainly discussed. In England and the USA, constructive trust, compensation for damages are main remedies. The constructive trust is extraordinarily advantageous in regulating executives' usurpation. However, in China the disgorgement seems to be main remedy because of civil law tradition. China should improve the disgorgement sys-

tem which cooperates with compensation for damages to achieve
the best results.

Keywords:Corporate Opportunity; Duty of Loyalty; Conflict of Interest

◎

内
容
摘
要

目　　录

目
录

导 论

一、写作背景

在英美法中,公司董事和高级管理人员的忠实义务是公司法最重要和最复杂的领域之一。这一义务最受争议、最吸引人们兴趣的方面无疑是公司机会规则(Corporate Opportunity Doctrine)。英美公司法为防止公司董事和高级管理人员利用其在公司中的优势地位篡夺属于公司的商业机会,发展出公司机会规则,作为董事和高级管理人员的忠实义务之一。该规则要求公司董事和高级管理人员不得未经公司同意将属于公司的商业机会篡为己有,否则公司可请求其返还从该商业机会所获得的利益。

英美国家将董事、经理视为公司的受信人(Fiduciary),负有不得利用公司职务之便为自己牟取利益的信义义务(Fiduciary Duty),当某个商业机会属于公司机会时,禁止公司的受信人将这种机会占为己有。① 英美学者普遍认为公司机会规则产生于英国 1726 年的著名信托判例 Keech v. Sandford 一案。② 该案所确立的一条基本原则是:"除非委托人同意,受托人不得利用其地位牟利。"③然而,法院和学界争议最大的问题是如何确定公司机会的认定

---

① [美]罗伯特・C.克拉克:《公司法则》,胡平等译,中国工商出版社 1999 年版,第 115 页。

② Paul L. Davies, *Gower's Principles of Modern Company Law*, 6th ed., Sweet & Maxwell, 1997, p.616.

③ L. D. Solomon, D. E. Schwarts & E. J. Weiss, *Corporations: Law & Policy*, West Pub. Co., 1994, p.793.

标准。美国判例法曾经总结了一系列认定公司机会的标准。1900年阿拉巴马州的 Lagarde v. Anniston Lime&stone Co.①一案确立了董事不得篡夺公司拥有"利益或预期"之机会的准则,这即所谓的"利益或预期标准"(Interest or Expectancy Test)。此后,特拉华州最高法院于1939年在 Guth v. Loft②一案中提出了认定公司机会的"经营范围标准"(Line of Business Test),只要某商业机会处在公司的经营范围之内,即为公司机会,而不管公司对之是否有利益或预期。1948年马萨诸塞州最高法院在 Durfee v. Durfee&Canning, Inc.③一案中提出了"公平标准"(Fairness Test),根据这种标准,只要公司董事或经理利用某一机会对公司而言是不公正的,则这种商业机会即属于公司机会。1974年明尼苏达州最高法院在 Miller v. Miller④一案中将经营范围标准和公平标准结合起来,也称为"两步分析法"(Two-Step Analysis),即在根据经营范围标准确定公司机会后,再确定篡用公司机会的董事或经理是否违背了他作为受信人对公司的忠实义务。

英美学界对于法院的判例作了许多介绍和评论。据考证,关于公司机会问题的第一次学术研究出现在1916年美国明尼苏达州的法律评论综述中,这个综述收集了大量与公司机会问题相关的案件。⑤虽非承认公司机会规则,但明尼苏达州的文章认为,有关公司机会的案件在通常的忠实义务框架内得到了恰当的评估。根据这种观点,董事只有在挪用公司资产或侵害公司利益等不忠情况下利用了一个机会,施加法律救济措施才是正当的。否则,董事应可自由利用机会。此后,学者们对公司机会规则的评论性文章越来越多,其中比较有影响力的是1943年阿戈斯蒂尼(Agostini)和吉尔伯特(Gilbert)的评论⑥、托马斯(Thomas)在1952年发表的案例注解⑦以及普伦蒂斯(Prentice)

---

① Lagarde v. Anniston Lime&stone Co., 28 So. 199 (Ala. 1900).

② Guth v. Loft, Inc., 5 A. 2d 503 (Del. 1939).

③ Durfee v. Durfee&Canning, Inc., 80 N. E. 2d 522, 529 (Mass. 1948).

④ Miller v. Miller, 301. Minn. 207, 222 N. W. 2d 71 (Minn. 1974).

⑤ William. A New New Look at Corporate Opportunities, http://ssrn.com/abstract=446960,下载日期:2009年10月16日。

⑥ Altero Aagostini, Robert W. Gilbert, Corporations: The Doctrine of Corporate Opportunities, *California Law Review*, Vol. 31, No. 2, 1943, pp. 188~199.

⑦ Thomas P. Segerson, Corporations: Officers and Directors: Corporate Opportunities Doctrine, *Michigan Law Review*, Vol. 50, No. 3, 1952, pp. 471~474.

教授在 1972 年和 1974 年接连发表的两篇文章①,这些研究大多集中在对法院相关公司机会判例的评述上。

1981 年,美国学者布鲁尼(Brudney)和克拉克(Clark)曾撰文指出,由于封闭公司和公开公司股东的预期值不同,公司机会规则应该与它所规制的公司相一致,对封闭公司和公开公司作不同的调整。② 他们的文章被认为是关于公司机会问题的“杰作”,③标志着公司机会规则研究的转折点,推动了公司机会规则的学术研究蓬勃发展。④ 相应的,公司机会规则在立法和司法实践中也出现了不同的模式和判断标准。许多学者对公司机会规则的模糊和混乱状况十分不满,他们建议简明的规则或者清晰的程序。⑤ 美国法学会(American Law Institute,ALI)在 1984 年发布的《公司治理原则:分析与建议》(ALI, Principles of Corporate Governance: Analysis and Recommendations, PCG)⑥中对公司机会问题作了规定,其中关于公司机会问题的规则大部分还是采用布鲁尼和克拉克提供的框架。1994 年美国法学会将《公司治理原则:分析与建议》修订后再版,在第 5.05 条(a)款中详细规定了公司机会规则的具体内容、判断标准和适用程序。⑦ 自美国法学会提出公司机会规则之后,美国

---

① D. D. Prentice, Directors Fiduciary Duties: The Corporate Opportunity Doctrine, *Canadian Bar Review*, Vol. 50, 1972, p. 623; D. D. Prentice, The Corporate Opportunity Doctrine, *The Modern Law Review*, Vol. 37, No. 4, 1974, pp. 464~468.

② Victor Brudney & Robert Clark, A New Look at Corporate Opportunities, *Harvard Law Review*, Vol. 94, No. 5, 1981, p. 998.

③ Talley & Eric, Turning Servile Opportunities to Gold: A Strategic Analysis of the Corporate Opportunities Doctrine, *Yale Law Journal*, Vol. 108, No. 2, 1998, p. 284.

④ William. A New New Look at Corporate Opportunities, http://ssrn. com/abstract=446960,下载日期:2009 年 10 月 16 日。

⑤ Pat Chew, Competing Interesting in the Corporate Opportunity Doctrine, *North Carolina Law Review*, Vol. 67, 1989, p. 435; Michael Begert, The Corporate Opportunity Doctrine and Outside Business Interests, *University of Chicago Law Review*, Vol. 56, 1989, p. 827.

⑥ 美国法学会只是一个民间机构,它发布的《公司治理原则:分析与建议》文本并非法律。但美国法学会自成立以来一直致力于推动美国各州法律的统一,如同《美国统一商法典》和《美国示范公司法》一样,《公司治理原则:分析与建议》也是供各州采用的立法范本,在美国法律界有很大影响力。

⑦ 美国法学会编:《公司治理原则:分析与建议》,楼建波等译,法律出版社 2006 年版,第 406~407 页。

律师协会商法部的公司法委员会（the Committee Laws of the Section of Business Law of the American Bar Association）在《公司董事指南》（*Corporate Director's Guidebook*）[①]中也规定了公司机会规则。自此，有关公司机会规则的研究在英美国家进入了繁荣时期。

尽管在布鲁尼和克拉克的影响下，关于公司机会规则的学术性评论更多了，但是规则的混乱还是继续存在，并未更接近"难以捉摸的明晰化目标"。[②] 英美法院继续运用一系列不同的标准来衡量公司对机会的权利要求，即使是权威法学家也没有对恰当的公司机会判断标准或者公司机会诉讼的实践应用达成一致意见。而法院在实务操作上也显得十分混乱，不但不同法院之间的判决大相径庭，就连同一法院的判决也常常前后矛盾。对此，学者们纷纷批评规则的模糊性、不确定性，由此使得公司经营者处于不可预知的责任风险之下。[③] 还有学者就公司机会规则所保护的利益进行了分析，对公司机会规则的判例法原则及美国法学会设计的原则均提出批评。例如，丘尔（Chew）教授指出，在多数判例中，法院过于注重公司利益，从而使公司对公司机会规则形成一种依赖，放弃了就机会竞争问题与董事、经理进行谈判的努力。其结果是公司否认了董事、经理个人发展商业机会的权利，这损害了竞争，不利于更多企业的设立。[④]

另外，有学者主张应该对董事等高级管理人员篡夺公司机会行为设立严

---

① 该《指南》于1978年首次出版发行，之后分别于1994年出版了第2版，2001年第3版，2004年第4版，2007年第5版。该《指南》1994年第2版第二章"董事的义务、责任和权利"首次规定了公司机会的内容。

② Harvey Gelb, The Corporate Opportunity Doctrine: Recent Cases and the Elusive Goal of Clarity, *University of Richmond Law Review*, Vol. 31, 1997, p. 371.

③ Bryan Clark, UK Company Law Reform and Directions' Exploration of Corporate Opportunities, *International Company and Commercial Law Review*, Vol. 17, No. 8, 2006, pp. 238~239.

④ 丘尔教授指出："判例往往把公司看成是无助的、易受伤害的而又一贯正确的受害方（victim），而把董事、经理视为肆无忌惮的、为了个人贪欲而忘记自己对公司的义务的人。对公司机会的争议进行近距离、仔细的推敲会发现，这种想象其实是过于简单化的和不切实际的。对公司的被信任者来说，公司机会规则的后果是十分严厉的，它禁止被信任者与公司竞争，即使他们事先并未签订不竞争协议。这种限制有违个人追求利益和施展才能的权利，不利于促进竞争和长远的社会目的。随着限制范围的扩大，问题也就日益严重。"See Pat Chew, Competing Interesting in the Corporate Opportunity Doctrine, *North Carolina Law Review*, Vol. 67, 1989, p. 436.

公司机会规则研究

厦门大学法学院经济法学文库

格的限制。汉密尔顿（Hamilton）认为，公司机会规则"是一个信托概念，它限制高级管理人员、董事和雇员利用那些属于公司的机会谋取个人利益的权利"。[①] 泰利（Talley）教授认为，公司机会诉讼应遵守的规则是，一旦一个新的项目被认为是公司机会，在没有首先提供给公司和披露利益冲突的情况下，受信人不能篡夺它。在没有充分披露或无公司适当拒绝的情况下追求项目，即构成违反信义义务行为，而承担可怕的后果：公司可获得禁令救济、受信人吐出收益甚至惩罚性赔偿。[②] 越来越多的学者开始赞同这种较为严厉的处罚。

总的来说，在英美国家，公司机会规则受到法院和学者的高度关注，关于公司机会规则的判例和研究成果十分丰富。然而，虽然英美公司机会规则具有自身完整的框架体系，但是英美理论和实务界对公司机会规则的许多重要问题，诸如公司机会的认定、董事何时方可利用机会等等，至今尚未达成一致意见。

由于受大陆法系传统的影响，我国公司经营者篡夺公司机会一直由竞业禁止规则规范。近年来，随着市场经济的深入推进，我国也大量出现了公司董事和高级管理人员篡夺公司商业机会的情形。实践中许多篡夺公司机会的情形并无法通过竞业禁止规则来约束和规范。为了保护公司和股东利益，我国2005年修订的《中华人民共和国公司法》第149条第1款第5项规定："董事、高级管理人员不得有下列行为：未经股东会或者股东大会同意，利用职务便利为自己或者他人谋取属于公司的商业机会，自营或者为他人经营与所任职公司同类的业务。"这是我国参照英美法上的公司机会规则，在《公司法》中首次规定董事、高级管理人员篡夺公司机会之禁止义务，对于遏制董事、高级管理人员利用自身在公司中的特殊地位篡夺公司机会具有积极的现实意义。然而，我国虽将这一英美判例法规则成文化，但我国《公司法》对于公司机会规则的具体适用内容应如何设计，以及对于争议的解决之道，没有规定或者仅有原则性的规定。公司机会规则在英美公司法经过一百多年的发展，现已经发展成为一个较为完整的判例法规则体系。相较于英美判例法上公司机会规则的丰富内容，我国公司机会规则的立法显得比较粗疏。在我国成文法传统下，这不利于公司机会规则在审判实践中发挥其应有的作用。笔者搜索近年来我国

---

① Robert W. Hamilton, *The Law of Corporations in a Nutshell*，法律出版社1999年版，第565页。

② Talley & Eric, Turning Servile Opportunities to Gold: A Strategic Analysis of the Corporate Opportunities Doctrine, *Yale Law Journal*, Vol. 108, No. 2, 1998, p. 279.

法院的审判案例之后发现,我国法院在审判实践中很少运用公司机会规则。而公司机会规则能否在审判实践中得到恰当运用,直接关系到我国立法移植该规则的成败。

因此,如何理解和适用公司机会规则,无疑是我国《公司法》目前亟须解决的重要课题之一。笔者选取公司机会规则作为研究主题,通过对英美等国家公司机会规则内容、相关法规、学说见解及实务案例的比较研究,以及对我国现行法相关规定的缺失加以检讨,建构出符合我国国情的公司机会规则框架和内容,以便能将抽象性原理于法条中具体落实,为立法机关未来修法时提供参考,进一步完善我国《公司法》对经营者忠实义务的规范。

二、写作意义

在公司经营法制中,近年来各国颇为关注公司治理(Corporate Governance)这个公司法基本议题。公司治理的主要目标是解决公司所有权和经营权相分离状态下股东和经营者之间的利益冲突问题,引导和激励经营者实现公司利益的最大化。因此,公司治理机制的确立,可大大减少由两权分离所导致的所有者与经营者之间利益冲突的问题,是公司发展和壮大的内部原动力。健全公司治理机制,除企业自律、市场机制外,将公司经营者忠实义务的内容加以法律化应是其根本保障。为了确保经营者得以忠于职守,避免公司经营者为个人私利或他人利益而进行利益输送、掏空公司资产,各国普遍将经营者忠实义务作为公司治理议题中的核心概念。公司机会规则最早起源于英美国家,是处理董事、经理与公司之间利益冲突的一个重要准则。公司机会规则是关于公司经营者不得篡夺公司机会的忠实义务规则,对于实现公司治理所有者和经营者之间利益平衡的目标,有着重要的作用。本书从平衡公司和经营者之间的利益冲突角度出发,对公司机会规则进行了系统的研究,对于完善我国公司经营者义务体系,健全我国公司治理机制有着十分重要的理论意义。

另外,我国公司的“内部人控制”情形非常普遍,公司董事和高级管理人员等内部人员利用职权损害公司利益谋取自身利益的现象多发常见,实践中利用职权篡夺公司商业机会谋取私利、损害公司利益的行为更是层出不穷。一般而言,公司内部人员违背忠实义务损害公司利益比外部竞争者使用不正当竞争手段给公司造成的损害要大得多,不仅给公司造成了巨大损失,而且还严重侵害了国家和广大中小投资者的利益。并且,由于商业机会具有潜在性和不确定性等特征,董事等高级管理人员将公司商业机会篡为己用难以被发觉,原告往往难以证明商业机会的存在以及商业机会属于公司，往往造成违法失信之人逍遥法外。因此，本书对公司机会规则的立法完善和司法适用进行比较系统的研究，对于我国司法实践遏制经营者篡夺公司机会，防止公司经营者利用职务之便谋取私利损害公司，有着十分重要的现实指导意义。

公司机会规则引起我国国内学者注意是在 20 世纪 90 年代中后期。我国学者对公司机会规则的研究呈现以下特点：第一，研究尚处在引进和吸收阶段，主要表现为对英美公司机会规则有关知识和原理的介绍，缺乏专门针对公司机会规则的研究性、制度性论述。公司机会规则仅仅被作为一个专题或者一个章节加以论述，缺乏以公司机会规则为题目或关键词的专著或博士论文，这也说明我国理论界对公司机会规则的研究并不十分系统和深入。第二，研究未能紧密结合我国立法与司法实践，理论性的研究较多，对策性研究较少，对我国的公司机会规则的立法完善和司法实践的指导作用有限。因此，笔者试图对英美法上的公司机会规则和我国公司机会规则的理论和实践上的重大问题作较为系统深入的研究，希望能够对我国公司法学界研究公司机会规则起到抛砖引玉的作用。

三、题目界定与研究范围

公司机会规则是从英美法院判例发展起来的司法审查标准。在英美国家，成百上千的案例都是运用这一规则审理的。公司机会规则不仅在公司领域，在其他商事组织中也有用武之地。史蒂芬（Stephen）教授就将"公司机会"称为"组织机会"（Orgnization Opportunity），认为信托、代理、合伙等其他商事组织的商业机会也不容篡夺，信托法、代理法、合伙法等其他商事法中也应有禁止篡夺"组织机会"的规定。① 法院经常承认，即使原告不是一个公司，公司机会规则也是适用的。②

我国采用"民商合一"的立法体例，并没有一部专门的"企业组织法"规定

---

① Stephen M. Bainbridge, Rethinking Delaware's Corporate Opportunity Doctrine (November, 062008), http: //ssrn. com/abstract = 1296962，下载日期：2009 年 5 月 26 日。

② 例如，在 U.S. West v. Time Warner 一案，法院即对时代华纳娱乐这一有限合伙组织适用了公司机会规则。See U.S. West v. Time Warner, 1996 WL 307445 (Del. Ch. 1996).

企业组织形式,而是在基本民事法中对作为民事主体的企业组织体系作出概括性的规定,再通过作为民法特别法的公司法和合伙企业法等不同的法律分别加以规范。我国现行企业组织体制,除了独资、合伙之外,以公司型企业组织最具代表性,包括有限责任公司及股份有限公司两种。因此,探讨公司机会规则不应局限于公司法,而应将其置于整个民法体系中予以考虑,这样才能作出比较完整的界定和判断。因此,本书的"公司机会"一词,除特别说明之外,也应作广义的"组织机会"理解,公司机会规则应适用于所有企业组织。但本书为了研究方便和遵循用语习惯,以"公司"这一主要形式为例进行研究,仍然将书名题目界定为"公司机会规则"。

同理,篡夺公司机会之禁止义务的主体也不仅仅局限于董事,还包括经理等公司高级管理人员。控制股东行使控制权干预公司经营管理的,同样也必须受到篡夺公司机会之禁止义务的约束。另外,在信托、代理和合伙等商业组织中,相应的经营管理人员(受托人、代理人和合伙人等)也负有不得篡夺商业机会的义务。笔者将以上所述人员称为经营者(Executives)。但是,公司机会规则主要是从董事篡夺公司机会的案例中发展而来,董事是篡夺公司机会之禁止义务最主要的主体。本书为了行文方便,除专门讨论其他义务主体的相关章节之外,其余章节皆以董事为例进行论述。

第一章
公司机会规则的基本理论

　　公司机会规则作为一个判例法规则,具有极强的可操作性和实践性。因此,法院非常注重公司机会规则在个案中的具体适用。然而,随着时间的累积,公司机会案例数量越来越多,案情也越来越繁杂,法院往往疲于应付公司机会案件中各种新情况和新问题。这就需要对公司机会规则中起基础性作用并具有稳定性、根本性、普遍性特点的理论原理进行探讨。事实上,公司机会规则不仅是一个判例法规则,同时也是一个内涵丰富、体系完整的理论。本章拟从公司机会规则的概念、法理基础以及经济学基础等方面,对公司机会规则的基本理论进行分析。

第一节　公司机会规则的概念

一、公司机会规则的基本含义

　　公司机会规则(Corporate Opportunity Doctrine)是由英美判例法发展起来的规则,我国学者将"Corporate Opportunity Doctrine"译为"公司机会规

则"①、"公司机会准则"②、"公司机会条规"③、"公司机会理论"④等,虽然翻译的名称不一致,但其实质内容相同,本书拟采用"公司机会规则"这一译名。⑤

公司机会规则作为一个"公司和经营者之间分配财产权利的机制"⑥,于英美国家的判例法已存在一百多年。法院多年来一直在努力界定"公司机会"、"充分披露"以及"恰当拒绝"的精确定义,然而收效甚微。有法院指出:"为寻找一个能够包容一切或决定性的确定不法篡夺机会行为的标准,我们已经搜索了判例法和评注,但毫无所获,公司机会规则可能是不能够精确定义的。相反,法院似乎根据每个案件的具体事实和情况禁止或允许公司经营者利用商业机会。"⑦虽然学术界对公司机会规则作了广泛研究,但对其内涵与外延远未达成共识。有学者甚至指出:"公司机会法律规则是在所有的公司法律规则中最不令人满意的分支。"⑧然而,虽然公司机会规则是一个开放的体系,随着判例的发展而不断丰富自身的内容,但它并不是没有自己的轮廓和边界。本书尝试从英美判例和成文法等角度探究公司机会规则的基本含义。

(一)判例法规则

1939 年,在公司机会规则的里程碑式案件 Guth v. Loft⑨一案中,美国特拉华州最高法院提出并详细解释了规范公司机会的规则、标准和例外。法院

---

① 刘俊海:《股份有限公司股东权的保护》,法律出版社 1997 年版,第 247 页。

② 曹顺明:《股份有限公司董事损害赔偿责任研究》,中国法制出版社 2005 年版,第 171 页。

③ 张开平:《英美公司董事法律制度研究》,法律出版社 1998 年版,第 264 页。

④ 张民安:《现代英美董事法律地位研究》,法律出版社 2007 年第 2 版,第 410 页。

⑤ 我国学者对"Corporate Opportunity Doctrine"翻译的差别仅仅是对英文"Doctrine"一词的理解不同,"Doctrine"一词的本意为"学说"、"理论",但综合考察英美判例法可知,"Corporate Opportunity Doctrine"是法院用来确定商业机会在公司和经营者之间权利归属的实务操作"规则","Doctrine"在此处已丧失"学说"、"理论"的原意。而"准则"、"条规"等虽然与"规则"内涵相仿,但似乎不太符合法律术语习惯,故本书采"公司机会规则"来指称"Corporate Opportunity Doctrine"。

⑥ Delarme R. Landes, Economic Efficiency and the Corporate Opportunity Doctrine: In Defense of a Contextual Disclosure Rule, *Temple Law Review*, Vol. 74, 2001, p. 843.

⑦ Miller v. Miller, 222 N. W. 2d 79-80 (Minn. 1974).

⑧ Victor Brudney & Robert Clark, A New Look at Corporate Opportunities, *Harvard Law Review*, Vol. 94, No. 5, 1981, p. 998.

⑨ Guth v. Loft Inc., 23 Del. Ch. 255, 5 A. 2d 503 (1939).

认为："公司董事和高级管理人员不得利用其受信任地位来谋取私人利益。"①
法院在本案提出了认定公司机会的"经营范围标准"："如果公司董事或高级管理人员获得商业机会，是公司在财力上能够承担，并且从其性质而言，是在公司的经营范围（Line of Business）之内，对公司有实际的利益，公司在机会中拥有利益或合理的预期，以及董事或高级管理人员利用机会将使得自我利益与公司利益相冲突，法律就不会允许他们为自己而利用机会。"②法院还对公司的"经营范围"作了如下界定："当从事特定业务的公司面临一个具有实施该机会的基本知识、实际经验和能力的机会时，只要从逻辑上和本质上说，该公司具有实施该机会的经济实力，且该机会符合公司的合理需要及扩张要求，那么就可以说，该机会是在公司的经营范围之内，该机会是属于公司的机会。"③

可见，特拉华州最高法院主要从公司经营范围的角度来界定公司机会规则的含义。虽然美国法院在关于公司机会的其他案例中也作了较具影响力的论述，典型的如 1900 年的 Lagarde v. Anniston Lime&Stone Co. ④案、1934年的 Irving Trust Co. v. Deutsch⑤ 案、1948 年的 Durfee v. Durfee&canning, Inc. ⑥案、1974 年的 Miller v. Miller⑦ 案、1985 年的 Klinicki v. Lundgren⑧ 案、1996 年的 Broz v. Cellular Information Systems, Inc. ⑨案等，但是特拉华州最高法院在 Guth v. Loft 一案确立的公司机会规则至今仍被美国法院广为引用，成为界定公司机会规则含义的代表性概念。

特拉华州最高法院 1996 年在 Broz v. Cellular Information Systems, Inc 一案对 Guth 案提出的公司机会规则要点进行了全面的归纳：第一，董事利用商业机会的权利是与公司追求机会的财力直接相关的。第二，如果机会是在公司的经营范围内，董事不得私自利用它。第三，如公司在机会中有利益或期待，董事就不得利用机会。第四，如果利用机会使得董事处于与公司的义务相

---

① Guth v. Loft Inc. , 23 Del. Ch. 255, 5 A. 2d 510 (1939).

② Guth v. Loft Inc. , 23 Del. Ch. 255, 5 A. 2d 511 (1939).

③ Guth v. Loft Inc. , 23 Del. Ch. 255, 5 A. 2d 514 (1939).

④ Lagarde v. Anniston Lime&Stone Co. , 126 Ala. 496, 28 So. 199 (1900).

⑤ Irving Trust Co. v. Deutsch, 73 F. 2d 121 (1934).

⑥ Durfee v. Durfee&Canning, Inc. , 323 Mass. 187, 80 N. E. 2d 522 (1948).

⑦ Miller v. Miller, 222 N. W. 2d 71 (1974).

⑧ Klinicki v. Lundgren, 695 P. 2d 906, 908 (Or. 1985).

⑨ Broz v. Cellular Information Systems, Inc. , 673 A 2d 148 (Del. 1996).

冲突的位置，董事就不得利用机会。①

在英国，关于公司机会的主要案例有 1916 年的 Cook v. Deeks② 案、1967 年的 Regal（Hasting）Ltd v. Gulliver③ 案、1967 年的 Boardman v Phipps④ 案、1972 年的 Industrial Development Consultans v. Cooley⑤ 案、1986 年的 Island Export Finance Ltd v. Umunna⑥ 案等。其中最为经典的案例是 Regal（Hasting）Ltd v. Gulliver 一案。本案罗素（Russell）勋爵用著名的"Regal 规则"阐述了公司机会的基本法律原则："衡平规则坚持主张，无论谁利用受信地位谋利均要返还所获利润，这绝不取决于是否欺诈或缺乏善意，也不取决于公司能否或应否获取利润、获利者是否有义务为公司寻找获取利润的资源、获利者是否因此承担了风险或为公司利益而行动、公司在事实上是否因此而受损害或得益。仅仅基于获利者已获取利润这一事实即可施加责任，无论他是多么诚实和善意，均不能逃脱向公司返还利润的责任。"⑦显然，罗素勋爵在此强调董事是否具备恶意与判决最终结论并没有必然联系。

由此可见，英国法院对公司机会规则采用了一个客观标准，该客观标准的两个要点是：具有公司受信人（Fiduciary）的身份，以及未经公司同意利用该身份从机会中获得利益。即只要具备这两点，行为人就应该对利用公司机会承担责任。因此，Regal 案关于公司机会的规则也被归纳为"禁止获利原则"（No-Profit Principle）。该原则重点关注受信人与公司利益的冲突与否，如果两相冲突，则不得与公司争利。"Regal 规则"也被称为英国公司机会的"里程碑"式规则，至今在英国广泛运用。

Guth 案和 Regal 案是美英法院处理公司机会问题的代表性案例，为我们提供了公司机会规则的主要轮廓。归纳判例实践，我们可以看出，英美法院在公司机会规则上采用了不同的视角，形成了两种不同的表述方式。其一为英国法院所采行的"禁止冲突原则"（No-Conflict Principle），这一原则重点关注公司利益、董事利益以及它们实际上或潜在的冲突可能性。如果董事等人利用商业机会可能导致其个人利益与公司利益冲突，则不得未经批准而利用该

---

① Broz v. Cellular Information Systems, Inc., 673 A 2d 155 (Del. 1996).
② Cook v. Deeks [1916] 1 AC 554.
③ Regal (Hasting) Ltd v. Gulliver [1967] 2 AC 134.
④ Boardman v. Phipps [1967] 2 A. C. 46.
⑤ Industrial Development Consultants v. Cooley [1972] 2 All ER 162.
⑥ Island Export Finance Ltd v. Umunna [1986] BCLC 460.
⑦ Regal (Hasting) Ltd v. Gulliver [1967] 2 AC 144-145.

公司机会规则研究

厦门大学法学院经济法学文库

机会;①另一为美国法院所采行的"所有权原则"(Ownership Principle),这一原则直接询问:在董事和公司之间,机会属于谁? 然后运用具体的规则确定机会属于公司还是董事,如果机会属于公司,则董事不得私自利用。②

(二)成文法的规定

公司机会规则由判例法规则发展演化而来,长期以来一直是英美公司法中关于董事忠实义务最具争议和最难理解的一部分。法院的各个判例之间常常彼此难以兼容且相互矛盾,这长期困扰着法院和学者。为了解决这些难题并清晰阐明这项规则,英美国家近年来一直尝试将公司机会规则成文化。这其中以英国《2006 年公司法》(*Companies Act 2006*)和美国《特拉华州普通公司法》(*Delaware General Corporation Law*,DGCL)为代表。

在英国,由于关于董事义务的普通法规则"普遍难以理解,不清晰且在很多领域不完善",③英国贸工部(Department of Trade and Industry, DTI)在1998 年 3 月,发起了一个大规模的公司法审查活动,负责审查活动的"公司法审查指导小组"(Company Law Review Steering Group, CLRG)于 2001 年公布了最终审查报告,名为《竞争经济中的现代公司法—最终报告》(*Modern Company Law for a Competitive Economy-Final Report*)。该《报告》建议将关于董事义务的普通法规则进行编纂,放入公司法法典,这样会使其更容易为公众所知晓和理解。

在此基础上,DTI 先后在 2002 年和 2005 年发布了《公司法的现代化》(*Modernizing Company Law*)④和《公司法改革白皮书》(*Company Law Reform White Paper*)⑤,提出了全面改革公司制度以适应现代企业需要的政府意见。根据这些意见,英国国会于 2006 年审议并通过了新公司法,即英国《2006 年公司法》。在该法第 175 条,有关公司机会的法律规则第一次以成文法形式表述:

---

① David Kershaw, Lost in Translation: Corporate Opportunities in Comparative Perspective, *Oxford Journal of Legal Studies*, Vol. 25, No. 4, 2005, p. 604.

② David Kershaw, Does it matter how the law thinks about corporate opportunities?, *Legal Studies*, Vol. 25, No. 4, 2005, p. 534.

③ Company Law Review Steering Group, *Modern Company Law for a Competitive Economy-Final Report I*, 2001, Chapter III. Section five.

④ Modernizing Company Law (Cm 5553, 2002).

⑤ Company Law Reform (Cm 6456, 2005), http://www.dti.gov.uk/cld/facts/clr.htm, 下载日期:2010 年 8 月 23 日。

第 175 条　避免利益冲突的义务

(1)公司的董事必须避免他的直接或间接利益同公司利益冲突或可能冲突。

(2)这尤其适用于利用公司的任何财产、信息或机会(不管公司是否可以利用该财产、信息或机会)。

(3)这个义务不适用与公司交易或安排引起的利益冲突。

(4)下列情况并未违反义务:(a)如果不能合理地认为该事项可能引起利益冲突;或(b)如果该事项已得到董事会成员的授权。

(5)下列情况可由董事会成员批准:(a)在私人公司中,公司章程并未禁止将利益冲突事项提交给董事会批准;或(b)在公开公司中,公司章程规定董事会可以批准所提交的利益冲突事项。

(6)仅仅在下列情况下批准方为有效:(a)讨论事项的会议符合法定人数,该人数不包括利害关系董事或相关董事;(b)利害关系董事或相关董事不能对该事项投票或如果他们的投票没有被计算在内该事项也能通过。

(7)本条所指的利益冲突,包括利益和义务冲突以及义务之间的冲突。

从条文可以看出,英国《2006 年公司法》中的公司机会规则以禁止利益冲突为出发点,询问董事从商业机会中获利是否导致其个人利益可能与公司利益冲突,即董事个人利用机会是否会危及对公司的忠实义务。[①] 如果存在利益冲突,即使公司没有能力利用机会,董事也不得利用该机会;[②]反之如果不存在利益冲突,则因并未违反忠实义务而可以正当利用机会。[③] 另外,英国《2006 年公司法》允许董事经过批准可以利用商业机会,并且设置了具体的程序要求:在私人公司(Private Company)中,除公司章程另有规定之外,应将利益冲突事项提交给董事会批准;在公开公司(Public Company)中,如果公司章程规定董事会行使同意权,则应将利益冲突事项提交给无利害冲突的董事批准。[④]

---

① David Kershaw, Does it matter how the law thinks about corporate opportunities?, *Legal Studies*, Vol. 25, No. 4, 2005, p. 534.

② Companies Act 2006，§ 175 (2).

③ Id. , § 175 (3) (a).

④ Companies Act 2006，§ 175 (3) (a).

总体而言，英国《2006 年公司法》中的公司机会规则依然坚持并重申了 Regal 案中的严格规则，但同时对传统上 Regal 案中不近人情的"一刀切"做法进行了一定的改革，体现了严格的法律制度与灵活的商业现实之间的一种妥协。①

在美国，公司法是属于各州的立法范畴。② 美国公司法是由各州公司法组成的，比如《加利福尼亚州公司法典》(*California Corporations Code*，CCC)和《纽约州商事公司法》(*New York Business Corporation Law*，NY-BCL)等。这其中尤其以《特拉华州普通公司法》(*Delaware General Corporation Law*，DGCL)为代表。③ 公司机会规则也以特拉华州最高法院在 Guth 案中所确立的"经营范围标准"为标志性规则。

随着有关公司机会的判例越来越丰富，特拉华州试图将这一判例规则初步成文化。2000 年 6 月特拉华州修改了其《普通公司法》，其中第 122 条第 17 款规定："当商业机会被提供给公司或者公司的官员、董事或者股东时，根据本法成立的公司有权在它的公司注册证中或通过董事会放弃某一特定的商业机

---

① 赵渊：《析英国〈2006 年公司法〉中禁止篡夺公司商事机会规则》，载《政治与法律》2007 年第 6 期。

② 根据美国宪法关于司法管辖权的划分，美国联邦法规仅仅直接规范某些公众公司的活动，如 *Securities Act of* 1933 和 *Securities and Exchange Act of* 1934。但公司法的制定权属于各州而非联邦，所以美国 50 个州的公司法不尽相同。美国的公司受到它们注册所在州的公司法的管制。公司最初选择在哪一个州设立，就自然接受哪一个州的成文法约束，而不管其主要经营事项在该州还是其他州。公司治理包括在董事和公司间关于商业机会的权利分配规则，受州法律管辖。每个州是一个单独的司法管辖区，虽然一个州法院解决法律问题的方法可能会影响另一个州，但它们不能直接适用于另一个州。因此，在谈到美国的公司机会规则时必须注意各州之间的区别。事实上，美国存在很多不同类型的公司机会规则。参见 David Kershaw, Lost in Translation：Corporate Opportunities in Comparative Perspective, *Oxford Journal of Legal Studies*, Vol. 25, No. 4, 2005, p. 610.

③ 美国的公司可以自由选择注册的地点，公司受注册所在州立法规制。人们选择公司设立地就受到各州公司立法的影响，各州为了吸引公司在本州设立，纷纷制定有利于公司管理层的公司法。这一过程被称为章程朝底竞争 (a race to the bottom)。在这个竞争过程中特拉华州成为明显的赢家，美国绝大部分大型公司 (80% 以上) 都选择在特拉华州设立，其制定的公司法一度为其他各州所竞相效仿。特拉华州公司法比较重视对股东的保护，这也是大多数公司在特拉华州设立的原因之一。

会或者某一种类的商业机会中的利益或者预期。"①这个修正案仅仅是有关公司机会规则任意性的规定,其目的是要解决两家公司具有相同董事和经理情况下的机会分配问题。比如公司控制股东的董事也是公司的董事,当该董事获得商业机会时应该属于股东还是公司呢?在机会提供者并未指定机会相对人时,这个问题尤为复杂。在双方没有特别约定时,双方都可以独立利用该机会,任何一方都没有义务将机会提供给对方。如果公司在章程中事先放弃某种类型的机会,就可以避免这种情况下的争议。②

但是《特拉华州普通公司法》第 122 条第 17 款并未涉及公司机会规则的具体内容,只是规定公司有权选择是否放弃机会。事实上,美国法院对于制定公司机会的"明线规则"(Bright Rule)并不看好,认为判例法虽然提供了这一规则的轮廓,然而,Guth 一案和随后的案件所阐述的标准在适用时没有一个因素是决定性的,必须考虑到所有因素。篡夺公司机会的案件涉及众多的事实环境。制定硬性规定不足以应付如此复杂的商业现实。③ 特拉华州最高法院在 Johnston v. Greene 一案中也指出:"董事是否为自己篡夺在公平上应该属于公司的机会,是一个从客观事实合理推理才能确定的事实问题。"④因此,除了《特拉华州普通公司法》这一条关于公司机会的规定外,美国各州对于在成文法中系统规定公司机会规则都持十分谨慎的态度,这体现了英美国家成文法在公司机会规则上的差异。

(三) 小结

从有关公司机会的判例法与成文法我们可以看出,尽管英美两国关于公司机会规则的表述各不相同,但两者之间的差别仅仅是方法上的,它们表达的内涵在本质上基本相同。具体来说,在英美判例法中,董事和高级管理人员作为公司的受信人,对公司负有忠实义务。公司机会规则也因此是作为不可分离的忠实规则(Undivided Loyalty Rule)的一个组成部分。⑤ 它体现的是一种公司利益优先的理念,即负有忠实义务的公司受信人不得以损害公司利益为

① Delaware General Corporation Law § 122 (17).

② Christopher E Austin & David I Gottlieb, Renouncing Corporate Opportunities in Spin-Offs, Carve-Out IPOs, and Private Equity Investments, *Insights: the Corporate & Securities Law Advisor*, Vol. 17, No. 12, 2003, p. 5.

③ Broz v. Cellular Information Systems, Inc., 673 A. 2d 155 (Del. 1996).

④ Johnston v. Greene, 121 A. 2d 919, 923 (Del. 1956).

⑤ Harry G. Henn & John R. Alexander, *Laws of Corporation*, West Publishing Co., 1983, p. 632.

代价谋取自身个人利益。

从这一理念出发,英国的禁止冲突原则与美国的所有权原则达到了殊途同归的效果,即公司利益的保护。两国法院的公司机会判决至少包含以下共同要点:(1)两国法院都以负有忠实义务并且拥有经营决策权的受信人为篡夺商业机会的责任主体,包括以董事为代表的经营管理者,而不适用于非位居经营决策地位的公司普通职员和公司之外的其他人。被告主要是利用受信人地位通过以下方式取得机会:①被告因履行公司职务而获得机会;②第三人意图就该机会与公司缔约,但第三人因被告身为公司受信人而向其提供机会;③被告利用公司财产或秘密信息而获得商业机会。(2)两国法院都要求原告证明诉争商业机会在公司的利益范围之内,被告利用商业机会产生了利益冲突,违反了对公司的忠实义务。美国法与英国法的不同之处仅仅是,美国法主要关注机会是否构成公司机会,而英国法则主要关注利益冲突的存在与否。(3)关于利用公司机会的抗辩或豁免也是英美两国公司机会规则讨论的主要问题。两国法院都主张如果董事等人向公司披露该机会并且得到公司的批准,便可利用机会而不必承担责任。当然,美国法上还有其他抗辩,如公司无财务能力抗辩、第三人拒绝交易抗辩等。而英国法虽然也涉及这些抗辩,但是英国《2006年公司法》认为不管公司是否可以利用该机会,董事都不得利用。(4)关于法律救济。两国法院对于篡夺公司机会的行为都施加拟制信托,如果公司还有其他损害,法院还会判决损害赔偿。

综上所述,笔者认为公司机会规则的基本含义可以如此界定:公司董事,基于对公司的忠实义务,当获得一个公司拥有实质性重要利益的商业机会时,必须首先提供给公司。未经公司批准,不得私自利用该机会,否则须将利用该机会所获得的利润交还给公司。[①] 从这一含义可以看出,对于公司有实质重要性利益的商业机会,规则并不是简单地禁止董事等人利用,而是赋予了公司对机会的选择权,公司可以利用机会、持有机会以备后用或放弃机会。这正体现了公司利益优先的基本理念。

第一章　公司机会规则的基本理论

---

① 此处参考了美国学者泰利的界定:"公司机会诉讼应遵守下列规则:一旦一个新的项目被认为是公司机会,在没有首先提供给公司和披露利益冲突的情况下,受信人不能篡夺它。在没有充分披露或无公司适当拒绝的情况下追求项目构成违反信义义务行为,而承担可怕的后果:公司可获得禁令救济、受信人吐出收益甚至惩罚性赔偿。"See Talley, Eric, Turning Servile Opportunities to Gold: A Strategic Analysis of the Corporate Opportunities Doctrine, *Yale Law Journal*, Vol. 108, No. 2, 1998, p. 279.

二、公司机会规则与相关概念辨析

(一)公司机会规则与竞业禁止规则

竞业禁止规则是大陆法系董事忠实义务规则的主要形态之一。最早明文规定董事竞业禁止义务的是德国的《1884 年股份法》。日本《商法典》参照德国立法例,同样对董事竞业禁止有所规范。我国《公司法》也参照德日法而对董事竞业禁止作出明确规定。

由于公司机会规则与竞业禁止规则都是董事忠实义务的体现,目的都是促使董事更好地为公司利益服务,防止其利用职务之便侵害公司利益。在许多情形下,董事篡夺公司机会也表现为与公司竞争,二者难以清晰区分。因此,有学者认为,除不得自营或为他人经营与所任职公司同类的业务外,董事竞业禁止义务还应当包括董事不得抢夺公司商业机会的义务,董事篡夺公司机会禁止义务本身就是董事竞业禁止义务的一种,二者是包含与被包含关系。[①]

这种观点也反映了大陆法系一些国家的公司机会立法现状:要么仅仅规定竞业禁止规则而没有规定公司机会规则,要么将两者合并在一起加以规定,使得两者的界限比较模糊。例如,我国 2005 修订的《公司法》第 149 条第 1 款第 5 项就规定:"董事、高级管理人员不得未经股东会或者股东大会同意,利用职务便利为自己或者他人谋取属于公司的商业机会,自营或者为他人经营与所任职公司同类的业务。"鉴于理论界和实务界对这两个概念仍有误解,有必要在此明确公司机会规则和竞业禁止规则之间的关系,以便为理论和实务上正确对待二者提供一个明晰的框架。

在许多情况下,公司机会规则和竞业禁止规则二者之间有大量的重叠交叉。例如,董事如果利用了公司经营范围内的机会将造成与公司竞业,而董事在与公司竞业时通常也可能掠夺属于公司的商业机会。在董事追求与公司直

[①] 例如,我国学者梅慎实认为竞业禁止义务包括两方面的含义:第一,董事不得为了自利目的而与其任职公司的经营相竞争;第二,不得抢夺公司的商业机会。参见梅慎实:《现代公司法人治理结构规范运作论》,中国法制出版社 2001 年版,第 525 页。类似观点可参见毛亚敏:《公司法比较研究》,中国法制出版社 2001 年版,第 187 页;蒋大兴:《公司法的展开与评判:方法·判例·制度》,法律出版社 2001 年版,第 575 页。实务中也有类似观点,参见江苏省高级人民法院 2003 年《关于审理适用公司法案件若干问题的意见(试行)》第 79 条规定。

接竞争的商业机会的情况下,该董事可能既违反了竞业禁止规则又违反了公司机会规则。

即便如此,但公司机会规则和竞业禁止规则之间的差别也不容忽视。首先,公司机会规则与竞业禁止规则的规范目的不同。根据学者见解,竞业禁止是指,对于特定经营,具有特定关系之特定人之特定行为,加以禁止者称之。例如,公司法上经理人、执行业务的股东、董事的竞业禁止,均属此类竞业禁止。[①] 竞业禁止规则的目的,是基于董事所任公司职务关系,熟知公司内情,并洞悉公司经营机密,如果容许董事在公司外与公司自由竞业,就极有可能利用其所获得的公司机密,为自己或他人谋利,损害公司利益。因此,竞业禁止所针对的是董事与公司进行长期的、作为营业常态的间接竞业行为,不是某个具体的与公司直接竞争的交易,着重于整个竞业行为的禁止。而公司机会规则设立的主要目的,是为防止董事篡夺其接触或取得的具体商业机会,进而影响到公司的生存发展。公司机会规则主要针对董事具体利用属于公司机会的行为,关注董事对该机会的追求和取得过程是否符合其忠实义务。至于其篡夺机会是否用于进行竞业行为,在所不问。因此,董事篡夺公司机会有时只是一次性的交易,未必用于与公司竞业。

其次,二者规范的对象不同。竞业禁止侧重于对董事从事竞争性营业的禁止,董事竞业的方式主要包括从事生产和销售活动,以及担任与公司有竞争关系公司的董事长、执行董事或者董事;而公司机会规则是以商业机会的归属为重点,防止董事实施篡夺公司机会的行为。董事是否设立新的营业,是否兼任其他企业董事在所不问。公司机会规则侧重于机会的追求和获取的过程,而竞业禁止侧重于机会实施的过程。在许多情况下,董事是否进行了相竞争的营业活动难以确定,或者董事同其他公司的关系并不明晰,但采用公司机会规则处理此类案件却更为直接,董事是否违反忠实义务更易于认定。

再次,二者规范的范围不同。在禁止竞业诉讼中,许多公司将竞业的"业"解释为"经营、行业",并以公司的经营范围登记为证据,主张其登记经营事项与董事新设立的公司所登记的经营项目相同,后公司为原公司的竞争公司。然而,公司经营范围登记的项目在同行业内实质大致雷同,但是,即使属于同行业,投资额不同、规模不同的公司之间未必是互相竞争的公司。竞业的侧重点是同类经营的竞争,只要符合这一条件,即使没有利用公司商业机会,也可

---

① 郑玉波:《论竞业之禁止》,载台湾大学法学丛书编辑委员会主编:《民商法问题研究》(二),三民书局 1980 年版,第 171 页。

以构成竞业。而董事利用公司机会则不问是否发生在同类经营中,利用公司机会的范围较竞业的范围宽泛。① 因为公司的商业机会不仅包括生产、购销方面的机会,也有投资、借贷等方面的机会,而后者通常很难划入竞业的范围之内。② 如果该机会并不构成与公司竞业,董事即可利用该机会而不受竞业禁止的规范,但这对于公司发展仍然不利。例如,董事在为公司寻觅经营场所的过程中发现一处地段好且价格优惠的地产,便为自己购置了该处房产。该行为并没有违背竞业禁止义务,但却篡夺了公司机会,阻碍了公司的发展。因此公司机会规则能够为公司提供竞业禁止规则无法提供的保护。

最后,也有传统的竞业禁止规则可以保护而公司机会规则无法保护的公司利益。例如,公司机会规则仅适用于董事或高级管理人员在任职期间发现的机会,③并不适用于董事辞职数月后发现的与公司直接竞争的商业机会。但是,如果该时间处于公司与董事约定的离职竞业禁止期限之内,这种情况将被竞业禁止所调整。因为竞业禁止规则禁止的是竞争,并不要求竞争是利用董事任职期间的机会的结果。

因此,虽然法院有时会在个案中将公司机会规则和竞业禁止规则二者竞合处理,但仍不应将其视为同一概念。二者应该是既有重叠交叉又相互独立的制度。即使在英美国家,公司机会规则也是独立于竞业禁止规则的,二者并存于成文法和判例法中。英国的高尔(Gower)教授曾列举董事违反忠实义务包括三个方面:其一,董事与公司交易;其二,董事利用公司财产、机会和信息;其三,与公司展开竞争。第三类便是指董事自营或者为他人经营相关的营业。④ 美国学者汉密尔顿也将董事违反忠实义务的情形分为四种:第一,董事和公司直接进行交易;第二,存在共同董事的两家公司之间的交易;第三,董事利用属于公司的机会;第四,董事和公司竞争。⑤ 英国《2006 年公司法》第 175 条第 3 款也规定:"禁止篡夺公司机会的义务不适用与公司竞争引起的利益冲

---

① 徐晓松:《公司法与国有企业改革研究》,法律出版社 2000 年版,第 99 页。

② 刘桂清:《公司机会规则研究》,载《杭州商学院学报》2002 年第 2 期。

③ Comedy Cottage. Inc. v. Berk, 145 III. App. 3d 355, 369, 495 N. E. 2d 1006, 1011 (1986).

④ L. C. B. Gower, *Gower's Principles of Modern Company Law*, 4ᵗʰ ed., Sweet & Maxwell, 1979, p.576.

⑤ Robert W. Hamilton. *The Law of Corporations*,法律出版社 1999 年版,第 398 页。

突。"①这对公司机会规则与竞业禁止规则作了明确区分。我国未来修改《公司法》时应注意做好竞业禁止规则与公司机会规则的衔接,正确处理二者的关系。

(二)公司机会规则与商业判断规则

商业判断规则(Business Judgment Rule)与公司机会规则一样,也是普通法发展起来的理论,并没有被编纂进成文法。根据 Gries Sports Enterprise, Inc. v. Cleveland Browns Football Co 一案的理解,商业判断规则的含义为:"商业判断规则作为公司治理原则,被用以保护董事不因其决策而受责任追究。如果董事有权受到该规则的保护,那么法院就不能再对其商业决策作司法评价。该规则是一个既定的假设,即董事在没有自我交易、没有个人利益冲突的情况下,合理谨慎、善意地行事,那么董事理应比法院更有能力作出商业决策。任何认为董事决策不适当的人,负担推翻该假设的证明责任。"②美国特拉华州法院在其经典案例 Sinclair Oil Corp. v. Levien 一案中也认为商业判断规则是指:"除非存在重大过失,法院不在事后介入董事会的决断。换言之,在没有相反证据时,法院推定董事会的决策是为了公司合理的目标正确作出的,法院不应事后用自己的观念评断何为正确的决策。"③

因此,商业判断规则实质上是一个关于董事注意义务的司法审查规则,其目的是实现对公司董事、高级管理人员、股东、债权人和雇员等各方利益公正合理的协调和安排。而公司机会规则是董事忠实义务的一个分支,二者适用的前提不同。但是,在涉及董事会或股东会批准或拒绝商业机会时,也有商业判断规则的应用,Sinclair Oil Corp. v. Levien 一案就是其典型。如果法院在案件中不能正确区分和适用商业判断规则与公司机会规则,就极可能会得出不正确的结论。

在 Sinclair Oil Corp. v. Levien 一案中,Sinclair 公司在其子公司 Sinven 公司中占有 97% 的股份。Sinven 公司的少数股东起诉 Sinclair 公司故意打压 Sinven 公司使其业务仅仅限于委内瑞拉,与此同时 Sinclair 公司却为了自己或其他子公司的利益,在全球各地如阿拉斯加、加拿大、巴拉圭等地购买和开发了许多油田,但未考虑 Sinven 公司的利益,因此篡夺了本属于 Sinven 公司

---

① Companies Act 2006, §175. (3).

② Gries Sports Enterprise, Inc. v. Cleveland Browns Football Co., 26 Ohio St. 3d 15, 496 N. E. 2d 959 (1986).

③ Sinclair Oil Corp. v. Levien, 280 A. 2d 717, 720 (1971).

的商业机会。本案法院认为,Sinclair 公司的发展政策以及其他子公司被用来执行扩张机会的决定都是一种商业判断,在缺少证据表明严重和明显滥用权力、欺诈的情况下,法院是不会对此加以干涉的。① 有学者解释该意见认为商业判断规则较公平原则更适于处理母子公司间的众多机会情形。② 然而,另有学者认为这误解了法院的意见,法院引用商业判断规则是因本案 Sinclair 公司并未利用其控制权让 Sinven 公司拒绝原属于自己的商业机会,因此不必以检验公司机会有无被篡夺的方法来审查 Sinclair 公司的行为。③

另外,根据美国法学会《公司治理原则:分析与建议》第 5.05 条,如果非利害冲突董事作出决定拒绝利用商业机会,则其决定须受到商业判断规则的检验。由于适用商业判断的前提是不存在利益冲突,因此这不属忠实义务范畴,而是属于注意义务规范的范围。因此,如果作出拒绝商业机会决定的董事不存在欺诈、利益冲突的情形,即可受到商业判断规则的保护,不必受公司机会规则的约束。

在决定拒绝一商业机会是否公平时,应先思考一问题,即拒绝商业机会,公司获得了什么? 因为通常拒绝一机会并未有人给付公司金额,由此,有学者认为公司的拒绝构成了浪费因而需要股东一致的同意。④ 然而公司之所获其实在于避免了风险与发展机会的责任。公司拒绝一机会最典型的理由在于该机会对公司并无利益。如果有人要挑战这一决策,就须证明存在利益冲突。如果董事在决定公司拒绝机会后,却自己利用该机会,则其决策不符合商业判断规则的无利益冲突要求,作出拒绝机会决策的董事有可能构成篡夺公司机会。

因此,区分商业判断规则与公司机会规则,关键要看是否存在利益冲突。如果董事对所作的拒绝商业机会的决策有利害冲突,即与商业判断规则的适用要件有所抵触。另外,商业判断规则是避免法院就董事决策内容进行审查的机制,是针对不当管理行为的特性而设计的。由于市场可对此种不当管理行为发挥相当程度的规范效力,法院直接对其规制反而会产生高额成本。因此,有必要避免法院以其自身观点事后判断董事会决策。但这一考量在有利

---

① Sinclair Oil Corp. v. Levien, 280 A. 2d 717, 720 (1971).

② Victor Brudney & Robert Clark, A New Look at Corporate Opportunities, *Harvard Law Review*, Vol. 94, No. 5, 1981, pp. 1046~1049.

③ Franklin A. Gevurtz. *Corporation Law*, West Group, 2000, pp. 376~377.

④ Robert Charles Clark, *Corporate Law*, Aspen Publishers, Inc. , 1986, p. 123.

益冲突的拒绝机会之决策上是完全不存在的。在利益冲突决策的规范上，由于市场缺乏有效约束能力，应由法律直接介入，方能达到吓阻的效果。因此，不宜使利益冲突决策在原则上仍受到商业判断规则的保护。

笔者认为，只有经无利害关系董事或股东多数同意的利益冲突决策才例外适用商业判断规则，但是对该决议程序应有严格的要求。在董事会同意方面，应确保参与决议的董事无利害关系，且应具有独立性。利害冲突董事应将利害冲突的情形以及该商业机会的重要内容进行充分的披露。在股东会同意时也应满足这两方面的要求。同时，利害关系董事应负举证责任证明在程序上已达到上述要求。当然，在美国法上，经上述二者同意的决策仍须符合完全公平的要求，只不过举证责任将移转由股东负担。这种规范方式可作为我国的参考。

第二节　公司机会规则的法理基础

一、公司机会的权利性质

公司机会规则的核心意义是董事不得篡夺公司机会，否则公司有权利追究篡夺机会者的法律责任。这里涉及一个最基本的问题，即公司对机会的权利依据是什么，它对该机会本身享有财产权吗？这就首先要厘清公司机会的权利性质。对于公司机会的性质，理论和实务上主要有财产说、期待权说或优先权说等观点。

(一)公司机会之财产属性辨析

在近代和现代的英美公司法中，鉴于董事非法攫取和利用公司机会和信息的案件大量发生，英美一些法院在许多案例中将公司信息和机会纳入公司财产范围，作为公司的无形财产。[①] 比如，美国的伦巴第(Lombard)法官就曾指出："根据纽约州的法律，如果公司在获得此种机会时对该种性质的财产享有利益或享有实体期待的话，公司机会也是一种具有信托性质的财产。公司

---

① 张民安：《现代英美董事法律地位研究》，法律出版社 2000 年版，第 404 页。

董事获取的财产具有拟制信托的性质。"①英国法院经常将公司机会或公司信息作为公司的所有物,即公司的"财产"(Property)或"资产"(Assets)来看待。② 有学者指出:"一旦在机会与职务之间建立了联系,这类机会就归入公司财产范围内。Regal(Hastings) Ltd v. Gulliver 一案实际上是在将机会视为公司财产的假定下进行的说理判决。根据这一事实,很难辩称同时发生的买进然后卖出三家电影院(如果另外两家电影院收购成功的话)的商业机会不是公司财产。"③

在英国 1916 年的 Cook v. Deeks④ 一案中,原告 Cook 和被告 G. s. Deek、GM. Deek 以及 T. R. Hinds 是多伦多建筑公司(Toronto Construction Company)的四名股东兼董事。多伦多建筑公司在与 Canadian Pancific Railway Company(以下称 CPRC 公司)的业务往来中获得了极好的声誉。多伦多公司从 CPRC 公司获得的每份合同均是由三被告中的一人代表公司与 CPRC 公司谈判成功的。最后的一份合同,即为 CPRC 公司建造海岸铁路线的合同(Shoreline Contract)也是以这种方式达成的。但是,在达成协议时,被告却以他们三人另外组建的一家公司与 CPRC 公司签订合同。此后,被告利用他们在多伦多公司中的控股地位通过一项股东会决议,声明多伦多公司放弃这一签约机会。Cook 提起诉讼,要求认定被告操纵的股东会决议无效,判决该项合同利益归属多伦多公司。英国枢密院大法官布克马斯特(Buchmaster)认为:"被告对所签署合同的利益无权保留,公司对该合同享有衡平利益,这份合同应视为公司财产。即使公司可以将财产赠送给董事,但也不允许享有多数表决权的董事将公司财产送给自己。"⑤学者恺欧(Koh)认为,在美国,公司机

---

① 张民安:《现代英美董事法律地位研究》,法律出版社 2000 年版,第 417 页。

② Paul L. Davies, *Gower's Principles of Modern Company Law*, 6th ed., Sweet & Maxwell, 1997, p. 615.

③ [马来西亚]罗修章、[香港]王鸣峰:《公司法:权力与责任》,杨飞等译,法律出版社 2005 年版,第 482 页。

④ Cook v. Deeks [1916] 1 AC 554.

⑤ Id. 原文为:"The contract in question was entered into under such circumstance that the directors could not retain the benefit of it for themselves, then it belonged in equity to the company and ought to have been dealt with as an asset of the company. Even supposing it be not ultra vires of a company to make a present to its directors, it appears quite certain that directors holding a majority of votes would not be permitted to make a present to themselves."

会规则规定了商业机会属于公司的资产的条件。[①] 美国关于公司机会的认定标准甚至使用了"属于公司的商业机会"这一财产所有权式的术语。

据此,我国有部分学者也将公司机会视为公司的财产,认为牟取公司商业机会实质是以隐形方式侵害公司潜在可得的财产。[②] 他们认为,公司机会对公司有重要的经济意义,具有抽象的财产属性,相当于公司的无形财产。[③] 其主要理由可归纳如下两点:其一,公司财产和利润的增加是从商业机会的获取开始的,抓住了商业机会,就可以增加公司的财产。其二,公司商业机会来源于信息优势,而这种信息往往是公司的无形财产。

不过,对此观点,笔者并不能认同。公司机会既非民法意义上的有形财产,也非无形财产。它并不具备一般财产的全部特征。

首先,公司机会并不符合财产权的排他性特征。如果公司机会是公司的财产,则意味着公司对机会享有财产所有权。财产所有权具有排他性特征,即财产所有权人可以排除任何他人使用财产。但是,大陆法系的传统观点认为,商业机会没有固定和明确的主体,所以它无法像一般的财产那样容易确定归属。机会具有均等性特征,没有人可以排除他人公平竞争。在公司法背景下,公司也只能排除董事利用公司机会,而不能排除董事之外的第三人利用公司机会。因为市场交易的自由竞争准则鼓励公司外的其他商事主体与公司进行公平竞争。因此,公司机会并不具备财产的排他性特征,从这一角度难以证明公司机会是公司的财产。

其次,公司机会仅仅表示公司取得财产的可能性,财产能否最终取得还在两可之间,因此这种"可能性"并不等于财产本身。而财产是现实存在的有价值的资源,具有客观现实性。公司只有将这种"可能性"转化为"现实性",才能现实取得财产。而"可能性"一旦转化为"现实性",公司机会的使命已然完成,公司机会已经不复存在,它已经发生了质的飞跃而转变为财产。因此,公司机会只处于财产取得过程中,并不等于财产本身。比如在买卖合同签订前公司拥有取得财产所有权的商业机会,合同签订后公司通过相对方的合同履行行

---

① P Koh, Once a Director, Always a Fiduciary, *Cambridge Law Journal*, Vol. 62, 2003, p.411.

② 周友苏:《新公司法论》,法律出版社 2006 年版,第 404 页;石旭雯:《篡夺公司机会禁止制度研究》,载《甘肃政法学院学报》2001 年第 3 期;张民安:《现代英美董事法律地位研究》,法律出版社 2000 年版,第 404 页。

③ 冯果:《"禁止篡夺公司机会"规则探究》,载《中国法学》2010 年第 1 期。

为取得财产所有权,此时公司机会也因完成使命而已经结束。董事如果侵害公司现实取得的财产所有权,则可按侵权法来处理,并不在公司机会规则的规制范围之内。

最后,公司机会能否为人力所支配?是否具有可转让性?恐怕不能一概而论。机会具有偶然性,由于经济生活的复杂性,公司机会可能转瞬即逝,机会有时难以为人们所识别;再加上存在竞争,在机会来临之时,机会主体能否最终获得机会利益仍然是不确定的。因此,公司机会并非一定能为人力支配和控制。而财产必须能为人所控制,因为如果财产不具有可支配性时,即使能带来利益,也不能成为特定民事主体的权利。如太阳、闪电,虽有巨大价值,但人对之可望而不可即,故不能成为民法上的财产。同样,公司机会在民法上也并不能为人所任意支配和控制,在它转化为财产之前,人们都在竞争机会。一旦某人获得了该机会,通过机会实现了利益,该利益才成为人们可以确定的、可以控制和支配的财产。

既然公司机会只是具有一种转化为财产的可能性,难以为人力所控制,其是否具有可转让性就令人生疑。根据民法理论,在每一个具体的债的关系中,债务都有具体和确定的标的及其质量、数量等内容,债的内容具有特定性。而公司机会只是具有一种可能性,很难用金钱的形式加以量化,并不能将之特定化。因此,公司机会并不能像财产一样转让给他人,并不符合财产的可转让性特征。

至于英美判例法中将公司机会作为公司财产的观点,有其特殊的衡平法背景。英国早期的公司因须取得皇室特许,一般很难取得普通法上的人格,人们纷纷借用衡平法的信托制度,创设信托型公司(Trust Type of Company),使得无人格公司对股东出资财产拥有衡平法上的财产所有权。[①] 法院便运用衡平法上的信托原理,将公司财产视为信托财产。[②] 由信托财产派生的利益

---

① 衡平法认为,在信托中,委托人将财产交给受托人经营管理,受托人对财产享有普通法上的所有权(Legal Title),受益人则享有该财产的衡平法上的所有权(Equitable Title)。

② Charitable Corporation v. Sutton [1742] 2 Atk. 400.

如公司机会、保密信息等也属于公司财产,董事篡夺公司机会就是篡夺信托财产。[1] 因此,英美判例法并非将商业机会视为普通法上的财产,而是衡平法上的信托财产。只是因其特殊性,英美判例法对此种财产的调整方式并不完全等同于一般财产的调整方式。[2] 正如克拉克教授指出的那样:"在公司财产不得为独立第三方合法地篡用或侵占的严格意义上,机会并不是公司财产。关键仅在于,在公司及其受信人之间,机会是属于公司的。"[3]布鲁尼教授和克拉克教授指出:"尽管判决辞藻华丽,但是利益或预期不是法律上的财产。"[4]劳瑞(Lowry)教授也认为:"从严格意义上说,公司机会不是公司的资产(Corporate Assets)。"[5]

笔者认为,在我国缺少衡平法传统的情形下,将公司机会视为财产并不妥当。从大陆法财产的基本特征看,公司机会并不是公司的财产,只是具有一种取得财产权利的"可能性",那种认为公司机会即为财产的观点存在明显的逻辑错误。公司机会是在公司和董事这一特定范围内的特殊指称,并无对抗第三人的效力。在公司和第三人的场合,并不能称之为公司机会,只能算作公司可能竞争的商业机会。

英美公司机会规则并不是要找出可以对抗任何第三方的绝对财产权,而是将公司的权利限于董事和公司之间。也正是在这个意义上,公司机会规则将财产和所有权语言运用于在传统意义上讲并不是公司财产的商业机会上。

---

① 有学者认为财产所有权仅仅是一种利益,意即凡有利益,即为财产。参见张民安:《现代英美董事法律地位研究》,法律出版社 2000 年版,第 154～155 页。有研究者进一步认为,根据英美法上古老的"财产理论"(property theory),信托财产可以是某种实际的利益,也可以是法定财产的其他形式,还可以是公司的机会。参见张睿:《篡夺公司机会及其法律规制》,西南政法大学硕士学位论文 2004 年版,第 15 页。

② 张民安:《现代英美董事法律地位研究》,法律出版社 2000 年版,第 405 页。

③ [美]罗伯特·C.克拉克:《公司法则》,胡平等译,中国工商出版社 1999 年版,第 187～188 页。克拉克教授进一步举例解释,如果 wine,Persons and song 公司(WPS)购买一家特种玻璃制造厂的契机被法院认为是公司机会的话,那么公司的董事长 Luce 自己购买工厂就是不合法的。但 Omar Khayyafn,一个与 WPS 公司毫无关系的阿拉伯富商,可以在公司采取行动之前合法地购买玻璃制造厂,尽管 Luce 不能这么做。

④ Victor Brudney & Robert Clark, A New Look at Corporate Opportunities, *Harvard Law Review*, Vol. 94, No. 5, 1981, p. 1014.

⑤ John Lowry & Rod Edmunds, Corporate Opportunity Doctrine: the Shifting Boundaries of the Duty and its Remedies, *Modern Law Review*, Vol. 61, No. 7, 1998, p. 515.

我国有学者认为,交易机会毕竟不是严格意义上的公司财产,故我们不能以规范董事侵占公司财产的法律规则来规范董事篡夺公司交易机会的行为。这就为公司机会规则的发展提供了必要的空间。[①] 因此,如果根据传统财产概念理解公司机会的法律性质,将不利于正确理解和发展我国的公司机会规则。[②]

(二)公司机会之期待权或优先权属性辨析

公司机会不属于公司财产,公司自然对其不享有财产所有权。但公司机会是否具有民事法律上的权利属性,目前学界充满了争议。笔者将其归纳为肯定说和否定说两种观点。

肯定说认为,鉴于公司机会对公司具有重要的经济价值,公司机会应作为公司的一种权利来保护。但是对于公司机会应纳入哪一种民事权利,又有"期待权"和"优先权"两种不同观点。"期待权"观点认为,公司机会对于公司的意义在于能够将某种潜在的利益转化为公司的现实财产权利,公司机会应当是一种为了取得这些权利的"权利",法律上称之为"期待权"。[③] 该说援引王泽鉴先生关于期待权构成要件的观点,认为已经有许多国家纷纷立法对公司的商业机会进行保护。由于董事容易滥用权力篡夺公司机会,为了保护公司利益,赋予"公司机会"以权利的性质,是十分必要的。[④] 还有学者修正了期待权的观点,认为公司机会属于公司的一种"新型期待权"。[⑤] "优先权"观点认为,对属于公司的商业机会而言,公司享有的是一种优先权,即与董事相比,公司更应该获得该机会。优先权是一种根据法律规定或者当事人约定,不同性质的若干民事权利发生冲突时,某一权利人的民事权利优先于其他人的民事

---

① 曹顺明:《股份有限公司董事损害赔偿责任研究》,中国社会科学院博士学位论文,2002年,第85页。

② 正因为如此,贝克(Beck)教授认为,在公司机会情形下,普通法上财产权理论应当被抛弃。See Beck. S. M, The Quickening of Fiduciary Obligations, *Canadian Aero-Service v. O'Malley, Can. Bar. Bev.* Vol. 53, 1975, p. 781. 载张民安:《现代英美董事法律地位研究》,法律出版社2007年第2版,第148页。

③ 程胜:《董事篡夺公司机会法律问题研究》,载顾功耘主编:《公司法律评论》(2001卷),上海人民出版社2001年版,第17页。

④ 程胜:《董事篡夺公司机会法律问题研究》,载顾功耘主编:《公司法律评论》(2001卷),上海人民出版社2001年版,第17~18页。

⑤ 冯果:《"禁止篡夺公司机会"规则探究》,载《中国法学》2010年第1期。

权利。① 1948 年美国马萨诸塞州最高法院采纳了当时知名学者白兰廷提出的建议，认为"公司对于那些可以被视之为附属于其自身业务的商业盈利机会享有优先请求权"②。

否定说认为，公司对一项商业机会是否具有受民事法律保护的利益，目前法律上尚无定论。公司对其所遇交易机会，既不具备取得权利的部分要件，也无取得权利的权利，更无使之成为法律交易客体的必要，故称其为期待权，没有说服力。《公司法》似也无必要专门规定公司机会规则，民法上的期待权足可保护公司交易机会不被董事所侵犯。③ 另外，根据我国侵权法理论的通说，可赔偿损害包括直接损害和间接损害。前者是指现实利益的丧失，而后者则是指受害人在通常情况下如果不受侵害，必然会得到的利益。④ 这实际上将"可能"得到的利益排除在法律保护的范围之外，而作为可能得到的利益的"机会"，显然也未被考虑在内。既然机会不属于法律保护的客体，公司机会又何来权利属性？

对于公司机会期待权观点，笔者认为并不可取。根据我国台湾学者王泽鉴的观点，所谓期待权，是指因具备取得权利之部分要件，受法律保护，具有权利性质之法律地位。期待权"系取得权利之权利"、"具备取得权利之部分要件"、具备"受法律保护之地位"。"期待之地位，既与其所期待之权利有别，而判例学说所以赋予权利之性质者，盖基于经济及社会之观点，有使之成为法律交易客体之必要。"⑤当具备取得权利的部分要件时，主体对补齐剩余的法律要件进而取得权利享有期待，但并非所有期待都具有权利性质而可称为期待权。主体之期待只有具备下列要件，方能称为期待权：(1)此种期待地位已受

① 薄守省：《论美国法上的公司机会原则——兼谈大陆法上的竞业禁止》，载沈四宝主编：《国际商法论丛》(4)，法律出版社 2002 年版，第 122 页。

② 原文为："The corporation has a prior claim to opportunities of business and profit which may be regarded as incident to its business."载张开平：《英美公司董事法律制度研究》，法律出版社 1998 年版，第 272 页。R. C. Clark, *Corporate Law*, Little Brown & Co., 1986, pp. 228~229.

③ 曹顺明：《股份有限公司董事损害赔偿责任研究》，中国社会科学院博士学位论文；2002 年，第 86 页。

④ 王利明：《侵权行为法研究》(下)，中国人民大学出版社 2004 年版，第 913~914 页。

⑤ 王泽鉴：《民法学说与判例研究》(第 1 册)，中国政法大学出版社 1997 年版，第 145~148 页。

法律之保护；(2)此种地位有赋予权利性质之必要。[①]

公司机会本质上具有取得财产权利（如物权、债权和知识产权等）的"可能性"，公司对实现这种"可能性"取得财产权利享有期待。但是这种"可能性"的实现具有极大的不确定性，公司的期待地位极为脆弱。因为商业机会能否最终为公司所获得、公司获得机会后能否获利，都是不确定的。公司获取商业机会，仅仅是一种取得权利的可能性，并非取得权利的权利。另外，公司机会由于其不确定性而难以转让，无法成为法律交易的客体，权利的任何要件都不具备，怎么能够成为期待权？若赋予其权利性质，反而会限制竞争，对市场整体无任何实益。因此，现行法律并不禁止公司之外的其他商业竞争对手争夺商业机会，并未赋予公司对商业机会的期待权。

至于优先权观点，似乎更难站住脚跟。优先权是指根据法律规定或者当事人约定，不同性质的若干民事权利发生冲突时，某一民事权利人的民事权利优先于其他人的民事权利。[②] 可见，优先权必须要以存在两个民事权利为前提基础，在商业机会还不能作为民事权利客体的情况下，优先权的观点也不能成立。

(三)公司机会：公司法上的特别权利

公司机会是"属于公司的商业机会"的简称，是"机会"的一个下位概念。要确定公司机会的性质，必须先弄清"机会"的概念和特征。

从辞源上来说，陈寿撰《三国志·蜀书·诸葛亮传》中有："机不可失，时不再来"之语；明代学者吕坤《呻吟语·应物》中有："机有可乘，会有可际（即遇上）"的提法。在现代汉语中，所谓机会，是指"恰好的时候"或"有利的境遇"。[③] 在英文中，"机会"一词也有很多词汇表达，如 Opportunity、Lucky Chance 或者 Golden Chance 等等，直译为"幸运的时机"或"千载难逢的好机会"等等。

"机会"一词有许多意思相近的词汇，如机遇、机缘、时机、契机等，这些词汇表达不一，但含义基本相同。机遇顾名思义是时机与际遇两个词的合并，带有偶然性，有运气因素。而机会的含义更广，可以是偶然性也可是自己制造

---

① 王泽鉴：《民法学说与判例研究》（第 1 册），中国政法大学出版社 1997 年版，第 177 页。

② 蔡福华：《民事优先权研究》，人民法院出版社 2000 年版，第 7 页。

③ 中国社会科学院语言研究所词典编辑室编：《现代汉语词典》，商务印书馆 1997 年版，第 581 页。

的。正所谓时势造英雄。这句话说的就是机遇。而机会不但包括机遇还包括寻找机会和创造机会。所以，根据机会的产生和发展是否具有人为主观因素，我们可以将机会分为"自发产生的机会"和"寻找、创造的机会"两种。"自发产生的机会"是指在社会环境、市场状况和人际关系等各种客观条件作用下，未经主体主观努力而自发产生的机会。比如实践中需求方主动向公司下订单，这种机会并不是通过公司主观努力直接创造，而是市场条件客观存在的。人们能否利用这种机会，取决于其发现和抓住机会的能力。而"寻找、创造的机会"是指由于人们的主观努力推动其萌芽、产生和发展的机会。如果没有人们的主观努力因素，机会将不存在。

由此可见，"机会"是一个外延宽泛的概念，可以从多个角度理解。从时间维度看，它是一个与时间有联系的阶段过程，有其萌芽、发展和成熟的过程，并且具有容易流逝的特点。从空间角度来看，它是一种有利的环境，如果人们处于这种境况中，就有可能获得各种利益。

机会具有利益性。所谓利益，就是能够使社会主体的需要获得某种满足的生活资源。[①] 庞德认为，利益是人们个别地或通过集团、联合或亲属关系，谋求满足的一种需求或愿望，因而在安排各种关系和行为时必须将其估计进去。[②] 利益表现为"某个特定的客体对主体具有意义，并且为主体自己或者其他评价者直接认为、合理地假定或者承认对有关主体的存在有价值（有用、必要、值得追求）"[③]。可见，利益是对主体生存和发展具有一定意义的各种资源、条件、机会等有益事物的统称。机会是一种具有效用价值的手段，可以使人们在追求目标、从事活动时获得成功，从而满足人们的需要。机会对于每个人来说无疑都会带来利益或者至少能有带来利益的可能性。因此，机会体现了市场主体的利益，即机会利益。机会利益是指在信息不对称的条件下拥有信息优势的市场主体利用其信息优势所提供的商业机会而获得的经济净收益。机会利益就是抓住机会而获得的利益。[④] 因此，机会本质上就是一种

---

① 周旺生：《论法律利益》，载《法律科学》2004 年第 2 期。

② ［美］罗斯科·庞德：《通过法律的社会控制》，沈宗灵、董世忠译，商务印书馆 1984 年版，第 35 页。还可参见 Pound & Roscoe, *Jurisprudence*(3), St. Paul: Minn, 1959, p. 16. 载［美］罗斯科·庞德：《法律史解释》，邓正来译，中国法制出版社 2002 年版，第 33 页。

③ ［德］汉斯·J. 沃尔夫等：《行政法》，高家伟译，商务印书馆 2002 年版，第 324 页。

④ 金伯富：《机会利益论——兼析其在金融体系中的应用》，复旦大学出版社 2000 年版，第 27 页。

利益。

既然机会的本质是利益,公司的商业机会实际上就是"公司利益"的表现。根据传统民法理论,利益有三种表现形式:权利、法益和一般利益。权利和法益都是法律所保护的利益,只是权利受到的法律保护力度更强,法益所受的保护力度更弱。一般利益是不受法律保护的利益,属于自由资源。① 那么,公司机会是哪一种利益呢?

前已述及,商业机会既不是属于公司的现实财产权,也非期待权和优先权,市场主体并不能阻止市场中其他竞争对手利用其商业机会。然而,有学者认为,商业机会对于主体而言存在两方面的利益,一是对未来实现交易后的预期利益,二是为寻找、把握和促成机会所付出的成本利益。因此,在法律性质上,商业机会并非现行民法制度中确认的某种权利,但确实是一种财产利益。② 另有研究者进一步认为,商业机会是一种值得法律保护的法益。③

关于"法益",在我国民法条文中未见使用"法益"一词,法学论著则有所提及。史尚宽先生认为法益是指法律间接保护的个人利益;④洪逊欣先生认为法益是法律的反射作用所保护的利益;⑤曾世雄先生则认为,法益在本质上是生活资源的一种,是法律上主体享有的经法律消极承认的特定生活资源,从该生活资源在法律体系中所处待遇来看,法益的生活资源必须为法律所消极承认。所谓消极承认,一方面肯定其合法性,但在另一方面又提供相对薄弱的保护。⑥

商业机会对于任何市场主体来说无疑都是重要的,它是市场主体获得利润的前提。商业机会发生在具体权利取得或丧失前,它是具体权利取得或丧失的前提条件,足见其重要性。但是,即使公司在寻找和创造商业机会的过程中付出了信息收集、人员培训、谈判等交易成本,但这种"成本利益"和希望交易成功的"期待利益"并不是要求法律保护的充分理由。事实上,在市场经济条件下,法律并不保证市场主体能够收回交易成本,丧失交易成本往往是市场主体在市场竞争中的正常商业风险。另外,公司的"期待利益"如果没有上升

① 曾世雄:《民法总则之现在与未来》,中国政法大学出版社 2001 年版,第 10 页。
② 吕来明:《论商业机会的法律保护》,载《中国法学》2006 年第 5 期。
③ 李岩:《民事法益研究》,吉林大学博士学位论文,2007 年,第 114 页;吴卫兵、张桔:《论机会利益的法律保护》,载《南昌高专学报》2003 年第 3 期。
④ 史尚宽:《债法总论》,中国政法大学出版社 2000 年版,第 127 页。
⑤ 洪逊欣:《中国民法总则》,台湾三民书局 1981 年版,第 50 页。
⑥ 曾世雄:《民法总则之现在与未来》,中国政法大学出版社 2001 年版,第 62 页。

到"期待权"的层次，也难以受到法律的保护。商业机会是市场中所有经营者所共有的，商业机会对每个市场主体来说都是均等的，公司之外的其他经营者都可以通过合法正当的方式竞争该机会。因此，公司在商业机会上的利益并不是传统民法中的法益。

笔者认为，公司机会作为公司法上的一个概念，并不能依据传统民法来解释法律保护公司机会的理由。公司机会规则来源于英美普通法，公司机会规则的主要功能是在公司不享有传统财产权利时提供像财产一样的保护。[①] 这是根据公司法对公司商业机会的一种特殊保护，与大陆法系传统民法权利体系的适用前提不同。

在美国法上，公司机会是"属于公司的商业机会"的简称。但这一简称只适用于公司和董事两者之间，即公司机会指在公司和董事之间，某一商业机会属于公司，董事不得篡夺。尽管使用了"属于公司"这种财产权的典型语言，但这更类似于仅限于董事和公司之间的相对权利。在这种情况下，"属于公司的机会"这个词是与"机会"相关的一系列不同法律权利的代名词，而不是他们所指的具体的建筑、工厂或者机器设备（即有形财产）。这一概念是以公司法上董事对公司的忠实义务为基础的，没有该义务便无"公司机会"之称。正是因为董事对公司负有忠实义务，与之对应才有"公司机会权利"的存在。

笔者认为，公司机会并不是公司的传统民事权利，而是依据公司法享有的特别权利。正因为如此，如果董事篡夺公司机会，法院并不能依据侵权法或合同法追究其侵权责任或违约责任，而是依据公司法上的归入权或拟制信托制度收回其利用公司机会所得利润。因此，我们不能在传统财产的意义上讨论公司机会的权利性质，必须将公司机会概念放在公司法这一背景下讨论才能得出正确的结论。

二、公司机会规则的忠实义务基础

我国学者在探讨公司机会规则的理论基础时，试图从公司机会的权利性质入手，寻找禁止董事篡夺公司商业机会的理由。诚然，在公司机会规则中，对公司机会的权利属性进行界定是必要的，这是保护公司机会最基本的逻辑起点。然而，英美法之所以禁止董事篡夺公司机会，不是因为公司机会是传统

[①]　Kenneth B. Davis, Corporate Opportunity and Comparative Advantage, *Iowa Law Review*, Vol. 84, 1999, p. 236.

民事权利的客体，而是因为董事对公司负有信义义务（Fiduciary Duty）。① 传统信义义务主要强调的是受信人的忠实义务（Duty of Loyalty）。② 英美法认为，董事与公司处于一种信义关系（Fiduciary Relationship）中，董事作为公司的受信人（Fiduciary），当与公司之间有利益冲突（Conflicts of Interest）时，必须对公司忠诚，必须以公司利益优先于自己利益，不得利用职位之便谋取私利。公司董事因职务上的关系有机会接触公司内部的秘密信息，同时也可与公司交易对象（如供应商、批发商等）接触，容易获得对公司有利也对自己有利的商业机会。此时，董事应将此机会提供给公司以发展公司业务，原则上不允许董事为了私人利益而篡夺该机会，否则即为与公司争夺利益，违反公司利益

---

① 在描述董事和经理，以及相对于少数股东而言的支配性股东的权利和责任方面，信义义务是英美公司法中的一个核心概念。See Katharina Pistor & Chenggang Xu, *Fiduciary Duty in Transitional Civil Law Jurisdictions：Lessons from the Incomplete Law Theory，in Global Markets，Domestic Institutions：Corporate Law and Governance in a New Era of Cross-Border*，Columbia University Press，2003，p. 77. 载张学文：《有限责任公司股东压制研究》，法律出版社 2011 年版，第 29 页。"Fiduciary"是英美法使用非常普遍的一个词语，关于英美法上的"fiduciary duty"，在我国并无统一的中文翻译，如学者施天涛、汤欣称之为受信义务，学者黄辉、黄健则以信义义务称之，学者王保树、朱慈蕴则用诚信义务。参见施天涛：《公司法论》，法律出版社 2006 年版，第 379 页；台湾学者刘连煜则以受任人义务称之，而学者王文宇、陈春山则用信赖义务，各种用语不一而足。本书拟采用何美欢教授和张开平博士的译法，将"fiduciary"译为受信人，将"fiduciary relationship"译为信义关系，将"fiduciary duty"译为信义义务。参见张开平：《英美公司董事法律制度研究》，法律出版社 1998 年版，第 150 页；何美欢：《香港代理法》，北京大学出版社 1996 年版（第 1 章、第 15 章）。下文为保留引用文献原貌或行文方便，有时会交错使用以上不同译名，但均为相同含意。

② See J Dennis Hynes, Freedom of Contract, Fiduciary Duties, and Partnerships：The Bargain Principle & the Law of Agency, *Washington and Lee Law Review*，Vol. 54，1997，p. 450. 此外，英国的高尔（Gower）教授和美国的汉密尔顿（Hamilton）教授都认为董事的信义义务即为与受托人类似的忠实义务，并不包括注意义务，董事的注意义务是独立于信义义务的特殊义务。See L. C. B. Gower, D. D. Prentice & B. G. Pettet, *Gower's Principles Of Modern Company Law*（5th），Sweet&Maxwell，1992，pp. 550～551；Robert W. Hamilton, *The Law Of Corporations*，West Publishing Co.，1986，pp. 302～305. 国内学者徐海燕、刘俊海、殷召良也将信义义务等同于忠实义务。参见徐海燕：《英美代理法研究》，法律出版社 2000 年版，第 204 页；刘俊海：《股份有限公司股东权的保护》，法律出版社 1997 年版，第 231 页；殷召良：《公司控制权法律问题研究》，法律出版社 2001 年版，第 58 页。

优先于个人利益的原则。因此,公司机会规则即是从公司董事的忠实义务发展而来。[①]

(一)忠实义务的内涵

从英国的公司法实践看,忠实义务是指董事在管理公司事务时:(1)他必须为公司的利益善意处置所掌握的公司财产;(2)他行使权力的目的必须是为了公司的利益;(3)他处于受信人的位置并且他的个人利益不能与对公司的义务相冲突。[②] 在英国《2006 年公司法》中,董事的忠实义务也得到了明确的归纳:(1)避免利益冲突的义务(Duty to Avoid Conflicts of Interest)(第 175条);(2)不得收受第三方好处的义务(Duty not to Accept Benefits From Third Parties)(第 176 条);(3)在有关冲突交易中披露自身利益的义务(Duty to Declare Interest in Proposed Transaction or Arrangement)(第 177 条)。[③] 董事不得篡夺公司机会的义务就包含在第 175 条(避免利益冲突的义务)之中,成为英国成文公司法中董事忠实义务的重要组成部分。

在美国,各州的公司立法并没有董事忠实义务的明确规定,董事的忠实义务体现在各州的相关判例中。卡多佐(Cardozo)法官曾如此界定董事的忠实义务:"董事不得以牺牲任何公司利益为代价而获得个人利益,也不得以同董事所享有的权利相冲突的方式取得个人利益,不得为了个人利益而将那些公平而言应属于公司的机会据为己有。"[④]大法官道格拉斯(Douglas)在 1939 年Pepper v. Litton 一案中叙明忠实义务的基本含义是:一个负有信义义务的人,不能利用本身权力为一己私利,丧失公正立场,厚己薄人,损及公司、股东及债权人的利益。[⑤] 特拉华州最高法院 1939 年在 Guth v. Loft, Inc. 一案中,界定忠实义务为:"公司董事及高级管理人员不能利用基于信赖及信任关系所形成的地位,来增进自我利益。虽然技术上来说他们并非信托受托人,但他们对于公司及股东们来说确实是有一种信义关系存在。一个公共政策,经过数

---

① Matthew R. Salzwedel, A Contractual Theory of Corporate Opportunity and a Proposed Statute, *Pace Law Review*, Vol. 23, 2002, pp. 88~89.

② Peter Loose, Michael Criffiths & David Impey, *The Company Director——Power, Duties, Liabilities*, Jordan Publishing Limited, 2000, p. 26.

③ 参见英国《2006 年公司法》(Companies Act 2006)第 11 部分(Part 11)的第 2 章(Chapter 2)第 171~177 条。

④ 郝长策、刘凯:《论公司董事、高级管理人员违反竞业禁止义务的法律责任》,载《企业经济》2006 年第 4 期。

⑤ See Pepper v. Litton, 308 U. S. 295 (1939).

年的演进，且从健全对人性特征及动机的认识中，发展出一套规则。这项规则要求公司董事及高级管理人员断然地、不可动摇地、最为严谨地遵守他的职责。不仅是要坚决保护交托给他的公司利益，还要避免从事任何可能伤害公司的行为，或是剥夺公司的利益或优势，这些是他的技术或是能力可能带来的，或是可以使它合理且合法地被实现。这一规则需要对公司不被分割的、非自利的忠实，所以要求不能有任何的义务与自我利益之间的冲突。"①

由此可见，忠实义务要求董事不得使自己处于义务与个人利益相冲突的地位，不能利用受信人的地位，更不能利用公司财产为自己谋取私利。② 在美国的诉讼实务中，公司交易因董事违反忠实义务被认为无效或被撤销，导致董事必须负担损害赔偿责任的，有以下几种类型：(1)利害关系董事之交易(Interested Director Transaction)；(2)篡夺公司机会(Usurpation of Corporate Opportunity)；(3)董事与职员之报酬(Director and Officer Compensation)；(4)董事竞业行为(Competition with the Corporation)。其中篡夺公司机会是最为常见的违反忠实义务行为之一。

如今，忠实义务不但被英美公司法所认可，而且也已经大规模地被移植到大陆法系国家公司法中。最为典型的例子是，日本于1950年引进美国法董事的忠实义务规定，在《商法》第254条第3款规定："董事负有为了公司利益，遵守法令、章程与股东会决议，忠实执行职务的义务。"日本于2005年制定的《公司法》第355条进一步规定了董事的忠实义务："董事必须遵守法令、章程及股东会的决议，并为了股份有限公司忠实地执行职务。"③另外，我国台湾地区"公司法"原本仅有公司负责人应尽善良管理人注意义务的规定，但台湾地区在2001年修改"公司法"时，参照英美体系引入忠实义务，增订"公司法"第23条第1款规定："公司负责人应忠实执行业务并尽善良管理人之注意义务，如有违反致公司受有损害者，负损害赔偿责任。"④我国2005年修订的《公司法》第148条规定："董事、监事、高级管理人员应当遵守法律、行政法规和公司章程，对公司负有忠实义务和勤勉义务。"另外，我国《公司法》第149条详细列举

① Guth v. Loft, Inc., 5 A. 2d. 503 (Del. 1939).

② John Lowry, Regal(Hastings) Fifty Years On: Breaking the Bonds of the Ancien Regime, *Northern Ireland Legal Quarterly*, Vol. 45, No. 1, 1994, p. 1.

③ 日本会社法第355条，http://law. e-gov. go. jp/htmldata/H17/H17HO086. html，下载日期：2009年2月3日。

④ 台湾地区"公司法"，第23条第1款。

厦门大学法学院经济法学文库

了忠实义务的内容,主要包括自我交易、竞业禁止、篡夺公司机会等方面。

由忠实义务我们可知,忠实义务含有强烈的道德成分,代表了对董事行为的实质性约束,以克服股东难以观察到董事的不忠行为的弱点。忠实义务包含了董事这样的承诺,即公司将受益于他最佳的经营和判断能力,以及行使公司授予的裁量权纯粹是为公司的利益而不是为他自己个人的利益。在英美法信义关系中,忠实义务体现为这样的基本法律原则,即受信人应确保公司利益的至上性,不应该让他的个人利益与此项义务发生冲突,不得利用受信地位和身份谋取个人私利。这一原则即为"禁止冲突原则"(No-Conflict Principle),此为信义关系的原始、核心宗旨。因为在利益冲突情况下,基于人性自利的基本假设,受信人极可能为追求私利,而不顾公司全体股东利益,作出不利于公司的商业决策。

(二)公司机会规则的忠实义务逻辑

公司机会规则的适用与忠实义务密不可分,英美法院创造出公司机会规则目的主要是为了具体实施忠实义务。[①] 因为公司董事处于受信赖地位,为了完成他们的一般职责并作出重要决定,他们必须获得公司广泛和机密的信息。他们也有重大的决策权力来指挥和实施公司的主要政策。作为公司的化身,他们代表公司接触个人和组织,包括服务于公司业务需要的供应商、分销商和客户。由于其公司职位和活动,董事能接触到对公司有利益的并且对他们自己也可能有个人利益的机会。此时公司依赖于董事诚信和完整履行其义务。公司让他们获取信息和接触客户的目的是使其能够有效履行义务,而不是使他们能够利用这些资源为自己的个人利益服务。

虽然董事的角色具有双重性,其行为既服务于他们的个人和职业目标,又作为公司受信人服务于公司的利益和需要。但公司担心的是,这些个人的利益可能与公司的利益冲突,即董事可能将个人利益置于其对公司的忠诚之上,并且将背叛公司的信任。公司不希望去推测或监督董事的诚实和公平交易,它希望法律通过一定的责任规则确保当董事作出公司决策时,这些决策不受个人利益的影响。由于公司有此期待,当公司遇到商业机会时,董事应将该机会提供给公司以发展公司业务,原则上不应允许董事为了其利益而篡夺该机

① Matthew R. Salzwedel, A Contractual Theory of Corporate Opportunity and a Proposed Statute, *Pace Law Review*, Vol. 23, 2002, p. 87.

会,否则即违反了其忠实义务而应对公司负责。[①]

因此,公司机会规则是从公司董事的忠实义务发展而来,不得篡夺公司机会义务是忠实义务的一个重要分支。董事因受信人身份而对公司负有忠实义务,公司机会规则正是这一逻辑推演而得出的结论之一。虽然普通人可以与公司竞争商业机会,但董事因受信义关系约束却不能利用该机会,即使董事未采取不正当竞争的手段。[②] 对此,美国卡多佐大法官曾说:"在通常的对等性交易行为中所允许的许多行为方式,在受信义关系约束的场合则是禁止的。受信人的行为标准比市场道德要严格。受信人的行为仅仅诚实是不够的,在最敏感的细节上还必须正直,受信人的行为标准一直维持在高于普通人之上的水平。"[③]斯多瑞(Story)法官也曾作了精辟的归纳:"只要委以信赖(如信托),那就必须全力以赴为他人利益,而不得有任何欺骗。一旦获得了影响力,那就不得利欲熏心、工于心计和损人利己。一旦掌握了个人的控制手段,这些手段就必须只限于用在诚实的目的。"[④]

事实上,在英美关于公司机会的判例实践中,法院的说理总是以董事的受信人身份和忠实义务为基础。忠实义务的严格解释是,那些利用受信地位牟利的人应将所获得的利润返还给公司。任何处于受信地位的人,应对商业机会所带来的利润负法律责任,即使该公司未必能够或愿意从事这样的投资。这在英国关于公司机会的案件 Regal(Hastings) Ltd v. Gulliver[⑤] 中得到最为充分的体现。在该案中,被告董事因购买子公司的股份而获得巨额利润,因其受信人身份必须承担篡夺购买子公司股份这一机会的法律责任。然而,原

---

① Miller v. Miller, 301 Minn. 207, 219-220 (1974). 原文为: One entrusted with the active management of a corporation, such as an officer or director, occupies a fiduciary relationship to the corporation and may not exploit his position as an "insider" by appropriating to himself a business opportunity properly belonging to the corporation. If such a business opportunity is usurped for personal gain, it is equally well recognized that the opportunity and any property or profit acquired becomes subject to a constructive trust for the benefit of the corporation.

② 不管董事是否采取不正当手段利用公司机会,因其行为本身即已经与公司利益相冲突而违反对公司的忠实义务,所以应受到法律的禁止。

③ Meinhard v. Salmon (1928)249 NY 456, 464.

④ 转引自 G. M. D. Bean, *Fiduciary Obligations and Joint Ventures*, Clarendon Press, 1995, pp. 26~27.

⑤ Regal(Hastings) Ltd v. Gulliver [1942] 1 All ER 378; [1967] 2 AC 134.

公司机会规则研究

厦门大学法学院经济法学文库

告对同样购买了股份的律师(董事会按照律师的意见采取行动)的诉讼失败,因为法院认为他不是一个受信人,并不对公司负有信义义务。[①]

在美国,法院审理公司机会案件时虽然是以"机会属于公司"这一所有权式的逻辑为基础,但在法院的内在推理中,董事作为公司受信人所负的忠实义务一直是适用公司机会规则的前提条件。与英国不同的是,美国法院不是一味地保护公司,而是注重平衡公司与董事二者之间的利益冲突。法院认为,根据对人性的一般观察,公司授予董事自由裁量权,然而董事极可能利用权力来谋取私利,授权与自利之间存在紧张和矛盾的关系。[②] 因此,规范信义关系的法律规则必须使信义关系的效用最大化,同时尽可能使权力滥用最小化。

在许多公司机会案例中,美国法院为我们提供了如何在实践中发挥上述利益平衡的规则。在 Guth v. Loft, Inc.[③]一案中,被告 Guth 作为原告 Loft 公司的总裁,获悉一个以相对低的价格购买百事可乐配方和商标的机会。Loft 公司本身从事糖果、糖浆和饮料的制造及销售,包括零售和批发,零售业的运作是通过 115 个商店网络进行。而 Loft 公司在其零售商店专门销售可口可乐。Guth 在诉讼之前曾经建议 Loft 公司的副总裁应考虑销售更便宜的百事可乐。巧合的是,当时的百事可乐制造商在 Guth 提出建议的前一天已申请破产。在百事可乐的原制造商转让股份前两个月,Guth 签订了一项协议,通过一个新的百事可乐公司来收购百事可乐的配方和商标,Guth 拥有新公司 91% 的股份。Guth 使用 Loft 公司的设施和资本,开始发展百事可乐事业并在 Loft 公司的所有零售商店销售百事可乐。

当 Guth 设立与 Loft 公司竞争的公司并从中获利时,人们直觉认为他的行为有不当之处。在寻找、抓住以及利用商业机会的过程中,Guth 以经典的创业方式实施其计划。如果他对 Loft 公司并不负有更高的忠实义务,那么在与交易对方的关系中他只需遵守合同理论所施加的义务。换言之,如果法律没有施加给公司的受信人更高的义务,公司只能在与受信人签订的合同中约定禁止篡夺机会的情况下,才可以抗议篡夺公司机会。但是,特拉华州最高法院的分析并非针对所涉及的各种合同条款,而是针对 Guth 与 Loft 公司之间关系的性质。法院的措辞严厉而发人深省:"事实和情况表明,Guth 用对 Loft 公司而言必不可少的商品,为自己篡夺百事可乐机会,这使得他处于与 Loft

① Regal(Hastings) Ltd v. Gulliver [1942] 1 All ER 378;[1967] 2 AC 134,149.

② Tamar Frankel, Fiduciary Law, *California Law Review*, Vol. 71, 1983, p. 804.

③ Guth v. Loft, Inc., 5 A. 2d 503 (Del. 1939).

公司竞争的位置,从而使他个人的利益不符合公司更高级的利益;这种情况的完成不是公开的,不是利用自己的资源,而是秘密的,并且使用了他本应致力保护的公司的钱财和设施。"[①]

最后,法院判决 Guth 交出他设立、经营百事可乐赚得的所有利润,将他在百事可乐的股份转移到 Loft 公司,恢复 Loft 公司在没有 Guth 的不当行为时本应有的状况。Guth 一案的判决显示了法院可以如何最大化信义关系的效用及最小化权力滥用。Guth 为自身的利益使用了公司授予他的权力,而他作为公司受信人本应行使这一权力来最大化信义关系的效用。他将自己置于这样的位置:从制造和零售两边获利,但 Loft 公司承担风险,从而损害了他本应保护的 Loft 公司。

特拉华州法院的救济措施力求达到这样的目标:如果 Guth 信义关系的效用被最大化造福于委托人,有关各方处于本来所应处在的相对位置。在信义关系的背景下,委托人利益大于受信人利益。因此,就效用和权力而言,公司已赋予了个人用以掌控公司运作的权力,这种掌控必须使公司效用最大化。正如前述讨论说明的,公司机会规则,经过 Guth 案的概括,并且在随后的几十年不断完善扩展,已经成为一个为确保公司信义关系中各种利益平衡的法律手段。

第三节　公司机会规则的经济学基础

要深刻认识公司机会规则的本质和功能,还必须深入分析其背后深层的经济原因。公司机会规则作为完善公司治理结构的一项重要制度,是公司实践的产物,与现代经济生活具有密切的联系。因此,运用现代经济分析法学理论对公司机会规则进行分析研究,有利于进一步把握其本质特征。

一、公司机会规则的起因:代理成本

1932 年,伯利(Berle)和米恩斯(Means)提出,现代公司的特点是所有与

---

① Guth v. Loft, Inc., 5 A. 2d 515 (Del. 1939).

控制的分离(Separation of Ownership and Control)。① 公司的投资人将其对自身财产的控制权赋予公司的经营者(董事等人),投资人则以丧失对其财产的控制权为代价取得对公司未来收益的受益权。因此投资人所投入财产的所有权(实际上应为受益权)与控制权出现了分离的状态。1976年,詹森(Jensen)和麦克林(Meckling)进一步提出,两权分离引起了代理问题(Agency Problem)。② 因为,所有与控制分离的状态使得投资人股东与控制经营者的利益出现冲突,负责经营管理公司的控制者不是,或者至少不完全是公司的所有者;他们是在为别人,或者至少不是完全为自己服务。控制者所经营的利益将大部分为投资人(所有者)所获得,而其仅获得事先约定的报酬。根据经济学的理性选择理论,经营者也是自利的理性人,也有最大化自身利益的意图,在其掌握了股东财产的控制权的情况下,极有可能利用股东所投入的资产追求自身利益或他人利益。

事实上,早在18世纪亚当·斯密(Adam Smith)就曾经指出:"在钱财的处理上,股份公司的董事是为他人尽力,而私人合伙公司的成员,则纯为自己打算。所以,要想股份公司的董事们监视钱财用途,像私人合伙公司成员那样用意周到,那是很难做到的。有如富家管事一样,他们往往拘泥于小节,而殊非主人的荣誉,因此他们非常容易使自己在保有荣誉这一点上置之不顾了。于是,疏忽和浪费,常为股份公司业务经营上多少难免的弊端。"③在两权分离的现代公司,这种现象更为严重。由于投资人股东无法亦步亦趋地跟随经营阶层,他们就难以知悉经营者实际上的行为或决策,双方处于严重的信息不对称(Asymmetric Information)地位。随着专业化分工越来越细,投资人股东通常都不具有监督经营者所需的专业。在这种情况下,经营者可能利用信息优势,在损害公司利益的基础上追求个人利益。

为了解决代理问题,所有者就必须对经营者进行激励和约束,例如以契约方式载明经营者所需从事的行为、监督经营者或者要求其提供一定的担保。这些机制虽得以降低代理问题发生的概率,但同时也导致额外的成本,即代理

① [美]阿道夫·A. 伯利、加德纳·C. 米恩斯:《现代公司与私有财产》,甘华鸣、罗锐韧、蔡如海译,商务印书馆2005年版,第133页。

② Michael Jensen & William Meckling, The Theory of the Firm: Managerial Behavior, Agency Costs, and Ownership Structure, *The Journal of Financial Economics*, No. 3, 1976, pp. 5~6.

③ [英]亚当·斯密:《国民财富的性质和原因的研究(下卷)》,郭大力、王亚南译,商务印书馆1981年版,第303页。

成本(Agency Cost)。依照学者观点,代理成本可以分为三个方面:(1)监督成本。是指本人欲监督代理人行为所花费的成本。(2)担保成本。由于本人面对代理人可能侵害其利益的风险,因此本人可能要求代理人提供资源以担保其于代理关系中不会从事有害本人利益的行为。(3)剩余损失。即使本人从事监督行为且代理人提供一定担保,本人的利益仍可能因其与代理人间的利害冲突而受有损害。[1]

在董事篡夺公司商业机会引发的代理成本这一问题上,因公司类型不同而各异。从公司的发展演变来看,历史上存在不同类型的公司。早期公司的典型形态是所有者与经营者合一型公司,以一人或家庭经营的街边便利店或工厂为例,这种公司由一人发起,没有任何名义股东和满足法定要求的公司高级管理人员,所有者兼经营者是公司赖以成功的关键。在这样的公司中,公司形式是使公司股东成员获得由公司独立人格而产生的好处的手段。在私有财产制度的理念下,经营者是为自己利益经营公司,不存在所谓的代理成本,公司机会问题不会真正的出现,因为在所有者和经营者之间是同一的,即所有者经营和经营者所有。[2]

这些所有权和经营权高度合一的公司可能是最常见的,但在经济意义上,它们与多人合资的封闭公司以及公开公司相比相形见绌。在多人合资的封闭公司中,虽然股东也积极参与公司经营,也是某种程度上的所有权和经营权合一,但是,由于存在多个股东,他们相互之间也容易产生代理成本。举例来说,在一人经营公司而没有外部融资的情况下,经营者能够获得任何投资所带来的所有利润。如果经营者拥有不到100%的股权,那么,从投资所带来的利润并非全部泽及经营者。随着百分比的下降,经营者将公司的商业机会挪为己用的激励增加。[3] 美国1967年的Burg v. Horn[4]一案即为典型。案中Burg与Horn是世交,Horn一直经营一家房屋租赁独资公司,积累了丰富的专业

① Michael Jensen & William Meckling, The Theory of the Firm: Managerial Behavior, Agency Costs, and Ownership Structure, *The Journal of Financial Economics*, No. 3, 1976, pp. 5~6.

② A. D. Chandler Jr, *The Visible Hand: The Managerial Revolution in American Business*, Belknap Press, 1977, p. 9.

③ Michael Jensen & William Meckling, The Theory of the Firm: Managerial Behavior, Agency Costs, and Ownership Structure, *The Journal of Financial Economics*, No. 3, 1976, pp. 5~6.

④ Burg v. Horn, 380 F. 2d 897 (2d Cir. 1967).

知识。后来 Burg 家族也加入进来成立了一家合资公司,由 Horn 负责业务经营。然而,Burg 认为 Horn 利用合资公司的商业机会为自己原来的独资公司谋取私利。这个案例说明,经营股东如果在公司架构内无法获得他们的努力的全部好处,就会产生为自己利益利用商业机会的动机。他之所以能够做到这一点,是因为虽然所有股东都拥有和经营公司业务,但是股东之间也可能很容易存在缺乏专业知识的情况,他们可能拥有不同领域的专门知识或者负责不同的业务领域,相互之间不一定能够做到完全知情监督。因此虽然所有与经营合一的封闭公司股东可能有动力密切地监督其他经营股东,但同样可能存在代理成本。

在公开公司中,这种情况就更加常见。作为本人的股东自然十分关心公司潜在的商业机会,但是,股东一般而言缺乏时间和必要的专业知识来评价公司商业机会。这种困境在实践中并不是很难想象,因为在大多数实际的情况中,"本人"代表的不是一个统一整体,而是一群分散的股东,每个股东在公司拥有小部分股份。① 由于这样一个分散的所有权结构,任何单个股东不可能有足够的激励发展必需的技能,为整个公司的利益筛选新的机会。事实上,发展这种技能的成本将由私人承担,但其利益却由所有股东共享。在股权分散之股份有限公司架构下,每位股东因集体行动(Collective Action)所获得的利益并不多。比较成本、利益二者之后,追求经济效率的股东,当然选择理性冷漠(Rational Apathy)作为其行为模式。不仅如此,他甚至还希望别人付出专业学习及信息收集成本,自己则搭此便车,依附别人的行动而获取利益,此即经济学上的搭便车效应(Free-Riding)。换言之,所谓理性冷漠效应,是指一般股东因持股数很少,对公司经营无决策权,如果无特别诱因(例如公司发放纪念品),股东将不愿意出席股东会,对于董事或其他经营管理阶层的不法行为也不愿意提起代位诉讼,造成公司的控制权人得以获取不当利益。而搭便车效应,在股东为公司寻找和发展商业机会时,由于其自身须负担有关的劳力、时间、费用,即使获得商业机会,其结果也归公司享有,使得其他未付出努力的股东同享此利益。

为了解决这一难题,股东雇佣风险中立的专业经营者经营和管理公司。虽然股东对公司仍然拥有最终控制(例如通过投票选举和更换新董事),但在

---

① See B. R. Cheffins, Current Trends in Corporate Governance: Going From London to Milan via Toronto, *Duke Journal of Comparative & International Law*, Vol. 10, 1999, p. 12.

确定公司的发展方向等问题上，他们通常不能单独发挥积极的作用。股东是投资者，他们关注的是公司最根本的问题。公司的具体经营被留给有能力承担职位的人（即经营者），而不是拥有股份的人（即纯粹的股东）。经营者可能在公司担任内部董事或高级管理人员或外部独立董事，负责为公司开发商业机会和潜在客户。他们接收和评价每一个潜在客户的商业机会，然后建议公司是否应该利用这一机会。由于董事和高级管理人员往往拥有评估和利用商业机会的专业知识，在自利理性下，他们极有可能将有利的商业机会转为己用。因此，在接收和评价商业机会的过程中非常容易产生代理成本。

二、公司机会规则的必要性：减少代理成本

虽然不仅仅只有代理成本这一问题贯穿公司法和公司治理文献，但标准的代理成本框架几乎可以深刻分析涉及公司的每一个经济关系。它不仅解释了代理成本对现代公司的积极作用，而且还为平衡所有权和控制权之间的冲突提供了一个规范基础。为此，人们设计了各种机制以最大限度减少代理成本。从理论上说，控制代理成本的方法多种多样，主要包括契约方法和市场方法。契约方法是在股东和公司经营者之间的契约中，就经营者的职责作出明文规定。由于公司的市场价值主要取决于未来商业机会的现值，股东想确保公司获得由公司投资的机会而产生的全部利益，并不愿意被公司经营者转移到自己口袋。在一个极端情形下，公司可以要求其所有经营者签订契约，规定全部公司商业机会归公司所有。① 但是，这里至少存在两个有关的难题。

第一个难题是什么构成公司的商业机会。公司机会规则如此复杂的主要原因是，商业机会呈现的具体事实情况复杂多样且各不相同。仅仅根据具有普通条款的契约来界定公司机会，存在极大的不确定性和可争论的空间。同时，尝试将契约具体化又将面临在有限理性的世界考虑无穷无尽的偶然性的挑战。因此，通过契约方法评估和监督公司经营者，不仅契约协商成本过于高昂，而且往往挂一漏万，无法预见将来所有可能发生的事情。理查德·波斯纳认为，契约各方很难考虑周全各种发生在契约履行期间的可能情形："对当事人而言，履约所花的时间越长——并且应记住，履约必须包括交换所打算取得的未来服务的全部流量——就越难预测可能影响履约的各种偶发事件。而

① Matthew R. Salzwedel, A Contractual Theory of Corporate Opportunity and a Proposed Statute, *Pace Law Review*, Vol. 23, 2002, p. 83.

且,有些偶发事件是很不容易被发现的,虽然在当事人明知其可能发生这一点上是可预测的。所以细心策划以解决它们所需的成本可能会超出其收益,尤其在这些收益是以偶发事件实际发生的可能性低所计算时更是如此。"①

第二个难题在于如何为经营者创造公司商业机会提供必要的激励。如果公司独占了所有利润,并没有提供足够的激励,那么,经营者不会有任何激励将自己创造机会的想法告知公司。现在,我们先不考虑清晰界定公司机会的困难。如果能为每一位经营者订立涵盖所有可能发生的偶发情况的劳动契约,那么我们假设契约可向每名经营者提供必要的激励。只要契约可予以执行,公司将确保能够获得经营者创造的商业机会。但是,在现实世界,由于订立详细契约的交易成本和执行契约的困难,这种契约实际上是不存在的。

至于市场方法,主要包括通过经理人市场、公司控制权市场和产品市场等对经营者进行约束。但是,市场方法也有其限制。当某些公司经营者侵夺公司机会所获得的收益,远远超过其随后可能发生的经理人市场带给他们的惩罚时,还是会发生机会主义行为。因为对于那些巨大的一次性盗用行为,行为人往往抱有"捞一把就跑"的心态,而事后的市场惩罚措施却远远不够。② 在此情况下,市场对公司经营者的行为约束作用难以发挥,特别是市场不发达时更加如此。因此,这些方法都不足以彻底解决代理成本问题。

在上述机制失灵时,由法律设立责任规则是最为行之有效的办法。一方面,法律根据情形填补当事人之间契约的漏洞,这有利于减少缔约成本,增加经济效率。有学者采纳波斯纳的契约框架,建议法院应该将公司机会忠实义务规则用来"填补"在明示或默示信义契约中的空白之处。③ 受信人和公司,像其他缔约当事人一样,需要法院"填补"契约漏洞,因为考虑公司机会的每种可能情形以及在每个情形下达成一致共同履行的成本相当高。弗兰克·伊斯特布鲁克(Frank Easterbrook)和丹尼尔·费舍尔(Daniel Fischel)基于契约分析信义义务时也建议:"执行在董事和公司之间的忠实义务取代了详细的契约条款,法院通过规定如果协商成本足够低并且所有承诺得到完全履行,双方

① [美]理查德·A.波斯纳:《法律的经济分析》,蒋兆康译,中国大百科全书出版社1997年版,第119页。

② [美]弗兰克·伊斯特布鲁克、丹尼尔·费希尔:《公司法的经济结构》,张建伟、罗培新译,北京大学出版社2005年版,第116页。

③ Matthew R. Salzwedel, A Contractual Theory of Corporate Opportunity and a Proposed Statute, *Pace Law Review*, Vol. 23, 2002, p.89.

当事人会做出的安排,来充实忠实义务。"[①]这有利于经济体中的专业化,提高了社会的生产力,节约了各自缔约规定经营者忠实义务的成本。"换句话说,信义关系很少是一个全有或全无的命题,并且在解释基于那个关系的含蓄契约时我们需要确定适当的平衡。"[②]法律对信义义务的规定就使得股东在授予经营者权力时,不必通过契约订明各种禁令来防止经营者转移股东资产给自己。因此,一个重视效率的、填补漏洞的法律替代框架非常适合用来降低代理成本。如果在公司法中规定信义义务规则,就不再需要在个别雇佣契约中作类似规定。这不但降低了交易成本,而且给股东提供了明确的契约来规定公司经营者的责任。

另一方面,在市场机制失灵的情况下,法律的惩罚能够让铤而走险的盗用公司机会的行为人付出沉重的代价。作为一种制度约束,公司机会规则的功能就是协助所有者解决代理问题,降低代理成本,为弥补市场机制无力规制篡夺公司机会的不忠行为提供另类解决方案。因此,当一个商业机会显然是公司机会时,并且篡夺者是一个全职经营者时,效率和公平都不允许经营者自己利用机会。如果允许这样的篡夺,公司的投资者将受到伤害;如果高级管理人员可以自由地谈判公开报酬,他也不需要这种变相的奖励;如果做生意的商业成本因经营者转移公司利益进私人口袋而提高,社会将遭受损失。[③] 所以法律不允许经营者通过公司机会获得额外、隐蔽的报酬。

三、公司机会规则的制度设计:社会成本最小化

公司机会规则所规范的是董事侵占原本应属于公司的商业机会这一情形。由于董事会为公司的核心机构,所有经营信息都传递至董事会。当董事有机会隐藏其所取得的信息时,董事即有动机独吞信息所产生的全数利益。为降低此种行为所产生的代理成本,信义义务要求公司董事不得未经允许利用属于公司的机会。法律禁止董事利用公司机会产生了一定的干预成本。

---

① Frank H. Easterbrook & Daniel R. Fischel, Contract and Fiduciary Duty, *The Journal of Law and Economics*, Vol. 36, 1993, p. 427.

② Kenneth B. Davis, Corporate Opportunity and Comparative Advantage, *Iowa Law Review*, Vol. 84, 1999, p. 229.

③ Victor Brudney & Robert Clark, A New Look at Corporate Opportunities, *Harvard Law Review*, Vol. 94, No. 5, 1981, p. 1000.

首先，禁止性规则可能导致商业机会最终未被开发和发展，造成社会成本的上升。一般而言，董事是因为其善于寻找和发现商业机会的创业才能才被委以重任。法律禁止董事私自利用商业机会，就可能会抑制创业活动，造成价值创造的想法未被开发或抑制了创业的心态。① 其次，当独立第三人利用了法律禁止董事利用的商业机会时，可能会产生双重的开发成本。因为董事为开发该商业机会已经投入一定的前期成本，比如已经积累了对机会的详细知识、具备了开发机会需要的技术以及筹集了开发机会所必需的资金等等。如果法律不允许董事利用该机会，当独立第三人开发该机会时，仍然需要付出董事已经投入的开发机会成本，导致双重的开发成本。最后，法律禁止董事利用公司机会将打击董事任职的积极性，不利于社会经济整体的发展。因此，法律干预成本主要包括机会未被开发的成本、双重开发成本以及董事任职意愿下降所产生的成本。

关于机会未被开发造成的成本，美国学者克拉克认为并不重要，具体理由如下：②第一，董事与公司之间往往约定，董事寻找到商业机会将得到回报，因此董事在公司的业务领域和非业务领域寻找到的机会，大多被公司直接利用。因此，就不存在商业机会未被利用的情形。第二，根据法律规则，如果董事希望利用机会，需要获得公司许可。如果公司同意董事个人利用机会，机会将被开发，将不会有任何的机会未被开发造成的成本。如果该公司不同意，自己利用机会，也不存在相应成本。第三，董事寻求公司的同意是否会存在较大的协商成本呢？如果董事和公司之间达成协议的交易成本很高，那么机会可能仍然得不到开发。

西蒙·迪肯（Simon Deakin）和艾伦·休斯（Alan Hughes）为执行法律委员会和苏格兰法律委员会进行的实证研究③发现，对于规模较小的、封闭的公司而言，董事和股东在法律的框架下确实能够达成一致协议，但对于拥有多元化股东的较大公司而言，董事获得股东批准允许利用机会的交易成本很高，往往导致董事放弃这个机会。他们的研究表明，有两个因素阻碍董事获得同意

① David Kershaw, Lost in Translation: Corporate Opportunities in Comparative Perspective, *Oxford Journal of Legal Studies*, Vol. 25, No. 4, 2005, p. 615.

② ［美］罗伯特·C. 克拉克：《公司法则》，胡平等译，中国工商出版社 1999 年版，第202 页。

③ S. Deakin & A. Hughes, Directors' Duties: Empirical Findings (report to the Law Commissions), http://lawcommission. justice. gov. uk/docs/lc261_Company_Directors_ESRC_Research. pdf, 下载日期：1999 年 8 月 5 日。

利用机会:一是取得股东批准所需的资源;二是披露利益冲突而产生的负面声誉影响。[①] 据此,他们认为董事放弃商业机会造成了社会的净损失。然而,董事碍于获得批准的交易成本而没有利用该机会并不表示机会将不会被其他各方利用。因为商业机会大多是由公司之外的第三人提供的,不会在公司内部形成商业秘密,商业机会不可能像商业秘密一样不被他人开发。机会极有可能会被第三人开发利用。事实上,在西蒙·迪肯和艾伦·休斯分析中很多消逝的机会是由第三人带给董事的商业机会。即,拥有项目的第三人,接触董事以期获得他在项目中的投资。在这个意义上讲,要不是慑于法律的禁止规则,董事将投资该项目,否则第三方将预期从别处获得资金。

关于开发机会的双重成本问题,确实有可能出现。例如某公司花费资源调查一个商业机会,在此过程中,某些董事熟悉了机会的全部情况。但是,由于各种原因,公司决定放弃该机会。董事虽然愿意自己利用这一机会,但他们由于不得主动利用商业机会的规制而止步不前。然后,当公司之外的第三人利用这一机会,就可能支付相同的调查和获取信息的成本。当然,不是所有这种情况都一定要重复付费,即使公司董事得到该机会,也要投入调查费用,因此,这不能归咎于本规则。[②]

关于董事任职积极性问题,如果机会规则打击了创业精神,那么这确实不利于经济的整体发展。不过,公司机会的禁止性规则似乎不大可能会产生这样的成本,原因有二:其一,在严格的规制环境下,虽然许多企业家不会愿意与公司分享他们活动的收益,他们将拒绝担任董事,但他们的创业才能将仍然有益于经济整体,社会仍然能够受益于这些商业人士的专业知识和关系网创造的经济效益。其二,那些愿意担任公司董事的商业人士仍然有动力去寻找机会。因为他们仍然会由于发现机会而在经济上受益,即他们可能因发现机会而要求公司给他们增加报酬,公司将对充分披露机会的董事给予补偿并可能需要董事参与实施机会,或者公司可能允许他们利用这个机会。

总的来说,公司机会规则的制度设计必须权衡法律干预成本和代理成本。一方面,法律干预的成本主要表现为机会未被利用导致的浪费、调查的双重成

---

① S. Deakin & A. Hughes, Directors' Duties: Empirical Findings (report to the Law Commissions), http://lawcommission.justice.gov.uk/docs/lc261_Company_Directors_ESRC_Research.pdf,下载日期:1999 年 8 月 5 日。

② [美]罗伯特·C.克拉克:《公司法则》,胡平等译,中国工商出版社 1999 年版,第202 页。

本以及打击创业积极性；另一方面，由于两权分离所产生的巨大代理成本，这一成本在董事篡夺商业机会时可能更加明显。尽管我们不可能量化地表明代理成本要比法律干预成本更大一些，但是可以确定的是，规则的法律干预成本在许多方面并没有一个确定性的基础，而代理成本被认为是代理关系中的固有和主要成本。因此，基于减少代理成本和社会成本最小化的考虑，公司机会规则有其存在的合理的经济学基础。

第二章

公司机会规则的规范主体

在英美法中,根据公司机会规则的诉因,原告需要证明被告对公司负有信义义务,以及被告从公司挪走商业机会违反了这一义务。[1] 这就涉及公司机会规则规范主体的认定。关于公司机会规则规范主体的认定,英美法最主要是审查被告与公司之间是否存在信义关系,被告是否是对公司负有忠实义务的受信人。罗素勋爵在 Regal(Hastings) Ltd v. Gulliver 一案中就声明,被告的赔偿责任是其在公司中的受信人身份必然产生的结果。只要具有这一身份,责任从一开始就产生了,被告利用公司机会是善意还是恶意在所不问。[2]

关于受信人身份的确定,英美法要求更广泛的分析,而不是仅仅看公司赋予被告的头衔。[3] 美国联邦巡回法院弗兰克法特(Frankfurter)法官指出:"说某人是受信人只是分析的开始,它仅仅给出了进一步调查的方向。他是谁的受信人,作为受信人他有什么义务,如何才能判断他未履行这些义务,他违反义务的后果是什么?"[4]因此,在适用公司机会规则时,首先面临的问题就是:(1)何者负有不得篡夺公司机会的义务,即公司机会规则的义务主体范围如何

---

[1]　Albert Tylis, Case Comment: Corporate Law—The Diversion of a Corporate Opportunity—A. Teixeira & Co. v. Teixeira, *Suffolk University Law Review*, Vol. 32, 1999, p. 538.

[2]　Regal (Hastings) Ltd v. Gulliver, [1942] 1 All ER 378; [1967] 2 AC 134.

[3]　Albert Tylis, Case Comment: Corporate Law—The Diversion of a Corporate Opportunity—A. Teixeira & Co. v. Teixeira, *Suffolk University Law Review*, Vol. 32, 1999, p. 536.

[4]　Securities and Exchange Commission v. Chenery Corp., 318 US 80, 85-86 (1943)

界定？（2）义务主体向何人承担义务，即谁可以作为权利主体提起公司机会诉讼？对这两个问题的回答是适用公司机会规则的前提。

第一节　公司机会规则的义务主体

在英美法上，关于公司机会案例的传统立场是要首先确定利用机会人的身份是否是对公司负有忠实义务的受信人，只要确定这一身份即产生高度保护和威慑的必要。[①] 美国学者克拉克认为，如果一商业机会被认为属于公司机会，对公司负有忠实义务者，如董事、高级管理人员或控制股东等，不可篡夺该机会。反之，与公司无关之第三人，当可竞争该机会。[②] 从中我们可以大致界定公司机会规则最基本的义务主体，即董事、高级管理人员和控制股东。

一、董事

关于董事的界定，最为典型的就是英国公司法的相关规定。英国《2006年公司法》规定："在本法中，董事是指占据董事地位的任何人，无论其称呼是什么。"[③]英国的杰塞尔（Jessel）法官在"森林煤业公司案（1978）"一案中也指出，对于作为公司经营者的董事，"不论怎样称呼他们都行，只要你能理解他们的真实地位，那就是，他们只不过是一些生意人，只是为了本身的利益和公司所有其他股东的利益，才对一家商业公司进行管理的"。[④] 可见，在英国法上，董事是一种功能性概念，法律强调的是其功能而非其称谓。[⑤] 在美国，所谓董事，是被指派或选定进入董事会，通过投票或支配经营者来经营公司或其他组

---

① David Kershaw, Lost in Translation: Corporate Opportunities in Comparative Perspective, *Oxford Journal of Legal Studies*, Vol. 25, No. 4, 2005, p.604.

② ［美］罗伯特·C.克拉克：《公司法则》，胡平等译，中国工商出版社1999年版，第187~188页。

③ See Companies Act 2006 § 250: "In the Companies Acts, 'director' includes any person occupying the position of director, by whatever name called."

④ ［英］佩林斯.杰弗里斯：《英国公司法》，上海翻译出版公司1984年版，第220页。

⑤ Pennington, Pennington's Company Law, Butterworths, 1985, p. 609. 载张开平：《英美公司董事法律制度研究》，法律出版社1998年版，第57页。

织的人。①美国法学会的《公司治理原则：分析与建议》第1.13条规定："董事，是指被公司选定为董事，或在有效法规或公司内部规则下代替董事行为之人。"②

随着"董事会中心主义"的盛行，董事的经营权力越来越大。依据《2008年英国公司示范章程》[*The Companies*(*Model Articles*) *Regulations* 2008]规定："董事须负责经营、管理公司的业务，为此目的可以行使公司的各项权力。"③《特拉华州普通公司法》(*Delaware General Corporation Law*)第141条第(a)款也规定："除非本法或公司章程有特别规定外，公司业务均由董事会负责或依其指示为之。"④美国在1984年所制订的《示范商业公司法》(*Model Business Corporation Act*, MBCA)第8.01条第(b)款也有类似规范。公司董事在行使公司经营权的同时，极有可能滥用权力侵害公司及股东的利益。为了纠正公司董事滥用职权的弊端，英美法院将董事认定为公司受信人，对公司及其全体股东负有信义义务。⑤虽然各国对于公司机会规则义务主体的认定仍有不同，但较一致的观点是，董事是公司机会规则的当然义务主体。⑥

然而，在现今经营自由化的时代，人们很难从一个人的职位称呼上判断其是否为公司董事。因此，在适用公司机会规则时，首先要解决的问题是，董事

① Bryan A. Garner, *Black's Law Dictionary*, 8th ed., Thomson West, 2004. § Director.

② American Law Institute, Principles of Corporate Governance：Analysis and Recommendations, American Law Institute, 2004. § 1. 13 Director.

③ 《2008年英国公司示范章程》分成三个部分，分别规范 private companies limited by shares，private companies limited by guarantee 以及 public companies 三种不同的公司，此三个部分规范董事的一般权限的内容均相同。

④ See Delaware General Corporation Law § 141 (a)："The business and affairs of every corporation organized under this chapter shall be managed by or under the direction of a board of directors, except as may be otherwise provided in this chapter or in its certificate of incorporation. "

⑤ Schoon v. Smith, 953 A. 2d 196, 206 (Del. 2008).

⑥ 在 Regal 案中，英国上议院罗素勋爵指出："我认为，处于 Regal 信义关系中的董事，在涉及以行使其作为董事的权力，并且获得这些股票是由于他们是 Regal 的董事并在执行职务过程中这一事实，应该对他们取得的利润承担责任。keech v. sandford 案确立的衡平规则完全适用于他们。"See Regal (Hasting) Ltd v. Gulliver [1967] 2 AC 134. 149. 另外，参见 Lisa Peters, Corporate Opportunity, A Primer：Part 1, *Canadian Corporate Counsel*, Vol. 23, No. 4, 2001, p. 11.

公司机会规则研究

厦门大学法学院经济法学文库

的身份如何判断,所有类型的董事都对公司负有相同程度的不得篡夺公司机会的义务吗?

在英国,实务上将董事分为执行董事(Exective Directors)与非执行董事(Non-Exective Directors)。执行董事通常同时为公司的受雇雇员,必须全职投入公司的经营管理,并负责公司绝大部分事务;非执行董事则不是公司的受雇雇员,其主要作用在于监督并提供建议,而不负责公司的经营管理。因此,非执行董事在现代公司治理中扮演保护股东利益的重要角色。[①] 而美国法上董事通常分为内部董事(Inside Directors)与外部董事(Outside Directors)。[②] 内部董事是指同时兼任公司经理之人,或为经理人的亲属;外部董事则无前述关系,是指未同时兼任公司经营职务的董事。外部董事又可再分为有关联董事(Affiliated Directors)和独立董事(Independent Directors)。有关联董事是先前曾为公司的经理人,或与公司有商业上往来关系者。[③] 独立董事是指无前述关系,非公司受雇雇员或经理人,且与公司无利害关系的董事。[④]

依据美国 2005 年修订的《示范商业公司法》(*Model Business Corporation Act*)第 8.25 条规定,董事会原则上有权在其内部设置各种功能的委员会,因此董事会可以按需要进行分工。常见的委员会有执行委员会(Exective Committee)、提名委员会(Nominating Committee)、审计委员会(Audit Committee)、报酬委员会(Compensation Committee)。[⑤] 多数学者及业界人士都认为,独立董事因其独立性而不受经营阶层控制,可以提升监督的有效性。为了加强公司治理,在大型公开公司,将公司的经营权与监督权分开,由经理人负责公司的经营,董事负责监督,在监督方面则加强独立董事的重要性。纽约

① Bruce, Martha, *Rights and Duties of Directors*, Tottel Publishing, 2005, p. 4; Stephen Griffin, *Company Law Fundamental Principles*, Pearson Longman, 2006, pp. 280~281.

② 张开平:《英美公司董事法律制度研究》,法律出版社 1998 年版,第 57~58 页。

③ Bernard S. Black, The Value of Institutional Investor Monitoring: The Empirical Evidence, *University of California*, *Los Angeles Law Review*, Vol. 39, 1992, p. 895.

④ Stephan M. Bainbridge, *Corporation Law and Economics*, Foundation Press, 2002, p. 219. 独立董事的概念与外部董事稍有不同,独立董事应具备专业知识,其持股及兼职应予限制,且于执行业务范围内应保持独立性,不得与公司有直接或间接的利害关系。独立董事是符合法定要件的外部董事。

⑤ Robert W. Hamilton, *The Law of Corporations in a Nutshell*, 5th ed., West Publishing Co., 2000, p. 319.

证券交易所、纳斯达克证券交易所以及美国证券交易所均要求上市公司的审计、报酬及提名委员会要有一定名额的独立董事。现今美国大多数大型上市公司的董事会均以独立董事占多数，例如纽约证券交易所的上市公司于2001年就有大约75％的公司的董事会以独立董事占多数。①

综合英美国家对董事的分类，笔者根据董事是否为公司专职经营人员，将董事分为经营董事与非经营董事。② 经营董事是指那些同时是公司的专职雇员的董事，包括英国所谓的执行董事和美国指称的内部董事；非经营董事是指那些不负责公司日常事务经营的兼职董事，包括英国的非执行董事和美国的外部董事。我们做这种分类的主要目的在于根据两类董事的地位与职责的不同，区别对待其所负的信义义务和承担的法律责任。因为"负起信义义务的人并不是在所有时候都负起一切信义义务"③。在特定的信义关系中，受信人的义务必须根据其所处的地位和其所承担的具体职责予以确定。所以，经营董事与非经营董事在义务与责任的负担上也是区别对待的。

在美国著名的公司机会案例 Guth v. Loft 一案中，特拉华州法院就将被告 Guth 认定为经营董事，因为"Guth 是与 Loft 公司订有极具吸引力的雇佣合同的全职董事"④。法院认为他的本职工作是从事 Loft 公司的业务，不应当同时又在 Loft 公司办公室里从事百事可乐公司的业务，这一百事可乐业务显然属于公司机会。所以法院拒绝了 Guth 通过个人经验、技能和劳动应获得百事可乐利益的主张。后来的许多判例和评论都遵循 Guth 模式，倾向于将一名经营董事的所有精力、野心和进取心归其所在公司。⑤

美国学者布鲁尼和克拉克也认为，公开公司的经营董事作为专职雇员，必须贡献出其全部的工作时间和管理才能，来处理公司的事务。因此，他们不得参与任何可能获利的商业机会。公开公司的任何一位经营董事可利用的商业

① Donald C. Clarke, Three Concepts of the Independent Director, *Delaware Journal of Corporate Law*, Vol. 32, 2007, p.73.

② 此处参考了我国学者张开平教授对董事的分类，参见张开平：《英美公司董事法律制度研究》，法律出版社1998年版，第57～58页。

③ 何美欢：《香港代理法》，北京大学出版社1996年版，第137页。

④ Guth v. Loft, 2 A. 2d 232 (1939).

⑤ William, A New New Look at Corporate Opportunities, http：//ssrn. com/abstract＝446960，下载日期2009年10月16日。

机会也许都可由公司提出权利要求。[1] 即公开公司的经营董事应适用统一的"绝对规则"(Categorical rule),承担绝对严格的篡夺公司机会禁止义务。[2] 因为,就像受益人强烈依赖于受信人一样,股东也同样依赖这些专职的经营董事,并且股东没有能力监督和控制经营董事的行为,经营董事承担篡夺公司机会禁止义务的程度就要更严格。相反,非经营董事在这方面所承担的义务就相对宽松得多。学者克拉克认为,对于非经营董事而言,仅仅禁止他利用公司的资源包括信息去开发或获取私人的商业机会。[3] 因为公司对非经营董事一般不支付薪金,也不要求他们花百分之百的时间和精力在公司的事务上。他们只是利用必要的时间、精力和才干来百分之百地完成他们已同意接受的公司工作,并没有被禁止在其他时间积极参与其他公司的经营。事实上,在许多情况下,正因为他们是其他公司的经营人员,才得以成为公司的非经营董事。因此,他们不可能将履行其他公司职责过程中获得的商业机会交给担任非经营董事的公司。

　　经营董事与非经营董事在公司机会规则中承担不同义务的区别也充分体现在美国法学会 1994 年出版的《公司治理原则:分析与建议》中。其中第5.05条第(b)款第(1)项实际上是对非经营董事篡夺公司机会的规定。对于非经营董事或外部董事而言,只有在履行董事职责过程中或者通过使用公司信息或财产获得的商业机会,才可能被认定为公司机会。因此,只要外部董事未利用公司的资金、人才、设施以及信息等来获取个人机会,他的行为就不应受到限制。换言之,在其他场合,非经营董事或外部董事可以自由利用此项规定之外的商业机会。另外,针对专职的经营董事,《公司治理原则:分析与建议》第5.05 条第(b)款第(2)项规定,与公司正在从事或将要从事的商业活动密切相关的任何商业机会都属于公司机会。因此,不同类别的董事,在公司机会规则中承担的责任也不同,专职经营董事比非经营董事要受到更严格的限制。对于那些并非公司雇员的非经营董事来说,由于他们很可能同时从事多项商业活动,他们并没有义务将那些仅仅与公司业务紧密相关的商业机会提供给

---

　　[1]　Victor Brudney & Robert Clark, A New Look at Corporate Opportunities, *Harvard Law Review*, Vol. 94, No. 5, 1981, p. 1011.

　　[2]　[美]罗伯特·C.克拉克:《公司法则》,胡平等译,中国工商出版社 1999 年版,第200~201 页。

　　[3]　[美]罗伯特·C.克拉克:《公司法则》,胡平等译,中国工商出版社 1999 年版,第206 页。

公司。

二、高级管理人员

（一）高级管理人员适用公司机会规则法理

在信义关系理论下，董事受公司所有者即股东所托付，为了公司利益与股东利益而经营公司业务。但随着公司治理的发展，较新的公司治理观念认为公司业务经营不应由董事会主导，而是应由董事会指派的高级管理人员来负责经营。因此在股权较为分散的公司，董事多半扮演公司顾问或仅在公司重大时刻作决定的角色。而公司日常经营行为则多是授权给专业管理人员负责，由管理人员进行实际规划形成商业决策，再由董事会决定是否予以核准，并提供意见或提出质问。① 换言之，公司董事会仅仅是以董事会决议方式执行公司业务，但在实际运作上，并无法要求公司一切事务均通过董事会决议，而是由董事会行使公司决策权与监督权，公司日常事务则委托给诸如管理人员等，以避免对公司业务的经营造成实际执行上的困难。

公司管理人员大体可分成高级管理人员与基层管理人员。② 在英美法上，法院认为受信人的范围包括任何获得信任或信赖的人。③ 毫无疑问，无论级别高低，他们都必须在处理有关公司的事务时对公司负有忠实义务。④ 但是，由于不同层级的公司人员掌握的经营权力大小不同，对公司的影响力也不相同，其具体义务必须根据其所处的地位和其所承担的具体职责予以确定。董事、高级管理人员作为公司经营过程中的"信息筛选者"，在评估未来新商业

---

① Robert Charles Clark, *Corporate Law*, Aspen Publishers, Inc. , 1986, p. 108.

② 美国学者钱德勒（Alfred D. C Chandier,Jr. ）将企业经营者划分为高层经营者、中层经营者、低层经营者以及工头、监工等。参见［美］小艾尔弗雷德·D. 钱德勒：《看得见的手——美国企业的管理革命》，商务印书馆1987年版，第2页。

③ Albert Tylis, The Diversion of a Corporate Opportunity, *Suffolk University Law Review*, Vol. 32, 1997, p. 542.

④ ［美］罗伯特·W. 汉密尔顿：《公司法概要》，李存捧译，中国社会科学出版社1998年版，第250页。

公司机会规则研究

厦门大学法学院经济法学文库

机会时发挥主导作用,并建议公司应从事哪一个项目或者应当避免哪一项目。① 这些人拥有的自由裁量权使他们有条件也有能力篡夺公司的商业机会。相反,基层管理人员多是由高级管理人员选任,执行公司日常生产经营的具体事务。其职位属性与公司一般雇员(Employee)相似,未居于控制地位,无裁量权限,而是依赖上级的指挥,其责任的认定多是依据公司的一般工作规则(Work Rules)。② 基层管理人员并不能像董事和高级管理人员那样发挥公司"信息筛选者"的作用,很少能够接触公司商业机会信息。因此,公司机会规则相对较少处理日常生产经营人员的激励问题,对于同样负有忠实义务的基层管理人员或普通雇员并不适用。③

高级管理人员因被公司授权而享有公司部分经营的自由裁量权力,基于"有权力必有责任"的法理,高级管理人员应与董事同样处于受信人地位,作为信义义务的适用对象。④ 在 2009 年审理的 Gantler v. Stephens 一案中,特拉华州最高法院对于公司高级管理人员是否与董事负有相似的信义义务这一问

---

① 高级管理人员这一"信息处理"的作用得到公司法文献的广泛承认。美国的 Clark 教授认为:"经理的绝大部分工作包括收集、评价、联系和处理信息。他是一个优秀的信息处理者。在这里,信息一词是广义的:它不仅包括事实数据、判断、意见和预测,还包括要求、意见和公司内部的命令,以及那些可能会进行某种交易的人们之间的询价和报价。经理的信息处理任务还包括业务决策活动。"See Robert Charles Clark, Corporate Law, Aspen Publishers, Inc. , 1986, pp. 802~803.

② Robert W. Hamilton, *The Law Of Corporations in a Nutshell*, West Publishing Co. , 2000, p. 306.

③ Talley & Eric, Turning Servile Opportunities to Gold: A Strategic Analysis of the Corporate Opportunities Doctrine, *Yale Law Journal*, Vol. 108, No. 2, 1998, p. 286. 另外,根据代理原则,所有的雇员有忠实于公司的一般性义务。所有雇员都被认为是公司的代理人。因此,当履行其代理范围内即其工作范围的义务时,他们负有为公司最佳利益行为的一般性责任。这意味着除其他事项外,他们不得寻求在其代理范围之内的商业机会。See Levy & Surrick v. Surrick, 362 Pa. Super. 510, 524 A. 2d 993 (1987), 517 Pa. 623, 538 A. 2d 877 (1988)。然而,对作为公司受信人的高级管理人员而言,在利用商业机会上受到的限制更广。首先,因为公司的受信人雇员有比非受信人雇员更广泛的责任,他们有一个更广泛的代理权。因此,更多的机会属于他们代理的范围内,并且不得追求这样的机会。其次,受信人的代理范围,并不代表对追求商业机会的限制。在公司机会规则下,即使机会在其代理范围以外,受信人也不得追求属于公司的机会。See Winterbauer & Steven H, The Corporate Opportunity: Doctrine What Employers Should Know, *Employee Relations Law Journal*, Vol. 18, No. 3,1993, p. 391.

④ Franklin A. Gevurtz, *Corporation Law*, West Group, 2000, p. 273.

题,也采取肯定的态度。^① 普通法对此义务确立的标准包括"高度诚实、善意和勤勉",其执行职务须以善意诚实的态度,并尽注意义务,且以合理相信对公司最有利的方式进行处理。^②拉斯金法官在 Canadian Aero Service Ltd v. O'Malley 一案中对高级管理人员篡夺公司机会禁止义务曾作了一番精彩的论述:"他们是高层经营者而不仅仅是雇员,雇员对雇主的义务除非由合同扩充,否则仅仅包括商业秘密和保密客户名单。高级管理人员的义务是更广泛的、更严格的义务,这种义务除非由合同或成文法修改,否则与董事对公司所负的义务类似。本案被告与 Canaero 公司处于信义关系当中,在一般意义上这种关系即表明了忠实、善意和避免义务和自我利益的冲突。"^③因此,掌握公司实际经营权力的高级管理人员理所当然地成为公司机会规则的义务主体。

(二)高级管理人员的认定

对高级管理人员在公司地位的认定,关系到其是否能够成为公司机会规则适用对象的问题。关于高级管理人员的身份认定,目前有"形式说"和"实质说"两种观点。

"形式说"认为,认定高级管理人员身份应该以其头衔和称呼为标准。美国法学会在 1984 年出版的《公司治理原则:分析与建议》第 1.19 条就曾经界定了高级管理人员的范围:"高级管理人员是指:(1)公司的首席行政长官、首席财务长官、首席法律长官和首席会计长官;(2)除了上述范围之外,董事会主席、总裁、总会计师、秘书和控制者,以及负责一个主要业务单位、部门或职能(如销售、管理或金融)或执行公司的主要决策职能的副总裁。具有这些头衔的人员通常被认为是应遵守公司机会规则的受信人。"^④美国佐治亚州法院认为,从头衔上理解认定高级管理人员身份,就需要查询公司董事会会议记录以

①　Gantler v. Stephens, 965 A. 2d 695, 708-709 (Del. 2009) 原文为:"The issue——whether or not officers owe fiduciary duties identical tothose of directors——is a matter of first impression for the Supreme Court of Delaware. In the past, the Courthas implied that officers of Delaware corporations, like directors, owe fiduciary duties of care and loyalty, and that the fiduciary duties of officers are the same as those of directors."

②　See MBCA § 8.42 经理人的行为标准:"(a)具有自由裁量权的经理人履行义务时应该:(1)诚信;(2)以一个普通审慎的人在类似情况下应有的注意;(3)以他合理相信是为了公司最佳利益的方式。"

③　Canadian Aero Service Ltd v. O'Malley (1973) 40 DLR (3d) 371, 606.

④　[美]罗伯特·C.克拉克:《公司法则》,胡平等译,中国工商出版社 1999 年版,第 84 页。

确定谁是高级管理人员。[1] 因此,公司机会规则仅仅适用于经过任命的具有董事和高级管理人员头衔的人,而不适用总工程师等典型的雇员。[2]

我国现行《公司法》也采取"形式说",《公司法》第149条第5项规定了董事和高级管理人员为篡夺公司机会禁止的义务主体,然后《公司法》在第217条进一步界定高级管理人员是指公司的经理、副经理、财务负责人,上市公司董事会秘书和公司章程规定的其他人员。也就是说,除了法律规定和章程规定的人员之外,其他人员都不得被认定为高级管理人员。然而,形式说虽然简单实用,但在实践中可能造成应该承担责任的人因不具有对应的头衔而得不到制裁。因为在规模较小的有限责任公司,典型的"雇员"往往很少,却有很多负责公司经营的"老板",但他们一般很少有正式和准确的头衔。如果严格按照"形式说"来界定高级管理人员身份,就很可能造成公司机会规则的法律适用漏洞。

"实质说"认为,被告是否适用公司机会规则,要求更广泛的分析,而不是仅仅看公司赋予被告的头衔。[3] 头衔并不一定是决定性的,有时拥有高级管理人员头衔的人被认为是非受信人雇员,[4]而没有正式高级管理人员头衔的人也可能被认为是高级管理人员。[5] 例如,一个喜剧俱乐部的全面管理人,一个负责公司的研发工作的核物理学家、首席工程师,以及生产高科技电脑绘图仪器的公司的生产主管等都被认为是公司的高级管理人员。[6] 高级管理人员多有自主裁量权限。为解决公司庞杂业务需求,高级管理人员的授权依据是

---

[1]　Sofate of Am. , Inc. v. Brown, 171Ga. App. 39, 39-42, 318S. E. 2d 771, 776 (1984).

[2]　Southeast Consultants, Inc. v. McCrary Eng'g Corp. , 246Ga. 503, 506, 273S. E. 2d 112, 116 (1980).

[3]　Albert Tylis, Case Comment: Corporate Law—The Diversion of a Corporate Opportunity—A. Teixeira & Co. v. Teixeira, *Suffolk University Law Review*, Vol. 32, 1999, p. 537.

[4]　在 Tulumello v. W. J. Taylor Int'l Const. Co. , 84 A. D. 2d 903, 903, 446 N. Y. S. 2d 673, 697 (1981)一案中,雇员也被称之为经理,但法院裁定他的受信人地位仅仅是名义上的,因此公司机会规则不适用于他。

[5]　在 Lowder v. All Star Mills, Inc. , 82 N. C. App. 470, 472, 346S. E. 2d 695, 697 (1986)中,被告没有正式的头衔,但仍然被认为是事实上的高级经理。

[6]　See Comedy Cottage, Inc. v. Berk, 145 Ill. App. 3d 355, 369, 495 N. E. 2d 1006 (1986);Science Accessories Corp. v. Summagraphics Corp. , 425 A. 2d 957 (Del. 1980).

公司内部规则条款或董事会所赋予的独立日常业务决策权限。[①] 其权力来源，按美国实务见解主要可分成三类：实际授权（Actual Authority）、表见授权（Apparent Authority）[②]和内在授权（Inherent Authority）[③]。因此，美国1984年《示范商业公司法》（*Model Business Corporation Act*，MBCA）不再对高级管理人员的职位名称作出具体规范，而是规定公司可以依章程细则或是由董事会指派来设置管理人员，将公司经营者职称改为由各公司自己决定。[④] 公司高级管理人员的设置人数与头衔，则因公司规模的大小而有不同需求。[⑤]

"实质说"是从职权认定高级管理人员的身份，这类似于对"事实董事"的界定方式。"实质说"的优点是有利于责任的追究，不至于使应负责任的人逃脱法律的制裁。其缺点在于法院认定高级管理人员的身份时可能会因标准不统一而有偏差，造成错案。

笔者认为，为了准确确定高级管理人员的身份，宜将"形式说"和"实质说"两种方法结合使用，以"形式说"为主，而以"实质说"为辅。一方面确定具有常见的"总裁"、"总经理"等高级管理人员头衔的人为责任主体。因为，高级管理人员的头衔将使公司之外的第三人认为其具有相应职权，推定其本人同意接受该头衔可能带来的责任和风险。另一方面，要求实际行使公司经营职权的其他人承担相应的责任，也符合"权责相符"的观念。因此，在认定高级管理人员身份时，要注意以下两个方面。第一，在形式上，职务任免经过董事会决议的程序。如总经理助理、财务总监、业务总监等。由董事会决议任免，表明其职务不同于一般工作人员，具有较高的地位。第二，在职权上，能够掌握公司的人力、物力、信息、客户渠道等重要商业资源。这说明他们具有广泛的经营管理权和对外代表权，能够代表公司进行经营活动。

---

① Franklin A. Gevurtz, *Corporation Law*, West Group, 2000, pp. 181～182.

② 表见授权乃指委托人的行为向第三人表示其行为人的行为获得了实际授权，若第三人了解委托人的行为并进而引起信赖，则该委托人就需对行为人的行为负责。See Lind v. Schenley Industries, Inc., 278 F. 2d 79 (1960).

③ 所谓内在授权是指代理人的职务本身通常被认为应包含授权的内容。See Nogales Service Center v. Atlantic Richfield Co., 613 P. 2d 293 (1980).

④ See Model Business Corporation Act § 8.40 Required Officers："(a) A corporation has the officers described in its bylaws orappointed by the board directors in accordance with the bylaws."

⑤ Franklin A. Gevurtz, *Corporation Law*, West Group, 2000, pp. 186.

(三)关键雇员与高级管理人员的关系

由于高级经理也是公司的雇员,有时经理和雇员的角色区分并不明显。很显然,公司高级经理和雇员都对公司负有忠实义务。[1] 他们对公司义务的区别只是程度上的问题。一般而言,由于高级经理的权力比普通雇员更大,他们更能影响公司的决策,因此所负的义务更严格。而普通雇员的意见往往不能影响公司重大交易的决策,虽然他们仍可能从公司攫取不公平的利益,但是他们很少对公司构成威胁。即使他们获得有关的机会信息,也仅仅是在不太重要的事情上约束公司,难以影响公司对商业机会的决策与态度。因此,在对公司的忠实义务上,雇员所负的义务比董事和高级经理要更宽松一些。比如,法院往往允许雇员在他们辞职之前为进入新的创业项目做准备,甚至允许他们作出与公司竞争的预先安排。[2] 这是对雇员不竞争义务的一个例外,其理论基础是自由竞争的公共政策和个人就业选择权,即每个人应该有权利通过最大程度的个人择业自由,改善其社会经济地位。[3]

然而,日新月异的科技发展使得公司业务正在变得更加多样化,公司在其中可能有利益、期望的机会不断增加。公司已摆脱明确指定少数人作所有重要决策的传统管理结构。一些未担任董事、经理职务的关键雇员也能够知悉公司商业秘密、经营信息并拥有重要的决策权力,在公司特别授权的情况下也可以代表公司。据统计,在封闭公司,这类关键雇员篡夺公司机会的概率,甚至比作为传统受信人的董事和高级经理更高。[4] 因此,除了传统上的董事和高级经理负有无可争辩的篡夺公司机会禁止义务外,英美法院开始关注关键雇员能否成为公司机会规则的适用主体。虽然作为忠实义务的例外,雇员在离职前可以为其将要从事的创业项目做一定的准备工作,但是美国马里兰州法院列举不适用例外的行为包括:"盗用商业机密;滥用机密信息;在辞职前带走公司的客户、教唆雇主的关键员工集体辞职、侵占公司机会。"[5]因此,当关键雇员被赋予了更多的信任和责任(比如能够获得机密信息和更多的权力)时,如果他们利用信任地位篡夺公司机会,当然也要承担法律责任。近年来已

---

① [美]罗伯特·W. 汉密尔顿:《公司法概要》,李存捧译,中国社会科学出版社 1998年版,第 250 页。

② Maryland Metals, Inc. v. Metzner, 382 A. 2d 564, 569 (Md. 1978).

③ Maryland Metals, Inc. v. Metzner, 382 A. 2d 564, 569 (Md. 1978).

④ Pat Chew, Competing Interesting in the Corporate Opportunity Doctrine, *North Carolina Law Review*, Vol. 67, 1989, p. 448.

⑤ Maryland Metals, Inc. v. Metzner, 382 A. 2d 564, 569-70 (Md. 1978).

有法院判决关键雇员要受公司机会规则的约束。^① 雇员可以为新就业做准备的权利并不能免除其篡夺公司机会的责任。因为保护公司机会的公共政策与择业自由的公共政策相比,构成公司机会规则基础的公共政策应该占上风。^②

然而,在审判实践中,法院对于谁应作为关键雇员受公司机会规则约束感觉十分棘手。可资判断的因素有:雇员的权力、自由裁量权和接触公司的经营秘密信息。比如雇员是否涉及公司战略或政策的制定;雇员是否管理着大量工人或某一部门或分部;雇员是否有权力约束公司并扩大其责任;雇员是否能接触公司的客户名单、产品设计、业务计划以及其他秘密信息;雇员是否具备对公司业务至关重要的专门知识或专长,以及雇员是否与高级管理层密切定期合作。也可以考虑雇员的工作经历、教育背景、福利待遇等因素。虽然这些因素及其重要性在每个案件中都是不同的,但是,总的来说,所有这些因素都可以用"关键"一词概括。在实务上,如果公司认为某个雇员对其经营是关键的,这个雇员可能就是受信人。关键雇员通常包括公司大部分管理层以及具有关于公司的经营、产品或服务的高技术或专门知识的雇员,比如研究科学家、产品开发专家等。

那么,关键雇员不得篡夺公司机会的忠实义务是约定还是法定的呢?有一种观点认为,除非通过合同扩大责任,雇员义务仅仅涉及商业秘密,他们对公司没有其他法定信义义务。^③ 确实,高级管理人员在总体上比雇员有更多的机会获得公司机会信息,能够获得有价值的公司机会信息的雇员只是少数。公司对这些少数雇员的职责是充分知情的,对于雇员可能篡夺公司机会的情况是完全可以预期的。由于非受信人和受信人的行为标准差距,其身份的确定就显得特别重要。因为,如果雇员仅仅被认为是代理人,根据一般代理原

---

① Science Accessories Corp. v. Summagraphics Corp. , 425 A. 2d 957, 962 (Del. 1980); Maryland Metals, Inc. v. Metzner, 282 Md. 31, 39-40, 382 A. 2d 564, 568-69 (1978).

② 法院在 Patient Care Servs. S. C. v. Segal, 337 N. E. 2d 471, 479 (Ill. App. Ct. 1975)中认为,雇员被告为个人利益篡夺公司唯一的资产——与当地一家医院缔结的医疗服务合同,应承担赔偿责任;法院在 Maryland Metals, Inc. v. Metzner, 382 A. 2d 564, 569 (Md. 1978)中认为,雇员在职竞争安排的权利绝不是绝对的,在某些情况下,行使这一权利可上升到违反忠实义务的水平。因此,当雇员在准备未来竞争的过程中存在欺诈、不公平或违法行为时,这一权利并不会使得雇员免除责任。

③ Stuart Turnbull, The Doctrine of Corporate Opportunity: An Economic Analysis, *Canada-United States Law Journal* , Vol. 13, 1988, p. 188.

则,他们仅仅被禁止追求代理范围内的机会。他们可以寻找这一范围外的机会,即使这导致与公司的竞争。[1] 如果雇员被认为是典型的非受信人雇员,只要他们没有签订非竞业禁止协议,就应允许他们与从前服务过的公司竞争。

因此,根据关键雇员身份可能导致的后果,当公司认为他们是受公司机会规则约束的受信人时,公司应有责任通知这些雇员,告知其受信人的角色。否则,接受这种职位的雇员可能还不知道他们要受到公司机会规则约束。这种通知的主要形式是雇佣合同中的相应限制性条款,公司可以考虑在关键雇员的雇佣合同中作相应的修改,以补偿其不得利用公司机会的限制。如果雇员不愿接受这种限制,可不接受赋予更多信赖的职位。因此,雇员不得篡夺公司机会的义务性质应属于约定性而非法定性。如此才能避免反常的结果出现:雇员在公司发挥的作用和责任越大,得到的不是奖赏反而是惩罚。

三、控制股东

(一)控制股东的界定

控制股东是美国法上的概念。关于控制股东的界定,美国法学会的《公司治理原则:分析与建议》第1.10条规定:"(a)所谓控制股东,是指单独或与他人以协议方式,具有下列情形之一的人:(1)持有或有权行使其表决权超过一公司已发行有表决权股份总数百分之五十。(2)以股东地位对公司的经营或决策,或对争议交易或行为,具有控制影响力。(b)单独或与他人以协议方式,持有或有权行使其表决权超过一公司已发行有表决权股份总数百分之二十五,推定其对公司经营或决策,具有控制影响力。但如公司章程单独或与他人以协议的方式,持有或有权行使其表决权有较高比例的表决权,不在此限。单独或与他人以协议方式,持有或有权行使其表决权未超过一公司已发行有表决权股份总数百分之二十五,不受单独持有表决权股份或有权行使其表决权以控制公司的推定。"[2]

由此可见,美国法学会对于控制股东采取两种判断标准。第一,采取形式判断标准,除以表决权股份总数百分之五十为绝对标准外,另以表决权股份总数百分之二十五为相对标准。第二,采取实质判断基准,即以有无实质控制影

---

① Levy & Surrick v. Surrick, 362 Pa. Super. 510, 524 A. 2d 993, 995 (1987).

② American Law Institute, *Principles of Corporate Governance*: *Analysis and Recommendations*, American Law Institute, 2004. § 1. 10.

响力为认定标准。美国特拉华州最高法院在几个判决中均认为："控制股东如果拥有绝对多数股权或可以控制公司事务的运作，则他必须负有信义义务。"①而所谓控制的产生，必须符合下列两个条件之一：(1)持有公司有表决权之股份逾50％。(2)实质控制了公司的多数董事，但原告必须对此负举证责任。②这两个条件并非是绝对的，法院曾在其他案件中认定，即使持股数未达该门槛，持股人仍有可能被认定为控制股东。有的判例中曾将持股比例为10％③、9％④、8％⑤的股东也认定是控制股东，他们需要如同董事般对公司负信义义务。

在英国，公司法及破产法上分别规定有影子董事（Shadow Director）概念，以使控制股东对其不法行为所造成公司的损害承担法律责任。影子董事又称幕后董事，英国《2006年公司法》第251条规定："影子董事是指公司董事习惯于依其命令或指示来处理公司事务的人，但不包括基于专业给予公司董事建议的情形。"⑥换言之，影子董事是可控制公司的董事，但对外并未彰显其董事地位，而是通过公司正式董事或事实董事，于幕后主导公司业务执行的人。关于影子董事的认定，除了法律条文规定的"习惯于依其命令或指示"外，法院一般认为须具备以下两个条件：其一，隐身在董事背后，通过法律上董事

---

① Ivanhoe Partners v. Newmont Mining Corp., 535 A. 2d 1334, 1344 (Del. 1987); Kahn v. Lynch Communication Sys., Inc., 638 A. 2d 1110, 1113 (Del. 1994).

② Ivanhoe Partners v. Newmont Mining Corp., 535 A. 2d 1334, 1344 (Del. 1987); Kahn v. Lynch Communication Sys., Inc., 638 A. 2d 1110, 1113 (Del. 1994).

③ In re Shoe-Town, Inc Stockholders Litig., 16 Del. J. Corp. L. 404, 416 (Del. Ch. Feb. 12, 1990).

④ Siegman v. Tri-Star Pictures, Inc., 15 Del. J. Corp. L. 218, 227 (May, 1989).

⑤ Tomczak v. Morton Thiokol, Inc., (1990 Del. Ch. LEXIS 47).

⑥ See Companies Act 2006 § 251: (1)In the Companies Acts "shadow director", in relation to a company, means a person in accordance with whose directions or instructions the directors of the company areaccustomed to act. (2)A person is not to be regarded as a shadow director by reason only that the directorsact on advice given by him in a professional capacity. (3)A body corporate is not to be regarded as a shadowdirector of any of its subsidiary companies for the purposes of- Chapter 2 (general duties of directors), Chapter 4 (transactions requiring members' approval), or Chapter 6 (contract with sole member who is also adirector), by reason only that the directors of the subsidiary are accustomed to act in accordance with itsdirections or instructions.

或事实董事来控制公司事务;其二,对董事施以支配、控制的影响力。①

另外,法国破产法则使用事实董事(De Facto Director)的概念作为规范控制股东的依据。事实董事与法律上董事(De Jure Director)相对,指并未经过有效的选任或根本未经选任程序,在公司实际行使董事职权,从事董事才能负责的事务的人。② 事实董事的判断标准不在于该行为人主观上是否自认为董事,而在于客观上其所从事的活动是专属于公司董事所承担的职能(Functions Properly Discharged only by a Director)。③"专属于公司董事所承担的职能"并非僵化地限于董事的法定职能(Statutory Functions),为公司进行重大交易或亲自参与董事会或类似董事会层级决议也是认定事实董事的标准。在具体认定事实董事时,法院往往借助各种相关因素进行考量,如该行为人是否具有董事的表见外观(whether or not there was a holding out by the company of the individual as a director)、行为人是否使用董事头衔(whether the individual used the title)以及是否能够进行重大决策(whether the individual had to make major decisions and so on)等。④

事实董事所强调的是被视为董事之人所具有的"权力外观",其参与董事会决策并进行类董事职务是外显的,本质上属于表见董事,行为人直接从事董事职务,其与法律上董事唯一的差别仅在于其未经合法有效的选任。在美国,《示范商业公司法》以及各州的公司法典并未明确定义事实董事的概念,但在判例法上,事实董事的概念比较常见。以特拉华州为例,为了保护与公司交易的善意第三人,"一个人尽管他未经合法的程序被选任,或其选任程序事后发现有瑕疵,或曾是董事但后来被免职,只要他的行为体现出是以董事身份在活动,他就被视为事实上的董事"。⑤ 因此,公司股东、雇员、顾问以及其他能够实际执行董事职务的人都有可能被称为事实董事。一旦公司股东具有董事外观,被视为事实董事,则其地位与法律上董事相同,必须负担与法律上董事相

---

① Stephen Griffin, *Company Law Fundamental Principles*, Pearson Longman, 2006, p. 291.

② Bruce, Martha, *Rights and Duties of Directors*, Tottel Publishing, 2005, pp. 6~7.

③ Re Hydrodam (Corby) Ltd [1994] BCC 161.

④ Secretary of State for Trade and Industry v. Tjolle [1998] 1BCLC 333, 343.

⑤ Delaware Corporation Laws Annotated(1994—1995ed);The Michie Company 1995, p. 33;H. G. Henn. *Law Of Corporation* (2ed), West Publishing Co., 1978, pp. 414~415. 载张开平:《英美公司董事法律制度研究》,法律出版社 1998 年版,第59页。

第二章 公司机会规则的规范主体

65

同的忠实义务。^① 如此,控制股东一旦被认定为事实董事,不得未经许可篡夺属于公司的商业机会,也是其中应有之义。

我国公司法上也有控制股东的概念,我国 2005 年修订的《公司法》第 217条第 2 款将控制股东界定为:"出资额占有限责任公司资本总额百分之五十以上或者其持有的股份占股份有限公司股本总额百分之五十以上的股东;出资额或者持有股份的比例虽然不足百分之五十,但依其出资额或者持有的股份所享有的表决权已足以对股东会、股东大会的决议产生重大影响的股东。"可见,我国《公司法》对控制股东的界定采取形式与实质相结合的方式,与美国特拉华州法院采取的标准类似。因此,在我国,控制股东是指具有实际上主导公司经营与决策的控制能力,但却未担任公司董事或经理职务的股东,包括持股50%以上和不足 50%两种类型。

关于控制股东的认定,持有股份比例多寡并非关键,关键在于对公司事实上的控制力。一般而言,控制意指具有决定公司商业政策的权力,通常表现在三个层面:其一为法律上控制,亦即持有公司超过百分之五十的有表决权股份,其控制力表现在掌控董事会席位并能够决定公司任何事务;其二为事实上控制,即持有公司股权数虽然不到百分之五十,却有实质的影响力以便掌控董事会席位。对于事实上控制的认定,通常可以通过审查该股东与董事会成员的关系,以及该股东能否支配公司特定交易行为,作为判断基础;其三是由职权关系所引起的控制,在股权较分散的公开型公司,董事或高级经理等经营者拥有的股权微不足道(低于 10%),但由于公司股权过于分散,没有他人的股权得以控制公司,经营者基于其可行使公司资源,来资助其所支持的下任经营阶层的候选人,因而控制公司。^②

(二)控制股东适用公司机会规则法理

在公司法人人格和有限责任体制下,公司股东就身份而言对彼此或公司并不负有信义义务。^③ 狄克逊(Dixon)法官曾解释说:"权力的改变(由合伙改

① Ultraframe UK Ltd v. Fielding〔2004〕RPC 24 Para. 39:"directors including de facto directors are fiduciary agents for the company, and they are trustees of the property of the company in their hands or under their control."

② Jeffrey D. Bauman Et Al, *Corporations Law and Policy*, 6th ed., Thomson West, 2007, p. 608.

③ R Flannigan, Fiduciary Duties of Shareholders and Directors, *The Journal of Business Law*, No. 5, 2004, p. 285.

变为公司——笔者注)不是信义式的。股东彼此不是受托人,并不像董事,他们不占据受信人职位,对公司并不负有信义义务。他们根据财产股份表决,表决权依附于股份本身,根据所有者个人利益而享有和行使。"① 股东完全有权追求自己利益的最大化,股东预期其他股东仅仅会为自己的利益行使其投票权。所有股东都面临其他股东行使不利于自己的表决权之风险。同样,因其股东身份,股东对公司没有信义义务。不同于合伙人,他们未被法律禁止与公司竞争或追求公司本来可以追求的商业机会。股东还可以出售自己的资产给公司,或为自己购买公司资产,而交易不会被撤销。

然而,股东不负有以身份为基础的信义义务并不意味着股东的行动是不受限制的。股东往往因控制性投票权而处于彼此压迫的位置,在特殊情形下,控制股东的利益有可能与公司其他股东利益相冲突,从而可能利用其对公司的控制力,损害公司利益而追求自身利益最大化。特别在无任何有效监控存在时,控制股东极易滥用控制权谋取自己私利,损害公司和其他股东的利益。此外,控制股东常拥有多数表决权,在选任董事或对公司重大经营事项进行决策时,如果控制股东以其自身利益为优先考虑,而使公司董事会或股东会为不当决议,将造成对公司、少数股东甚至债权人的损害。另外,在有限责任制度下,控制股东与其他股东一样仅在其出资范围内承担公司经营失败的风险,如果控制股东在权衡违法滥权可获得的不当利益与所须付出的成本后,恐会滥用其控制地位,置公司独立人格于不顾,谋取自身利益,严重侵害公司、其他股东和债权人利益。因此,矫正失衡的股东利益关系,防止控制股东滥用控制权就成为学界与实务界的共同课题。②

对于行使控制力的控制股东,美国司法实务基于保障公司及少数股东权益的目的,参考公司董事或高级经理的责任规范,而对控制股东课予特殊的信义义务。在 Southern Pac. Co. v. Bogert 一案中,布兰代斯(Brandeis)大法官认为:"持有多数(Majority)股权的股东具有控制权,当其运用控制力时,其与公司董事及高级经理一样对于少数股东负有信义义务。若有实际控制的事实,不论其所用方法如何,忠实义务即应产生。"③ 布兰代斯大法官并不考虑公司股东间有无多数决原则此等公司章程内的默示条款,而直接类推董事的信义义务概念,建构出大股东与公司及其他少数股东的关系。其后,美国特拉华

① Peters' American Delicacy Co Ltd v. Heath (1939) 61 C. L. R. 504, HC.
② 朱慈蕴:《资本多数决原则与控制股东的诚信义务》,载《法学研究》2004 年第 4 期。
③ Southern Pac. Co. v. Bogert, 250 U.S. 483, 487-488 (1919).

州法院于 Allied Chemical & Dye Corp. v. Steel&Tube Co of America① 一案中更明确指出,董事对公司负有信义义务,固无疑义,但在某些情况下,持有多数股权的股东与少数股东的关系,也有如同董事对公司的忠实义务特性。持有多数股权的股东所拥有的表决权掌握公司的政策决定权,正如同董事主宰着公司的经营一般,因其控制权的行使,应使控制股东负担与董事相似的信义义务。

在英国司法实务上,控制股东可能被视为影子董事,但影子董事身份本身不直接使其对公司负有信义义务,他可以优先追求自己利益而非公司利益的最大化。关于影子董事何种情况下对公司负忠实义务,在 2005 年判决的 Ultraframe(UK) Ltd v. Fielding 一案中,法院认为重点不在于被告是否符合影子董事条件,如果仅仅将被告安上影子董事这一名称并无法厘清问题,重点在于衡平法在什么情况下会要求一个人对另一个人负忠实义务? 而法院见解多认为当一个人代表另一个人处理事务,两人间产生信赖关系时,代他人处理事务之人就是受信人。② 影子董事隐身在董事身后,间接控制公司事务,法院认为这还不足以构成影子董事忠实义务的基础。只有影子董事自愿为公司承担某事务或某资产的管理,才有义务为公司利益而行为,才须对公司负忠实义务。但该忠实义务的范围应限于其自愿承担的行为部分,而非如同法律上董事所负的忠实义务一样广泛。如果法律欲将所有董事的义务均适用到影子董事身上,则仅需将董事的定义扩张包含影子董事即可,而公司法却没有这样做。③ 因此,影子董事并非一般性的对公司负有忠实义务,除法律有明文规定的情形外,影子董事仅在直接介入取得管理公司资产事务的权力,或者是以欺诈的方式恶意取得本属于公司的资产时,才依衡平法的规范,让影子董事成为拟制受托人而对公司负担忠实义务。法院一旦认定影子董事行使对公司的间接控制力,就会责令其承担正式董事的义务,对其课予严格的责任。

根据控制股东信义义务法理,美国法学会的《公司治理原则:分析与建议》专门设计了控制股东篡夺公司机会的规范。其中第 5.12 条第(a)款规定控制股东不得利用一项公司机会得利,除非该控制股东:(1)获取该项公司机会对公司来说是公平的;或者(2)获取该项机会是经过有关利益冲突和公司机会的

---

① Allied Chemical & Dye Corp. v. Steel&Tube Co. of America, 120 A. 486, 491 (Del. Ch. 1923).

② Ultraframe (UK)Ltd v. Fielding[2005] WL 1801204, para. 1285.

③ Ultraframe (UK)Ltd v. Fielding[2005] WL 1801204, para. 1290.

披露后,获得了无利益冲突股东的事先授权或事后批准,而且批准该机会并不构成浪费公司财产。[1]

英美法院也在判例中将控制股东作为公司机会规则的适用主体。美国特拉华州衡平法院在 David J. Greene & Co. v. Dunhill International, Inc.[2] 案中第一次分析了作为控制股东的母公司对子公司的义务。案中原告是 A. G. Spalding & Co(以下简称 Spalding 公司)的股东,被告是一个拥有 Spalding 公司百分之八十股份的企业集团。原告提起诉讼阻止被告公司执行一项兼并其子公司 Spalding 的建议。原告声称,兼并使用的交换比率不公平,因为被告公司作为 Spalding 公司的控制股东挪用了 Spalding 公司机会。原告的指控源于被告收购 Child Guidance 玩具公司(以下简称玩具公司)。在此次收购之前,被告并未拥有任何玩具部门,而其子公司 Spalding 公司制造 Tinker 玩具。原告声称获得玩具公司的机会属于 Spalding 公司,Spalding 公司有财力能够收购该玩具公司,这种收购将增加 Spalding 公司的股价。

在讨论母公司对其子公司的义务时,衡平法院解释说:"虽然公司机会规则主要以董事和高级管理人员作为义务主体,但我们认为当行为有问题的一方是一个控制股东时,应施加相对的义务和标准。我们所关心的是,股东利用他对公司经营的控制,作出对自己有利但对公司不利的选择。"[3]因此,法院认为除非表明这些行动对 Spalding 公司是公平的,否则被告作为控制股东就篡夺了本属于 Spalding 公司的商业机会。这个案件也奠定了控制股东承担公司机会责任的基础。如果控制股东利用对公司的控制力从公司篡夺了本应属于公司的商业机会,就会被视为公司的受信人从而承担责任。

同样的问题在 Sinclair Oil Corporation v. Levien[4] 一案中得以讨论,案中原告是 Sinclair 委内瑞拉石油公司(以下简称委内瑞拉公司)的少数股东,被告 Sinclair 石油公司(简称 Sinclair 公司)是拥有委内瑞拉公司 97% 股份的控制股东。委内瑞拉公司参与石油和天然气特许权的汽油经营、勘探和发展。原告指控被告在委内瑞拉之外的其他地区发展一些类似的经营,是篡夺了本

---

[1] 美国法学会编:《公司治理原则:分析与建议》,楼建波等译,法律出版社 2006 年版,第 406 页。

[2] David J. Greene & Co. v. Dunhill International, Inc., 249 A. 2d 427 (Del. Ch. 1968).

[3] David J. Greene & Co. v. Dunhill International, Inc., 249 A. 2d 434 (Del. Ch. 1968).

[4] Sinclair Oil Corporation v. Levien, 280 A. 2d 717 (Del. Ch. 1971).

属于委内瑞拉公司的机会。被告声称它没有义务提供该机会给委内瑞拉公司。特拉华州最高法院认为,虽然 Sinclair 公司作为委内瑞拉公司的控制股东对委内瑞拉公司负有信义义务,但并无义务将委内瑞拉之外其他地区的石油钻探机会提供给委内瑞拉公司。只要没有利用委内瑞拉公司的信息或资产,Sinclair 公司就没有篡夺属于委内瑞拉公司的机会。其他子公司被用来执行 Sinclair 公司的全球扩展计划仅仅是一种商业判断。另外,法院指出,如果子公司由一个真正独立的董事会控制,法院就不会干预控制股东和子公司关于公司机会的决定。如果一个独立的董事会为子公司的利益拒绝了公司机会,其控股母公司就能自由利用这样的机会。

美国另一法院在 Maxwell v. Northwest Industries,Inc.[①]一案中讨论了控制股东作为公司机会责任主体的问题。在案中,原告是被告控股的子公司的股东。该子公司也是一个控股集团公司,其自己的子公司经营着各个领域的业务。母公司和子公司具有共同的董事。控股母公司试图通过购买保险公司的一大宗股份获得对保险公司的控制,并且发出了要约。为了这次收购,母公司从子公司借钱,后来返还并支付了标准利率。原告指控收购保险公司实际是子公司的一个商业机会。但法院认为,机会不属于子公司,因为:(1)机会被提供给母公司不是子公司;(2)子公司收购保险公司是不可行的。此外,法院认为收购保险公司的少数股权不是子公司的目标。原告声称,公司有权追求其受信人遇到的任何收购机会,并指出"集团的经营范围是整个商业世界"。[②] 本案法院选择适用预期标准限制公司机会的范围,这与特拉华州法院先例的结论一致:"一方面,拥有投资资金的公司在投资这些资金方面有普遍的利益。另一方面,这样的公司对其董事以个人身份获得的每一个商业机会有特定的利益。这种公司机会规则全面笼统的外延并没有判决的支持,我们认为是不合理的。"[③]法院认为:"没有公司对可能出现的任何性质的所有业务都有优先进入权。"[④]尽管被告借用了其子公司的资金来获取机会,但并没有使用子公司的资产来发展机会,并且子公司借钱给被告已经获得了公平的补偿。虽然法院在本案中未支持原告主张,但法院隐含的推理是,如果控制股东

---

① Maxwell v. Northwest Industries, Inc., 339 N. Y. S. 2d 347 (1972).

② Maxwell v. Northwest Industries, Inc., 339 N. Y. S. 2d 355 (1972).

③ Maxwell v. Northwest Industries, Inc., 339 N. Y. S. 2d 347 (1972). 法院在此引用 Johnston v. Greene, 35 Del. Ch. 479, 488, 121 A. 2d 919, 924 (Sup. Ct. 1956).

④ Maxwell v. Northwest Industries, Inc., 339 N. Y. S. 2d 347 (1972).

公司机会规则研究

厦门大学法学院经济法学文库

使用了子公司资产来发展机会,则必须承担公司机会责任。

这些法院判决奠定了控制股东适用公司机会规则的基础。从这些案例可以看出,不仅子公司的董事,而且作为控制股东的母公司本身,都可能对篡夺子公司机会负法律责任。目前,有关控制股东篡夺公司机会的案例主要出现在母子公司中,特别是当母公司和子公司均从事相同的业务时,纠纷更加容易发生。因此,控制股东作为公司机会规则的适用主体就非常必要。

第二节 公司机会规则的权利主体

明确了公司机会规则的义务主体之后,接下来的重点在于,公司机会规则保护的对象是什么,也即公司机会规则的义务主体究竟对谁负有义务?这就需要确定公司机会规则的权利主体。公司机会规则的权利主体关系到公司机会诉讼的主体资格和胜诉后利益归属问题。对此,学者泰利(Tally)认为,公司机会规则的权利主体在形式上是受益于受信人忠实义务的公司。在大多数情况下,公司本身必须主张其权利,追究篡夺机会的在任或前任董事或高级管理人员的责任。当然,股东也可能利用衍生诉讼迫使不情愿的董事会提出公司机会诉讼。[1]

一、公司

早期的公司由于很难取得法人人格,多是按照信托原理设立。英国衡平法和普通法一般认为公司董事是股东的受托人,因而对股东负有信义义务。[2]美国早期实务也认为,公司董事既然经营管理股东的资产,实处于信托受托人

---

[1] Talley Eric, Complexity in Corporate Governance: the Case of Corporate Opportunities, http://www.oecd.org/corporate/corporateaffairs/corporategovernanceprinciples/2484797.pdf,下载日期:2009 年 8 月 5 日。

[2] 张开平:《英美公司董事法律制度研究》,法律出版社 1998 年版,第 159 页。

地位,应对公司股东负有忠实地为其利益计算的义务,而非为自己利益计算。[①] 在成文公司法赋予公司法人人格之后,董事信义义务的对象也发生了根本的改变。公司因具有独立人格而被视为本人或业主,能够以自己的名义拥有财产。股东已不再是事业的本人或业主,其财产的所有权也转变为股权,不能以其股东身份直接干预公司经营。

本人身份的变化产生两个重要的影响。一是由公司作为新的法人实体对公司事务承担全部责任,股东仅以其股份为限负有限责任。公司像本人一样对外缔约,同时也承担雇员侵权行为的替代责任(本人责任)。二是股东相互之间不再负担基于其身份而产生的信义义务,他们作为公司事业的股本投资者,也不对公司承担信义义务。

然而,董事的信义义务仍然存在,只不过他们现在不再是个别股东的代理人,而是公司的代理人。也就是说,不再对个别股东负有信义义务,而是对公司负有信义义务。[②] 值得指出的是,此处所指的对公司负有信义义务实际上是对股东整体负有信义义务。因为公司是一个拟制主体,其本身并不能享有权利和承担义务,公司全体股东作为公司最终的所有者,[③]是公司权利和义务的实际承受人。董事对公司负有信义义务也就意味着对股东整体,而非对个别股东负有信义义务。

董事只对公司负有信义义务的原则早在英国 1902 年的 Percival v. Wright[④]一案就得以确立。案中原告是公司一位股东,被告是公司的董事会主席和另外两名董事。原告向被告以每股 12.5 英镑的价格转让自己持有的

---

① See Koehler v. The Black River Falls Iron Co., 67U. S. 715,720-721 (1862). "Directors cannot thus deal with the important interests entrusted to their management. They hold a place of trust, and by accepting the trust are obliged to execute it with fidelity, not for their own benefit, but for the common benefit of the stockholders of the corporation."

② 当然,一些法官认为经营者对个别股东负有某种基于事实而产生的信义义务。如 Stein v. Blake [1998] 1B. C. L. C. 573, CA; Knight v. Huntington (2001)14B. L. R. (3d)202, Sask. CA. 但这些案例讨论的是股东在某项事务上依赖经营者时,经营者负有向股东披露的义务(或称为通知或建议义务),他们必须充分告知或避免误导股东。而这种义务不是常态。

③ 虽然股东完成出资后,资产于法律效果上直接归属于公司所有,而丧失对公司资产的所有权,但并未表示丧失其对公司的所有权,股东是公司剩余财产的请求权人,股东实质上仍为公司财产的最终所有人。

④ Percival v. Wright [1902] 2 Ch 421.

公司机会规则研究

厦门大学法学院经济法学文库

股份，股份转让后，原告发现被告正在以更为有利的价格与他人谈判出售整个公司。而被告在受让原告的股份时并未将这一信息向原告披露。原告以被告与公司股东之间存在信义关系而被告未能履行披露义务为由提起诉讼，主张股份转让无效。英国法院裁定，原告与被告之间不存在信义关系，董事对股东不负信义义务，而仅对公司负有信义义务。①

公司机会规则是董事信义义务的一个重要分支，根据前文对信义义务保护对象的分析，公司机会规则所保护的权利主体也应当为公司。在美国实务上，特拉华州最高法院在公司机会的经典案例 Guth v. Loft, Inc. 一案中特别指出："公司董事，甚至高级管理人员，不得运用其受信地位以谋取公司机会。虽然董事与高级管理人员并非信托关系下的受托人，但其与公司间具有信义关系存在，而负有忠实义务。"②由此可知，美国法院对于公司机会规则所保护的对象，仅界定为公司而不包含单个股东。也就是说，董事只对公司（股东整体）负担不得篡夺商业机会的义务，而对公司的个别股东不负此项义务。事实上，董事和个别股东是相互独立的个体，二者之间不存在信义关系，可以自由竞争同一商业机会。股东不得以董事篡夺其个人商业机会为由而提起诉讼，只能在董事篡夺公司的商业机会时为公司利益追究董事的责任。虽然股东可以基于股东代表诉讼对董事提起公司机会诉讼，但此时是代表公司利益而非股东自己的个人利益，胜诉后的权利归属公司并非起诉的股东自己。因此，公司机会规则的权利主体为公司而非个别股东。

二、适用公司机会规则的组织类型

公司机会规则是从英美法院判例发展起来的司法审查标准。在英国和美国，成百上千的案例都是运用这一规则审理的。不仅在公司法领域，在其他商事组织比如代理、合伙和信托中，公司机会规则也有用武之地。有学者甚至将公司机会直接称为"组织机会"，将公司机会规则视为处理所有类似于公司董事的经营者（如代理人、合伙人）侵占理应属于商事组织的商业机会的法律

---

① 载张开平：《英美公司董事法律制度研究》，法律出版社 1998 年版，第160 页。
② Guth v. Loft, Inc., 5 A. 2d 503, 510 (Del. 1939).

规则。①

公司机会规则最早起源于 280 多年前英国的一个信托法案例 Keeeh v. Sandford②。该案所确立的一条基本原则是,除非委托人明示同意,受托人不得利用其地位谋利。这一原则被确立为受托人法律责任的传统立场,它塑造了两个多世纪以来受托人忠实义务的基础。③ 这一原则的根据主要在于其预防性功能,即如果允许受托人为自己的利益获得该项约租,受托人就不会努力为信托争取续签租约。④ Keech v. Sandford 一案所确立的原则最初只适用于信托这一组织形态,但是由于在实践中,法院总是将董事看成是公司的受托人,租约展期的机会被视为租赁财产的附属财产,受托人不得为自己私利占有附属于受益人的财产。这与公司法上董事不得为个人利益利用本属于公司的商业机会的基本原理完全一致。因此,Keech 原则受到英国关于公司机会的许多主流案例的认可。⑤ Keech v. Sandford 一案也被称为是公司机会规则的渊源,逐渐成为法院追究公司董事责任的基本原则。⑥

同样,公司机会规则在合伙这一组织形态中也有经典的应用案例。如美国著名法官卡多佐判决的 Meinhard v. Salmon⑦ 案涉及的就是合伙关系。案中 Meinhard 与 Salmon 成立合伙,将租赁的旧饭店改建为合伙的办公室与商

① Stephen M. Bainbridge, Rethinking Delaware's Corporate Opportunity Doctrine (November, 062008), http: //ssrn. com/abstract = 1296962, 下载日期:2009 年 5 月 26 日。

② Keech v. Sandford (1726) Sel. Cas. Ch. 62.

③ John Lowry & Rod Edmunds, Corporate Opportunity Doctrine: the Shifting Boundaries of the Duty and its Remedies, *Modern Law Review*, Vol. 61, No. 7, 1998, p. 516.

④ See P. Birks, *An Introduction To The Law Of Restitution*, Clarendon Press, 1989, pp. 332~333.

⑤ 下列关于公司机会的重要案件都明确认可了 Keech 原则:Cook v. Deeks [1916] 1 AC 564; Regal (Hastings) Ltd v. Gulliver, [1942] 1 All ER 378, [1967] 2 AC 134 N; Phipps v. Boardman [1967] 2 AC 46; Industrial Development Consultants Ltd v. Cooley [1972] 1WLR 443; Paul A Davies(Australia) Pty Ltd (in liq) v. PA Davies, (1983)1 ACLC 1091; Hospital Products Ltd v. United States Surgical Corporation (1984) 156 CLR 41.

⑥ Paul L. Davies, *Gower's Principles of Modern Company Law*, 6th ed., Sweet & Maxwell, 1997, p. 616.

⑦ Meinhard v. Salmon, 164 N. E. 545(N. Y. 1928).

店。Meinhard 提供资金,但由 Salmon 来负责营运。在租赁期限即将届满之际,该建筑物的所有人向 Salmon 建议一新租约,该新租约包含了更广大的土地,以利拆除旧建筑物,改建新的建筑物。面对这一机会,Salmon 偷偷地以自己个人的名义与业主签订了新的租约,自始至终 Salmon 未告知其合伙人 Meinhard 关于该租约的事实。Meinhard 知道该事实后,提起诉讼主张 Salmon 私自签订的租约是属于合伙的财产,要求对 Salmon 所订租约提供其个人部分担保以取得与 Salmon 相同的权利。科勒弗瑞(Creferee)法官裁决原告胜诉,然而只给他 25％份额。如此判决是基于原告的衡平权只限于原来承租那一栋房屋的一半。双方交互上诉,上诉法院卡多佐法官判决原告可拥有全部租约的一半。

卡多佐法官于判决理由中表示:"Salmon 一个人控制了管理权力……";[1]"Salmon 远不仅仅是合伙人,他还是一个管理性合伙人。"[2]虽然合伙经营的业务和该租约机会之间缺乏联系,但是在这个案件中,新租赁是旧租约的延伸和扩大。根据信义关系,如果没有其他优先利益,Salmon 有义务向其合伙人披露且说明(Disclose and Explain)这个机会,以便 Meinhard 决定是否参与这个承租的机会。然而,Salmon 没有向他的合伙人 Meinhard 披露这一机会,而是以秘密方式为自己利用这个机会。篡夺租赁的利益可能会由于行为卑鄙而受到责难,或至少可以说,如果合伙人惊讶于 Salmon 签署的新租约,他则缺乏合理的坦率。衡平法不会原谅这种应该受到惩罚的行为。[3]

从以上案例可以看出,公司机会规则适用的组织形态十分广泛,除了公司这一组织形式外,合伙、信托、代理等组织形式都有适用公司机会规则的可能,但本书不打算讨论适用范围广泛的"组织机会规则",而仅仅将重点限于公司法所规范的公司之中。

三、债权人

(一)董事对债权人的忠实义务

一般认为,债权人与公司之间是典型的民事借贷合同关系,债权人自愿提供资金给公司,以换取对公司的债权。如同其他合同关系,公司和债权人的关

---

① Meinhard v. Salmon, 164 N. E. 547(N. Y. 1928).
② Meinhard v. Salmon, 164 N. E. 548(N. Y. 1928).
③ Meinhard v. Salmon, 164 N. E. 548(N. Y. 1928).

系也由合同条款规范,债权人一般只受合同条款保护。债权人仅能凭借合同追究公司董事的责任,而不能直接依据信义义务追究董事的责任。另外,由于债权人的债权由公司总资产担保,在公司运作正常时,债权人的债权能够获得满足,债权人的债权额确定,并不受公司经营状况变动的影响。也就是说,只要董事的行为不至于损害债权的实现,他们对于公司债权人就没有超出合同义务以外的信义义务。如果董事违反义务损害公司利益但未危及债权人的债权,就只能由公司或股东要求赔偿,而债权人无权像股东一样追究董事的责任。虽然债权人也可以间接地得到赔偿,但这是源于董事对公司所负义务的赔偿,而不是源自董事对债权人义务的赔偿。因为公司董事仅仅为公司利益利用债权人所提供的资本,而不是为债权人利益,对债权人并不负有信义义务。①

然而,当董事的行为危及债权的实现时,董事必须就其损害债权的行为向债权人承担责任。如何判断董事的行为危害债权呢?英美法院认为如果董事的行为导致公司破产或欺诈性财产转让,就直接危及债权的实现。因而推定董事在这种情况下对债权人负有信义义务,允许债权人像股东一样追究董事的赔偿责任。例如,在 In re Buckhead Am. Corp. ②一案中,法院认为当公司处于已破产境地或濒临破产边缘时,董事会不仅仅是公司的代理人,更重要的是,对于包括公司债权人在内的整个公司均负有忠实义务。另外在 Thomas P. Geyer v. Ingersoll Publications Co. ③一案中,法院亦表示,当公司正面临破产的情况下,董事毫无疑义对于债权人负有义务。而在 Pepper v. Litton④一案中,联邦最高法院更明确表示,董事身为公司受信人,如果违反信义义务,在公司正常营运下,由公司本身或股东通过代位诉讼予以主张。但在公司濒临破产时,则另由受托人予以主张。此时董事信义义务的标准是建立在公司债权人的利益上,使其如同公司股东般受保护。在 Geyer v. Ingersoll Publication Co. ⑤案中,公司的债权人对公司和董事提起诉讼,声称公司的董事进行了欺诈性的财产转移,违反了信义义务。法院判决在公司资不抵债的情况

---

① Franklin A. Gevurtz, Corporation Law, West Group, 2000, pp. 306~307.

② In re Buckhead Am. Corp. , 178B. R. 956, 968 (1994).

③ Thomas P. Geyer v. Ingersoll Publications Co. , 621 A. 2d 784, 787 (Del. Ch. 1992).

④ Pepper v. Litton, 308 U. S. 295, 306-307 (1939).

⑤ Geyer v. Ingersoll Publication Co. , 621 S. 2d 784 (Del. Ch. 1992).

下,公司的董事对于公司的债权人负有信义义务。

根据上述法院判决的见解,公司董事在公司面临破产情况时,债权人为公司剩余资产的请求权人,公司董事应以债权人利益为优先考虑,对债权人负有信义义务。[①] 换言之,在公司面临破产情况时,如果董事违反信义义务损害债权人利益,债权人可以依法追究董事的法律责任。在诉讼上,可考虑由公司破产管理人、清算人、重整人等为公司全体债权人的利益,向违反责任的董事进行追诉。或者建立债权人代位诉讼机制,由债权人代位公司向董事提起违反信义义务之诉。

(二)公司机会规则与债权人权利

对于债权人是否能够像公司和股东一样追究董事篡夺公司机会的责任,笔者认为应该以董事对债权人承担法律责任的标准来具体分析。即债权人是否有权挑战董事篡夺公司机会的行为,应以该行为是否损害债权人的债权为根本标准。在公司正常运营情况下,债权人的债权额是确定的,地位较为稳固,公司的经营状况与债权人债权的实现无直接关系。因此,董事篡夺公司机会并不会影响债权人债权的实现。此时债权人并不需要对董事提起公司机会诉讼来保护债权。

然而,公司在发生财务困难濒临破产的特殊情况下,债权人是否有权挑战董事篡夺公司机会的行为? 我们先来考察美国法上债权人起诉董事篡夺公司机会的两个经典案例。

在 American Metal Forming Corp. v. Pittman[②] 一案中,公司的总裁和唯一股东 Pittman 曾以个人名义购买某些财产和设备,后来转租给公司。公司破产后,债权人认为 Pittman 购买该财产和设备的行为属于篡夺公司机会。美国马里兰州地方法院判决 Pittman 篡夺公司机会,必须交出财产和设备给公司的破产管理人。Pittman 然后上诉,马里兰州上诉法院指出:"公司唯一的股东以他自己的名义购买财产和设备转租给公司,只要不损害债权人,就不承担篡夺公司机会的责任。"[③]"在本案中,所争议的交易没有损害任何债权人。我们必须确定当没有债权人受到损害时,Pittman 作为公司的唯一股东

---

① 当然,这里的债权人也是指债权人整体而非个别债权人,以避免因个别债权人间利益冲突时,诉诸个别、单独的诉讼反而不利于债权人整体。为数众多的个别债权人诉讼极易使经营者疲于奔命,无心经营。

② American Metal Forming Corp. v. Pittman, 135B. R. 782 (D. Md. 1992).

③ Pittman v. American Metal Forming Corp., 649 A. 2d 356,359 (Md. 1994).

是否可以承担篡夺公司机会的责任。我们认为，在本案中，所有的股东参加了交易并且没有债权人受伤害，就不存在篡夺公司机会的责任。"①判断债权人是否受损害的标准，是"损害产生于交易是一种欺诈转让或导致公司破产"②。Pittman 一案法院就适用了这一标准："在本案没有可以保持的诉因，因为交易没有欺骗债权人并且公司没有因为这些采购而破产。"③

在债权人挑战董事篡夺公司机会的另一个主要案例 In re Tufts Electronics，Inc. ④中，法院解释认为："由于公司机会规则是一个披露规则，债权人适用这一规则是不适宜的。在此唯一股东和董事所采取的行动必然涉及公司的知情和同意，唯一股东不能因骗取自己或对自己隐瞒信息被指控。法律很明确保护债权人的权利，但仅限于对债权人产生损害，并且损害产生于交易是一种欺诈转让财产或导致公司破产时。在本案中我们没有发现对债权人的损害。Tufts 在交易时候有偿付能力，并有积极的资产净值。交易在 Tufts 的账户中留下足够的资金支付债权人，并没有致使 Tufts 破产。事实上，直到交易一年半之后，Tufts 才申请破产。因此，被告不必承担赔偿责任。"⑤

Pittman 案和 Tufts 案的案情几乎完全相同，一人公司的唯一股东兼董事为自己的个人利益收购受指控的公司机会（在 Pittman 案是不动产和设备，在 Tufts 案仅为不动产），之后将收购所得的财产租回公司。两案的法院都认为争议交易机会是公司机会，并据此分析认为，除非交易是一种欺诈转让或导致公司破产，否则董事利用公司机会进行的交易不能被债权人攻击。⑥

我们知道，当董事与公司进行自我交易时，如果交易价格低于公平市场价格并且损害债权人，自我交易应该受到攻击。之所以如此，并不仅仅是因为交易是自我交易，而是因为交易低于公平市场价格，存在利益输送，构成欺诈转让。因此，如果董事自我交易行为属于欺诈转让或导致公司破产，无疑危及债权人的债权，债权人理应可以追究董事的赔偿责任。然而，董事篡夺公司机会与自我交易虽同属利益冲突交易，但二者还是有许多不同之处。董事篡夺公司机会是寻求从公司篡夺一个与第三方交易的机会，公司可能因为它没获得

① Pittman v. American Metal Forming Corp., 649 A. 2d 356, 360 (Md. 1994).

② Pittman v. American Metal Forming Corp., 649 A. 2d 356, 362 (Md. 1994).

③ Pittman v. American Metal Forming Corp., 649 A. 2d 356, 362 (Md. 1994).

④ In re Tufts Electronics, Inc., 746 F. 2d 915 (1st Cir. 1984).

⑤ In re Tufts Electronics, Inc., 746 F. 2d 917-918 (1st Cir. 1984).

⑥ In re Tufts Electronics, Inc., 746 F. 2d 917 (1st Cir. 1984); Pittman v. American Metal Forming Corp., 649 A. 2d 356, 360 (Md. 1994).

厦门大学法学院经济法学文库

进入交易的机会而受到损害。然而，从根本上讲，董事篡夺公司机会不存在与公司之间的交易。如果董事利用公司机会，并没有与公司的交易，就不可能存在欺诈转让，因为这根本不是从公司进行的财产转让。另外，由于机会成功与否具有偶然性，公司接受机会却可能并不成功，并最终导致公司破产。相反，公司拒绝机会而同意董事追求机会并不必然导致公司破产，有时拒绝机会可能是明智的，拒绝这一机会可能拯救公司免于破产。因此，董事利用公司机会进行的交易不应该受到债权人的挑战，债权人不属于公司机会规则保护的对象范围。

第三节 我国公司机会规则的规范主体构建

一、我国公司机会规则的义务主体实证分析

在公司机会案件的审判实践中，法院首先要确定规范主体双方即权利主体和义务主体的地位，以便进行权利和义务的分配。根据笔者对我国公司机会案件的考察，当事人对于公司机会规则规范主体的争议主要体现在义务主体的确定上，即行为人是否负有不得篡夺公司机会的义务。因此，笔者在此仅就公司机会规则的义务主体作一实证分析。鉴于我国审判实践中法院一般将公司机会案件作为竞业禁止案件来审理，而竞业禁止规则的义务主体与公司机会规则的义务主体又存在交叉重叠，因此笔者选取我国几个竞业禁止案例为样本对公司机会规则的义务主体进行实证分析。

(一)案例

1.有关部门经理主体地位的案例：北京华胜影捷信息技术有限责任公司与北京博睿思达数字科技有限责任公司、郑某、许某侵犯商业秘密、其他不正当竞争纠纷案①

原告华胜影捷公司是专业从事档案数字化管理的高新技术企业，被告许某担任原告公司业务部经理，被告郑某担任原告公司技术总监，劳动合同日期均自 2007 年 1 月 1 日至 2007 年 12 月 31 日。2007 年 1 月 18 日，许某和郑某

---

① 参见北京市第一中级人民法院〔2007〕一中民初字第 10042 号民事判决书。

投资成立博睿思达公司,各占 50％的出资额,郑某为博睿思达公司法定代表人,职务为执行董事,许某担任监事。

2007 年 2 月 9 日,郑某代表博睿思达公司与北京市宣武区房屋土地登记发证事务所签订软件开发合同(以下简称宣武合同)。合同约定北京市宣武区房屋土地登记发证事务所委托博睿思达公司为其开发房屋权属档案数字化检索管理系统软件。2007 年 4 月 10 日,许某代表博睿思达公司作为乙方与甲方北京市通州区房地产交易中心签订服务合同(以下简称通州合同),项目名称为北京市通州区建设委员会房屋抵押档案扫描录入服务总包。合同约定甲方将原有库存和即将产生的房屋抵押档案以外包加工的方式与乙方合作,将房屋抵押档案进行整理归档、图像扫描、数据录入,形成电子档案以及建立信息化档案管理系统。许某和郑某分别于 2007 年 5 月 10 日、14 日从原告公司正式辞职。华胜影捷公司对许某、郑某和博睿思达公司提起诉讼,认为许某与郑某作为原告高级管理人员,出资设立博睿思达公司从事与原告公司相同的业务,利用原告公司的商业秘密,抢夺公司商业机会签订宣武合同和通州合同。三被告的行为同时违背《中华人民共和国反不正当竞争法》第 2 条所规定的诚实信用原则。因此请求法院判令:三被告停止侵害原告商业秘密;连带赔偿原告经济损失。

法院经审理后认为,被告许某从原告华胜影捷公司离职时带出的含有北京市通州区房地产交易中心的客户名单属于《中华人民共和国反不正当竞争法》所保护的商业秘密中的经营信息。许某违反其与华胜影捷公司的保密约定,向博睿思达公司披露了其掌握的华胜影捷公司商业秘密;博睿思达公司明知许某向其披露的相关经营信息属于华胜影捷公司的商业秘密,而仍不当地使用上述经营信息谋求与相关客户——通州区房地产交易中心建立业务关系,并最终签订通州合同,赚取商业利润。许某和博睿思达公司的上述行为侵犯了华胜影捷公司的商业秘密。法院判决被告博睿思达公司和被告许某立即停止侵犯原告北京华胜影捷信息技术有限责任公司商业秘密的行为,并且共同赔偿原告华胜影捷公司经济损失人民币三十万元。

然而,法院认为有关北京市宣武区房屋土地登记发证事务所的经营信息并不属于华胜影捷公司的商业秘密。郑某、许某和博睿思达公司在宣武合同中并未侵犯原告华胜影捷公司的商业秘密,因而不适用原被告间的保守商业秘密约定。针对被告许某与郑某就宣武合同是否应对原告公司负法定在职竞业禁止义务,北京市第一中级人民法院审理认为,郑某先后担任的华胜影捷公司研发部部门经理和技术总监职务、许某担任的华胜影捷公司业务二部部门经理,不属于对公司运营负有全面责任的经理、副经理职务,亦不属于财务负责人,且华胜影捷公司没有举证证明该公司章程规定部门经理、技术总监系该公司高级管理人员。因此,对于华胜影捷公司而言,郑某、许某二人不负有法定在职竞业禁止义务,对宣武合同不承担赔偿责任,也不构成对华胜影捷公司的不正当竞争。[①]

2.有关监事主体地位的案例:刘某诉李某某公司高级管理人员损害公司利益赔偿案[②]

万朋公司于 2001 年 2 月 9 日成立,注册资本 50 万元。张某某出资 30 万元任执行董事,刘某出资 20 万元任总经理,李某某任监事。股东张某某和刘某均未实际出资,而是委托代理公司办理的登记注册手续。万朋公司自中国国际贸易中心有限责任公司(以下简称国贸中心)行政部进行改制而来,公司执行董事张某某原为国贸中心总经理助理,总经理刘某原为国贸中心行政部副总监,监事李某某原为国贸中心行政部开发经营部经理,公司工作人员也全部以原国贸中心行政部组成人员为班底组建成立。万朋公司经营资产全部由国贸中心无偿提供,始终使用国贸中心的资产进行经营。万朋公司经营范围为:接受委托从事物业管理;种植、销售、租赁花卉;科技开发;病虫害防治(涉及专项审批的项目除外);限分支机构经营餐饮服务;销售酒、饮料。万朋公司经营业务以服务国贸中心为主,国贸中心是其最大客户。2007 年 7 月 4 日,万朋公司召开股东会,通过了更换执行董事的决议,由国贸中心党委办公室主任、国贸中心工会副主席陈某某代替张某某担任万朋公司执行董事,并作为该公司的法定代表人。

2008 年 11 月 13 日服茂祥公司成立,法定代表人为李某某,该公司系李某某个人出资 100 万元成立的有限责任公司。服茂祥公司的经营范围为:投资咨询;经济贸易咨询;市场调查;企业策划、设计;物业管理;餐饮管理;园林绿化服务;租赁花卉;害虫防治服务;销售文具用品、日用品、工艺品、花卉。李某某称由于部分改制员工对万朋公司总经理刘某的经营方式有不同意见,并

---

① 法院认为被告侵犯了原告的商业秘密,判决被告立即停止侵犯原告公司商业秘密的行为,停止使用该项商业秘密的期限为判决生效之日起一年。参见北京市第一中级人民法院〔2007〕一中民初字第 10042 号民事判决书。

② 北京市第一中级人民法院〔2010〕一中院终字第 1099 号民事裁定书。载国家法官学院案例开发研究中心编:《中国法院 2012 年度案例》,中国法制出版社 2012 年版,第 164~166 页。

且工资水平较改制前有所下降,因此设立了服茂祥公司,万朋公司部分职工跟随其进入服茂祥公司任职,并将花卉租摆、园林绿化、病虫害防治等业务从万朋公司带到了服茂祥公司。

刘某认为服茂祥公司的经营业务与万朋公司基本一致,李某某凭借多年在万朋公司任职的便利条件,掌握了万朋公司许多的客户资源、进货渠道等一系列商业秘密。现其在未离开万朋公司的情况下注册成立服茂祥公司并经营与万朋公司基本相同的业务,违反了法律规定的公司高级管理人员的忠诚义务和竞业禁止义务。刘某于是向万朋公司执行董事陈某某递交了要求起诉李某某的书面通知,陈某某没有给予明确答复。因此,刘某以李某某违反忠实义务同万朋公司开展同业竞争为由,以股东身份诉至法院,请求判令李某某立即停止实施侵害万朋公司利益的行为,判令李某某赔偿损失1万元。

李某某在一审中答辩称:李某某负责万朋公司花卉业务部门,虽然名义上是总经理助理,但并非法律上的高级管理人员。李某某是公司监事,但是刘某从来没有让李某某行使过监事的权利,也没有履行过监事的职责,所以不适用《中华人民共和国公司法》第149条的相关规定。李某某成立服茂祥公司后并没有实际从事经营活动,不存在损害万朋公司的行为。李某某的劳动合同中也没有关于竞业禁止的约定。

本案一审法院北京市海淀区人民法院认为:国贸中心为万朋公司实际控制人。万朋公司与服茂祥公司竞争的并非是公开市场上的不特定客户,而是特定客户的特定业务,国贸中心对服茂祥公司与万朋公司在相关业务上的交叉是默许的。因此,与其说李某某的服茂祥公司从事了与万朋公司同类的经营,不如说国贸中心选择将相关业务交给服茂祥公司承接,不再交给万朋公司。李某某并不存在公司法上监事侵害公司利益行为。因此,北京市海淀区人民法院依照《中华人民共和国公司法》第150条,第152条第1款、第2款,第217条第3项之规定,作出判决,驳回原告刘某的诉讼请求。

刘某不服一审判决,向北京市第一中级人民法院提起上诉。其主要上诉理由是:第一,原审法院认定事实不清,证据不足。万朋公司是独立法人单位,与国贸中心并无隶属关系,一审法院认定国贸中心为万朋公司的实际控制人属于认定事实不清。此外,一审法院认为国贸中心默许服茂祥公司与万朋公司在业务上存在交叉,也属于认定事实不清。第二,原审法院适用法律错误。李某某任万朋公司监事,且实施了与万朋公司竞争的行为,属于监事侵害公司利益的行为。一审法院认定李某某并不存在公司法上侵害公司利益的行为,属于适用法律不当。因此,上诉请求撤销一审判决,依法改判李某某停止事实

侵害万朋公司利益的行为,并赔偿损失 1 万元。

北京市第一中级人民法院认为:依据《中华人民共和国公司法》第 150 条,刘某所称李某某侵害公司利益的行为,并不属于李某某所任公司监事的职务范围,且刘某所提举的证据无法证明李某某的行为违反法律、行政法规或者万朋公司章程的规定,故对刘某的要求不予支持。此外,《中华人民共和国公司法》第 149 条第 1 款第 5 项规定:董事、高级管理人员不得未经股东会或者股东大会同意,利用职务便利为自己或者他人谋取属于公司的商业机会,自营或者为他人经营与所任公司同类的业务。而李某某系万朋公司的监事,不属于公司的董事和高级管理人员,故其成立的服茂祥公司,虽然在经营范围与万朋公司存在交叉,但并不属于公司法规定的竞业禁止情形。刘某关于李某某成立的服茂祥公司业务范围与万朋公司存在交叉,侵害万朋公司权益的上诉理由,于法无据。因此,北京市第一中级人民法院判决驳回上诉,维持原判。

(二)评析

案例一原本是一个典型的侵犯商业秘密案件,但是由于原告未能证明宣武合同中的信息构成商业秘密,于是法院转而分析被告郑某、许某二人是否负有法定竞业禁止义务。因为宣武合同的业务项目与原告公司的业务相同或类似,如果被告郑某、许某二人属于公司高级管理人员的话,就不得利用宣武合同来谋取自身利益,否则就属于篡夺公司机会或与公司竞业。本案中法院严格区分经营管理人员的层级,认为二被告仅仅为部门经理,不属于对公司运营负有全面责任的经理、副经理职务,亦不属于财务负责人。他们不在高级管理人员之列,最多属于中层管理人员。

根据前文关于"关键雇员"的分析,本案被告郑某、许某二人作为部门经理,事实上能够接触公司的经营秘密信息,能够利用这些公司内部信息为自己谋取私利,他们应属于公司的"关键雇员"。根据笔者在前文的分析,虽然"关键雇员"不具有高级管理人员的身份,不负有法定的不得篡夺公司机会的忠实义务,但应该可以通过约定的方式让其承担义务。本案中原告华胜影捷公司与被告郑某、许某签订的劳动合同中即约定有禁止兼职的内容,可视为被告对公司负有这种约定义务。但是,本案原告并未主张被告违反这种约定义务,仅仅提出被告违反《反不正当竞争法》中的诚信原则。法院认为,根据原被告在劳动合同中约定的禁止兼职条款,仅能判断被告在原告公司任职期间另外设立公司开展相关业务活动,是否违反劳动合同、是否承担违约责任,这属于劳资纠纷的法律范畴,而不能仅仅据此认定被告及其出资设立的公司违背《反不正当竞争法》规定的诚实信用原则,构成对华胜影捷公司的不正当竞争。

本案法院敏锐地注意到被告所负的约定竞业禁止义务,已经无限接近判决作为部门经理的"关键雇员"承担不得篡夺公司机会的义务。但由于原告公司并未利用这一合同约定提起篡夺公司机会或竞业禁止诉讼,而是主张被告违反诚信原则,法院根据不告不理的诉讼原则,判决驳回原告的该项诉讼主张,是非常正确的。然而,如果从学理角度对该案分析,笔者认为被告作为"关键雇员"应对原告公司负有约定的竞业禁止义务,应就宣武合同对原告承担法律责任。

案例二提出的问题是:监事是否属于《公司法》规定的高级管理人员,是否属于篡夺公司机会禁止义务和竞业禁止义务的主体,其负有的篡夺公司机会禁止义务和竞业禁止义务是否和董事、高级管理人员等同?本案被告李某某为万朋公司监事,又出资成立与万朋公司相竞争的服茂祥公司并任法定代表人,将万朋公司为国贸中心提供的花卉租摆、园林绿化、病虫害防治等服务业务带到了服茂祥公司。这是一种典型的利用职务便利篡夺公司机会与原公司竞争的行为。在这一案件中,被告李某某即使仅仅是万朋公司监事,但其行为对万朋公司的损害是显而易见的,因为他的行为直接导致万朋公司丧失了为国贸中心提供花卉租摆、园林绿化、病虫害防治等服务的商业机会。然而,法院认为,监事作为监督者,并不直接参与经营管理活动。我国《公司法》第149条规定竞业禁止和篡夺公司机会禁止行为时,只出现了董事和高级管理人员这两个主体,监事被排除在外。《公司法》没有将监事作为竞业禁止义务和篡夺公司机会禁止义务主体的立法意图。这一规定也符合监事在公司的实际地位和作用,因此,法院认为本案被告李某某作为万朋公司的监事,不属于公司的董事和高级管理人员,故其成立的服茂祥公司,虽然经营范围与万朋公司存在交叉,但并不属于《公司法》第149条第1款第5项规定的篡夺公司机会情形,李某某不必承担竞业禁止或篡夺公司机会的责任。

很显然,本案法院坚持公司机会规则义务主体的"形式说",这也代表了我国大多数法院机械运用我国《公司法》第149条的态度。在我国成文法传统下,法院的这种判决情有可原。然而,法律应以追求公平正义为目的,我们不能无视《公司法》第149条遗漏监事作为义务主体所带来的危害。试想,如果被告李某某不在万朋公司担任监事一职,他如何恰恰能寻觅到本由万朋公司为国贸中心提供的花卉租摆、园林绿化、病虫害防治等商业机会。从本案事实来看,被告李某某显然利用了由其职务所了解的公司的经营信息,进而篡夺了公司机会。如果法律对这种行为不加以限制,公司的正当利益将难以保障。因此,笔者主张,虽然监事并不负有与董事、高级管理人员相同的篡夺公司机会禁止的一般性义务,但不得利用因履行公司职务而了解的公司经营信息去篡夺公司机会或与公司竞业。在这一意义上,监事也可成为公司机会规则的义务主体。另外,为了避免在认定利用公司经营信息上的困难,公司还可通过协议约定或公司章程①的方式,要求监事承担一般性的竞业禁止和篡夺公司机会禁止义务,以维护公司利益。

二、我国公司机会规则义务主体规范的完善

由实证分析可知,我国法院在审判实践中严格按照《公司法》第 149 条的规定,将公司机会规则的义务主体限定为董事和高级管理人员两类人员,并根据《公司法》第 217 条将高级管理人员界定为公司的经理、副经理、财务负责人,以及上市公司董事会秘书和公司章程规定的其他人员。而对于除此之外的其他人员如控制股东、监事等,则不予纳入公司机会规则义务主体的范围。相较于英美法上义务主体的规范,我国《公司法》的规定还存在很多不足。下文就完善我国公司机会规则义务主体规范的几个重要问题进行探讨。

(一)独立董事的义务主体地位

自 2001 年 10 月美国爆发安然丑闻(Enron Scandal)以来,世界各国竞相采取应对措施,健全公司治理。为了完善公司治理,弥补监事会制度的不足,我国《公司法》于 2005 年引进了美国的独立董事制度。《公司法》第 123 条规定:"上市公司设立独立董事,具体办法由国务院规定。"所谓独立董事,是指不兼任公司经营职务,并与公司不具有任何直接或间接利害关系的董事。其主要特征为具有相关专业能力与工作经验,具备独立性,不得与公司有直接或间接的利害关系。公司设置独立董事的目的在于,聘请不参与公司经营的专业人士来监督公司的经营运作。我国《公司法》引进独立董事制度是公司治理的一大进步,但同时对我国公司内部的董事会制度和监事会制度造成了一定的冲击。其中的一个问题就是,独立董事是否像普通董事一样应受公司机会规则的规范?

我国有学者指出,我国的独立董事与监事角色相同,《公司法》明确排除了

---

① 参见胡光书与北京中产连管理技术有限公司监事请求权纠纷案,第〔2009〕京二中民终字第 12717 号。该案法院明确承认中产连公司通过公司章程规定监事竞业禁止和篡夺公司机会禁止义务的合法性,认为监事违反公司章程规定从事竞业行为应承担相应责任。

监事适用公司机会规则,自然也应该排除独立董事适用公司机会规则。因此,独立董事不是公司机会规则的适用主体,不对公司负有提供商业机会的义务。[①] 对此观点,笔者不敢苟同。

首先,独立董事是董事的一个下位概念,属于董事的一个类别。在公司法未明文规定排除独立董事适用公司机会规则的情况下,独立董事理应成为公司机会规则的规范对象。事实上,英美法也并未对独立董事所负的忠实义务作不同的规范。其次,从独立董事制度的设置目的来看,独立董事在监督公司事务时也能了解公司业务决策,并且其也具有专业能力,同样可能为自己或他人利益而作出损害公司利益的行为。最后,根据我国证券监督管理委员会于2001年颁布的《关于在上市公司建立独立董事制度的指导意见》对独立董事职权的规定,独立董事有权对公司经营者的重大业务经营事项进行监督,甚至对某些决策事项直接拥有一票否决权。[②]

因此,独立董事实际上是董事会重要业务执行的先行决议机关,具有实际上的业务决策权。[③] 他们不仅可以参与公司业务经营,还有监督公司业务的权限,在此过程中即有机会了解与公司业务运营相关的信息及机密。如果独立董事利用履行公司职责时了解到的商业机会,对公司造成的损害不亚于普通董事利用公司机会。独立董事在履行公司监督职责时,同样应为公司尽其最大能力、谋求最大利益,独立董事若有篡夺公司机会的行为,理应受《公司法》第149条篡夺公司机会禁止义务的规范。同为大陆法传统的我国台湾地区,在引进美国独立董事制度后,也认为独立董事与一般董事一样,应对公司负有忠实义务。[④]

然而,鉴于独立董事多为兼职,且有的人担任多家公司的独立董事,独立董事对公司事务的熟悉程度不如其他内部董事,独立董事多要仰赖公司经营

---

① 宗延军、李领臣:《公司机会原则的适用主体研究》,载《求索》2010年第4期。

② 该《意见》第5条和第6条规定,独立董事有下列职权:重大关联交易认可权;独立聘请中介机构出具独立财务顾问报告权;向董事会提议聘用或解聘会计师事务所的权利;向董事会提请召开临时股东大会的权利;提议召开董事会的权利;独立聘请外部审计机构和咨询机构的权利;对上市公司重大事项发表独立意见。

③ 曾宛如:《监察人 v. 审计委员会——兼论监察人可否担任公司律师或法律顾问》,载《月旦民商法杂志》2006年第12期。

④ 刘连煜:《独立董事是少数股东之守护神?——台湾上市上柜公司独立董事制度之检讨与建议》,载《月旦民商法杂志》2009年第26期;刘连煜:《现行上市上柜公司独立董事制度之检讨暨改进方案——从实证面出发》,载《政大法学评论》2010年第114期。

阶层提供相关信息才能判断公司的事务。在这种情况下,要求其承担与普通董事同样严格的篡夺公司机会禁止义务,在实务上并不可行。普通董事一般被禁止利用与公司经营范围相关或公司有利益、期待的商业机会,其承担的义务范围较为广泛。由于除特许业务外,现代公司可以自由决定其营业内容,公司的营业范围变得十分广泛。因此,对于兼任的独立董事而言,其所想利用的商业机会很可能会落入所担任独立董事的公司的营业范围之内。如果独立董事每次利用商业机会都必须事前征得所有任职公司的同意,当其身兼数家公司独立董事职务时,所付出的成本将庞大到难以想象。事实上,独立董事不负责公司的实际经营,仅为了符合公司治理而负责公司的审计或监督工作,通常无法期待其耗费全部的心力投注在对公司的监督上。

因此,在适用公司机会规则时,允许独立董事承担相对较轻的责任。美国法学会的《公司治理原则:分析与建议》就赋予独立董事较为狭窄的义务,规定独立董事仅在基于职位或利用公司信息或财产获悉商业机会时,才负有将该机会交给公司的义务。笔者认为我国公司机会规则可以借鉴这一做法,以合理规范独立董事利用商业机会。

(二)控制股东的义务主体地位

在我国,大多数股份有限公司,特别是上市公司,由于其特殊的历史背景,存在着控股股东。我国的上市公司,因绝大多数是由国有企业改制而来的,国有股一股独大现象更是其普遍。[①] 根据 2006 年上海证券交易所研究中心针对 2005 年年底上海证券交易所全部 835 家上市公司所作的调查,其中有 622 家上市公司设有国有股,占公司总数之 79.3%,国有股占全部上市公司全部股份的 50.8%。而其中国有股比例超过 30% 及 50% 的公司分别有 533 家和 370 家,占公司总数的 63.9% 和 44.35%;国有股股东在一公司内的平均持股比例则达 45.13%。[②] 由上述统计数据可知,有近三分之二的上市公司处于国有股相对控制下,而有近半数上市公司处于国有股绝对控制下。因此,国有持股主体确实常为上市公司唯一大股东,即控制股东,存在着明显的一股独大现象。

集中股权结构的情况不仅仅出现在国有企业改制的上市公司中,在私营上市公司中也普遍存在。根据上海证券交易所的数据统计,2005 年 213 家私

---

① 朱慈蕴:《资本多数决原则与控制股东的诚信义务》,载《法学研究》2004 年第 4 期。

② 上海证券交易所研究中心:《中国公司治理报告(2006):国有控股上市公司治理》,复旦大学出版社 2006 年版,第 27～28 页。

营上市公司中有 90.19％的上市公司均采取金字塔持股结构的控制方式,[①]呈现少数控制股东结构形态。18.22％的私营上市公司中的最大控制股东持股比例超过 50％,形成绝对控制;其中 27.10％的第二大股东持股比例小于5％,小于 10％者更在半数以上。[②] 最大控制股东的控制力不会受到其他股东的挑战,其控制力十分强大。

由此可见,我国多数公司(特别是上市公司)普遍存在着控制股东。然而,我国公司法上公司机会规则却仅仅规定了董事和高级管理人员作为其义务主体,并没有将控制股东纳入作为规范主体。由于我国公司法上董事身份原则上采形式认定法,只有经股东会选任,或主管机关指派或职工代表大会选举(《公司法》第 68 条第 2 款)的董事,才能成为公司机会规则的规范对象主体。这就导致形式上无董事身份,却能实际掌控公司经营的"有实无名"的控制股东无法受到篡夺公司机会禁止之规范。因此,如何利用我国公司法对控制股东的规制来弥补这一漏洞就显得尤为必要。将控制股东纳入公司机会规制的范畴可以有效地防止公司事务的实际控制者逃避其应当承担的责任。当他们面对公司也拥有利益的商业机会时,不得背后操纵董事篡夺公司机会,否则,同样要承担篡夺公司机会的责任。

我国《公司法》第 20 条规定:"公司股东应当遵守法律、行政法规和公司章程,依法行使股东权利,不得滥用股东权利损害公司或者其他股东的利益;不得滥用公司法人独立地位和股东有限责任损害公司债权人的利益。"这被认为是我国控制股东负担忠实义务的法律依据。我国《上市公司治理准则》第 19条规定:"控股股东对上市公司及其他股东负有诚信义务。控股股东对其所控股的上市公司应严格依法行使出资人的权利,控股股东不得利用资产重组等方式损害上市公司和其他股东的合法权益,不得利用其特殊地位谋取额外的利益。"由上可知,我国相关法律法规已经将控制股东作为忠实义务的主体。同样,当控制股东行使控制力篡夺公司机会时,实有必要将其规定为公司机会规则的规范主体,而并不是仅仅追究董事和高级管理人员篡夺公司机会的

[①] 这些民营上市公司多以拉长控制链来减低持有股份之数量,增加控制力量,即以现金流量权与控制权高度偏离的方式成就金字塔持股结构。至于具体案例中个别公司的运用方式。参见上海证券交易所研究中心编:《中国公司治理报告(2005):民营上市公司治理》,复旦大学出版社 2005 年版,第 74～76 页。

[②] 上海证券交易所研究中心编:《中国公司治理报告(2005):民营上市公司治理》,复旦大学出版社 2005 年版,第 74 页。

责任。

然而,控制股东适用公司机会规则时,与一般董事适用公司机会规则有所差别。在有完全独立董事会的情况下,即使是拥有50％以上股份的大股东,也不会被认为对公司有控制权。^① 此时,大股东所处的地位和其他一般股东相同,并不对公司负有信义义务。因此控制股东单纯持有过半数股权并不会使其负有信义义务,信义义务产生于其对公司运用控制力之时。由于这一特性,控制股东违反信义义务的形态与一般董事不同。董事的义务可能来自于积极作为或消极的不作为,然而控制股东信义义务的违反必定是因积极作为所触发。由于控制股东与公司是两个不同的法律主体,控制股东本身也有从事商业活动的权利,英美法实务上并未课予控制股东负有公司利益最大化的义务。只要公司董事会独立于控制股东,控制股东没有利用其控制力使用公司财产和重大保密信息,就完全可以像第三人一样和公司竞争。课予控制股东信义义务的目的,在于防止控制股东行使其控制力,从事与公司利益冲突行为时损害公司或少数股东的利益,而非必然禁止其从事与公司利益冲突的行为。

因此,控制股东与董事或高级管理人员义务的不同在于,控制股东仅被禁止行使其控制力进行积极作为,利用其作为控制股东的地位来获取机会。比如使用公司财产、公司重大的非公开信息或在公司的地位等,利用控制权将公司的商业机会强夺过来,此时该股东对公司即负有不得与公司争抢商业机会的义务。如果控制股东在公司之外获得商业机会,则即使该机会属于公司的经营范围,控制股东也不应承担法律责任。美国法学会的《公司治理原则:分析与建议》就反映了这样的立场。虽然《公司治理原则:分析与建议》第5.05条规定了对董事和高级管理人员适用公司机会规则的一般规则,但第5.12条第(b)款为控制股东提供了一个更宽松的规则。该条规定仅仅在两种情况下禁止控制股东与公司争夺商业机会:(1)商业机会是由公司开发或者获得的,或主要是由于控制股东与公司的关系才被提供给控制股东的;或者(2)商业机会是作为一种不属于公司正在从事或将要从事的业务范围之内而且也不属于控制股东的业务范围之内的商业活动,而由控制股东或公司在征得控制股东

---

① See Mary Siegel, The Erosion of the Law of Controlling Shareholders, *Delaware Journal of Corporate Law*, Vol. 24, 1999, pp. 36～37.

同意后提供给公司的股东们的。① 正如美国法学会在报告中所解释的："第5.12(b)定义了一个比第5.05(b)更窄的公司机会,以平衡控制股东本身从事与公司竞争商业活动的权利和防止控制股东攫取本应属于公司的机会的需要。"②因此,一般而言控制股东所负的篡夺公司机会禁止义务更为狭窄。

(三)监事的义务主体地位

我国《公司法》仿效德国与日本的业务执行与监督二元制的立法例,③于第52条和第118条规定了监事制度。监事(会)是公司的法定、必备、常设机关,与股东会、董事会共同扮演公司主要监控角色。在公司自治原则下,公司执行业务的监督,原则上由公司内部自行监督。股东会由全体股东所组成,虽然由其负责监督公司业务执行机关更为符合民主主义,但是股东会毕竟不是经常活动的机关。因而有必要另设一常设机关,以弥补股东会监督不足,此即监事(会)设置的目的,其权力主要为对公司业务执行监督与对会计的审计。

然而,英美法上公司治理制度是一元制设计,即公司以董事会作为股东的代表,并监督经理人的经营活动,并无如德国监事会或日本监事的设计。但由于董事可能兼任公司经理人或相关内部人士,存在利益冲突的可能,故由独立董事作为公司治理的核心,并在董事会下设置不同功能的委员,代替董事会行使各种监督职权。审计委员会即负责处理类似我国监事会的工作,其中的独立董事实际上也起着类似我国监事的作用。因此,我国公司法上监事对公司所负的义务基本上与董事相同,对公司负有忠实义务和勤勉义务。④

对于监事是否受到公司机会规则的规制,我国《公司法》第52条和第118

---

① 美国法学会:《公司治理原则:分析与建议》,楼建波等译,法律出版社2006年版,第406~407页。

② 美国法学会:《公司治理原则:分析与建议》,楼建波等译,法律出版社2006年版,第407页。

③ 德国的股份法规定的二元制特点是,股份有限公司经营机关的指挥监督完全分离,监事会不仅是董事会的上位机关,可监督董事执行业务的情形,同时具有选任与解任董事会的权限。在德国体系下,监督与经营权责处于分离的状态,且监事会为公司的最高权力机构,其成员分别由职工委员会与股东大会推选的代表所组成,形成员工与资本家共同监理公司的特殊体制。这种体制被称为"垂直二元制"。至于日本公司结构则是采取类似二元制的组织,即由董事组成董事会,监事组成监事会,但二者为平行机关,不像德国法制监察机关有任免董事的权力。此为"平行二元制"。我国公司法的治理结构主要参照日本"平行二元制"的立法体例。参见李雨龙:《企业产权改革法律实务》,法律出版社2005年第2版,第56页;冯果:《公司法》,武汉大学出版社2007年版,第215页。

④ 参见我国《公司法》第148条。

条规定监事不得兼任公司董事、高级管理人员职位。另外,我国《公司法》第149条明确限定公司机会规则的义务主体为董事和高级管理人员。司法实务界即依此推定监事并不受公司机会规则规范,监事对公司所负的忠实、勤勉义务,是针对其是否尽到监督职责而言的,法律并无明文规定监事的忠实义务、勤勉义务包括篡夺公司机会和竞业禁止义务。① 其逻辑基础在于监事职权局限于监督公司事务,并无执行公司业务的权限,故无设置篡夺公司机会禁止义务的必要。② 我国学界也有部分学者认同这种观点。③

对此,笔者持不同观点。首先,公司机会规则的目的是出于对公司利益的保护,包括对有关公司商业机会的机密信息的保护。商业机会总是首先表现为关于机会的信息。正如莫日特(Morritt)法官在 Brown v. Bennerr 一案中指出的那样,机会的出现对董事而言就是"形成信息"。④ 毫无疑问,一个机会在萌芽之后进一步发展就是将关于机会的信息最终变为现实。在公司内部,并非仅仅执行业务的董事和高级管理人员才能接触到这样的信息,因此,利用关于机会的信息牟取私利并不一定以执行公司业务为前提。而监事属于公司的常设机关,负责监督业务执行机关的行为,监事通过监督、检查公司业务执

① 例如上海晶人玻璃机械有限公司诉姚某某竞业禁止案,〔2009〕沪二中民三(商)终510号。法院认为,原告要追究竞业禁止或篡夺公司机会的法律责任,应举证证明被告符合公司法规定的董事、高级管理人员的主体身份。公司法并未对监事篡夺公司商业机会行为及竞业行为作禁止性规定。公司法对监事会制度的规定,目的是为强化对公司经营权的监督,公司董事和高级管理人员属于经营权执行人员,规定董事、高级管理人员不得兼任监事,目的也在于强调监督权与经营权的分离。公司只能对监事怠于行使或不当行使监督职责进行问责,而不能对监事是否实施竞业禁止或篡夺公司机会主张收入归入权和损害赔偿请求权。因此,监事对公司的忠实义务并不包括篡夺公司机会禁止义务。

② 参见刘某诉李某某公司高级管理人员损害公司利益赔偿案,北京市第一中级人民法院〔2010〕一中院终字第1099号民事裁决书。本案法院即认为,我国公司法没有将监事作为竞业禁止义务主体的立法意图,这一规定也符合监事在公司的实际地位和作用,监事作为监督者,并不直接参与经营管理活动,通过法定竞业禁止规定予以约束不妥。

③ 学者认为监事与董事、高级管理人员的义务在程度和范围上都有所不同。就忠实义务而言,监事的忠实义务侧重与董事不同。如监事不大可能挪用公司资金,因为从事这些业务的权力属于董事会,而不属于监事会。同时法律也没有限制监事进行自我交易、竞业禁止和利用公司机会。因为,监事只是公司的监督者,并不是公司的直接经营者。参见施天涛:《公司法论》,法律出版社2006年版,第381页;宗延军、李领臣:《公司机会原则的适用主体研究》,载《求索》2010年第4期。

④ Brown v. Bennerr〔1999〕1 BCLC 649.

行状况，对公司业务机密当然也有一定程度的了解。因此，在现实中监事完全可能利用从公司了解到的关于商业机会的信息为自己谋利。

其次，我国《公司法》规定董事、高级管理人员不得兼任监事，是对董事、高级管理人员兼任本公司监事的兼任禁止，并未禁止监事兼任其他公司的董事或高级管理人员。法律规定公司董事、高级管理人员不得兼任监事的立法目的在于，确保监事能以超然立场行使监督职权。然而，在监事兼任其他公司的董事或高级管理人员时这种立场就可能动摇，因为他作为其他公司的董事或高级管理人员，有义务将商业机会交给该其他公司。但如允许此一行为，公司的利益将受到严重损害。在商业实践中，许多规模较小的公司往往不太注重任职的形式，公司监事实质上作为高级管理人员参与公司经营管理的情况比较普遍。我国有法院对这种兼任情形，认为监事应当像高级管理人员一样作为公司机会规则的义务主体。[①]

最后，我国《公司法》将监事排除在公司机会规则的义务主体范围之外，可能是盲目"借鉴"英美法的结果。在英美法中，公司机会规则的义务主体为董事、高级管理人员和控制股东，并无监事作为篡夺公司机会法律责任主体的规定。如此照搬英美法，拒绝将监事作为公司机会规则的义务主体，实际上是对英美公司治理结构的一种误解。[②] 如前所述，英美公司治理的组织模式采取一元制，即董事会作为最高业务执行机关行使公司的经营管理权，并掌握着对其选任的公司高级经理人处理公司日常经营事务的监督权。为强化董事会的监督功能，董事会下设职能性的委员会执行不同的业务，而由独立董事所组成的审计委员会为主要监察机关。因此，英美法公司治理中没有监事制度存在，其公司机会规则当然无法适用于监事。然而，英美国家虽然在立法上没有规定监事制度，但存在关于外部董事的制度，其中的独立董事实际上起着类似我国二元制结构下监事的作用。英美法上的外部董事虽然也不从事公司的具体

---

① 如果监事执行了公司业务，我国有法院认为其监事身份无效，应适用董事或高级管理人员身份。参见上海川流机电专用设备有限公司诉李某某高级管理人员损害公司利益赔偿案，〔2009〕沪一中民三（商）终字第 969 号。上海市闵行区人民法院在一审中认为本案被告李某某虽然为川流公司的监事，但其行使总经理职务是不争的事实。法律和公司章程虽然规定监事不得兼任高级管理人员，但这是出于监督制约考虑，如果相互兼职，则后果为监事任职无效，应当认定被告李某某是川流公司的高级管理人员。这一观点也得到了二审法院上海市第一中级人民法院的认可。

② 冯果：《"禁止篡夺公司机会"规则探究》，载《中国法学》2010 年第 1 期。

经营事务,但英美判例法却将其作为公司机会规则的适用主体,[①]只是将其责任局限于执行公司职务或利用公司资源而获得的商业机会范围内。

因此,笔者主张我国《公司法》有必要借鉴英美法规制独立董事利用商业机会的规定,将监事纳入公司机会规则的适用主体范畴。当然,监事并非像董事和高级管理人员一样是公司机会规则的一般性义务主体,监事仅仅在利用职务之便或利用公司资源(如公司经营信息等)的特殊情况下,才能适用公司机会规则。

三、我国公司机会规则权利主体规范的完善

根据前文分析,公司机会规则权利主体仅仅为公司。我国《公司法》将公司分为有限责任公司和股份有限公司两类。作为受公司机会规则保护的权利主体,有限责任公司和股份有限公司是否适用相同规则受到相同保护呢? 在英美法上,封闭公司与公开公司类似于我国的有限责任公司和股份有限公司。显然,英美这两类公司都受到公司机会规则的保护。但是,从司法实践上看,两类公司在适用公司机会规则上略有不同。美国学者布鲁尼和克拉克主张对封闭公司与公开公司适用宽严不同的公司机会规则。[②] 根据布鲁尼和克拉克的分析,公开公司的受信人比封闭公司的受信人更难以监督,因此应遵守比封闭公司更严格的规则,即封闭公司可适用选择性规则,而公开公司适用绝对规则。绝对规则用十分宽广的语言界定公司机会,并对公司机会的例外情况采取严格的立场。例如,禁止董事和高级管理人员利用任何积极的商业机会。选择性规则通过限定机会必须符合公司利益需求或公司期望,更狭窄地界定公司机会,它只要求受信人证明他利用的机会并不属于公司利益或期待范围内。根据这种规则,受信人不得利用公司积极拓展的商业机会,但是可以利用

---

① 在美国特拉华州的 Broz v. Cellular Information Systems, Inc., 673 A 2d 148 (Del 1996).中,被告 Broz 是原告 Cellular Information Systems, Inc.(CIS公司)的外部董事。虽然最后被告胜诉,但法院认为并不是因为被告外部董事身份才不负公司机会责任,而是该机会本身不构成公司机会。也即如该机会属公司机会,外部董事也可能要承担责任。

② Victor Brudney, Robert Clark, A New Look at Corporate Opportunities, *Harvard Law Review*, Vol. 94, No. 5, 1981, pp. 1060~1061。后来 Clark 的公司法专著基本上照搬了他们的论点,See Robert Charles Clark, *Corporate Law*, Aspen Publishers, Inc., 1986, pp. 244~245.

其他机会。① 布鲁尼和克拉克的观点在法院和其他学者之间有着相当的影响力。虽然有学者认为对公开公司适用绝对禁止规则有点极端，②但这也确实反映了两种公司不同的治理结构，对我国有限责任公司和股份有限公司适用公司机会规则有一定的借鉴作用。

在我国《公司法》中，公司自治成为立法者关注的一个重点。③ 然而，公司自治在有限责任公司和股份有限公司的适用程度是不同的。股份有限公司本身是一个利益的集合体，基于对社会公众投资者的保护和投资秩序的维护，股份有限公司中强制性规范相对更多，给公司及公司的经营者以更多的约束。然而，有限公司的股东较少，④协商成本相对较低，法律赋予公司较大的自治空间，以方便股东之间的利益安排。因此，我国《公司法》中对有限责任公司的任意性规范较多。这也为有限责任公司和股份有限公司适用不同的公司机会规则奠定了基础。

首先，有限责任公司的股东知情选择经营者的能力，以及监督其经营者对公司贡献的能力，比股份有限公司的股东更强。这主要是由有限责任公司的人合性与股份有限公司的资合性决定的。有限责任公司的人合性表明股东之间主要是因个人信用而共同设立公司，股东间有相当的了解。⑤ 股东对公司经营管理人员的选任更符合自己的意愿。当公司处理商业机会时，有限责任公司的股东有着更多的知情或介入决策中的机会。而股份有限公司的资合性表明，股份有限公司的信用主要是建立在其资本基础之上，股东相互间基本上无了解可言。因此，在有限责任公司中，当股东从投资者当中选拔董事或高级管理人员时，他们可以做出更知情的选择。甚至所有股东都很可能是积极的业务执行者，而不是仅仅消极的投资者。当公司设立时，或篡夺机会的行为发生时，他们可能以一种默示的方式同意自己的同事利用公司机会。因此，这些投资者较少需要绝对规则防范篡夺公司机会的行为。然而，在股份有限公司，

---

① Victor Brudney, Robert Clark, A New Look at Corporate Opportunities, *Harvard Law Review*, Vol. 94, No. 5, 1981, pp. 997~998.

② Talley, Eric, Turning Servile Opportunities to Gold: A Strategic Analysis of the Corporate Opportunities Doctrine, *Yale Law Journal*, Vol. 108, No. 2, 1998, p. 284.

③ 郭锋:《新公司法中的意思自治》,http://www.civillaw.com.cn/article/default.asp? id=34571,下载日期:2009 年 1 月 28 日。

④ 在我国,除了一人公司外,有限公司的股东人数为 2~50 人。见我国 2005 年《公司法》第 24 条。

⑤ 赵旭东:《公司法学》,高等教育出版社 2003 年版,第 56 页。

股东极其分散，股东通常是消极投资者，公司由被授予经营事务充分决定权的董事和高级管理人员进行管理。股东对这些人通常并不了解，并且由于集体理性的原因，要求股东监督经营者十分困难且成本高昂。因此，在股份有限公司，需要一个更为严格的公司机会规则弥补这种缺陷。

其次，两个类型公司的经营者义务范围和报酬性质都是有区别的。股份有限公司经营者的义务通常要求发挥其全部才能和精力，不允许其有积极参与其他业务开发或经营的余地。相应的，股东认为，从公平和效率角度讲都不允许经营者获得间接的秘密报酬。但对许多有限责任公司而言，其他的期望可能会更合理。股东有时会同意，或者在发起人协议中约定，执行业务的股东可能不仅仅为特定的公司服务，而是同时可以自由地从事其他活动。无论如何，在有限责任公司执行业务的股东获得所有其他股东同意其兼职工作是可行的。另外，在有限责任公司中，当一些股东相对于其他参与者的报酬更低时，可推断出这种同意。在决定他的报酬时，正式的报酬安排可能没有将其才能的作用与其资本的贡献清楚地分开。在这种情况下，当有限责任公司的股东同意其报酬应反映工作的努力程度和他们初始投资的贡献时，因报酬较低而利用公司机会似乎有理由。

最后，两种不同类型公司的机会种类之间的差异，意味着它们可以受宽严不同的公司机会规则的约束。股份有限公司因规模较大，几乎可灵活地接受任何风险回报的新商业机会。因此，它的商业机会几乎包含了经营者可能要利用的所有业务，而有限责任公司的机会就没有这么广泛。市场缺陷和交易成本可能阻碍有限责任公司接受与其现有经验或能力无关的，或超出其现有财力的商业机会。当有限责任公司经营者利用自己的时间来发展自己的业务时，可能并不会剥夺公司合理希望利用的机会。[①]

有限责任公司和股份有限公司之间的这些区别表明，在这两种情况下应该用不同的法理定位来构建公司机会规则。虽然我国《公司法》第149条并未区分公司类型来规范公司机会，但由于我国《公司法》已经将有限责任公司和股份有限公司分开规范，因此，在现行法律中对有限责任公司和股份有限公司适用不同的公司机会规则是可行的。

---

① 本书归纳有限责任公司和股份有限公司之间的区别时参考和借鉴了布鲁尼和克拉克的观点。See Victor Brudney, Robert Clark, A New Look at Corporate Opportunities, *Harvard Law Review*, Vol. 94, No. 5, 1981, pp. 1003~1005.

第三章

篡夺公司机会行为的判断标准

　　根据公司机会规则,如果要对被告施加法律责任,不仅要确定其作为忠实义务人的身份,还应确定其存在篡夺公司机会的行为。英美对于这一问题的判断采取不同的方法。美国主要是通过判例形成的标准来判断商业机会是否属于"公司机会",即所谓的"所有权原则"。[①] 而英国则由法院根据利用机会之人的身份和冲突可能性来确定是否存在利益冲突,即所谓的"禁止冲突原则"。[②]

第一节　美国篡夺公司机会行为的判断标准及其评析

一、利益或预期标准(Interest or Expectancy Test)

(一)内涵及其演变

　　利益或预期标准是美国法院在判断争议机会是否属于公司机会时,最早

　　① David Kershaw, Does it matter how the law thinks about corporate opportunities, *Legal Studies*, Vol. 25, No. 4, 2005, p. 534.

　　② David Kershaw, Does it matter how the law thinks about corporate opportunities, *Legal Studies*, Vol. 25, No. 4, 2005, p. 534.

开始使用的标准。其判断基准为：如果公司就该机会已有现存利益或预期利益存在，董事即有义务将该机会提供给公司。该标准的关键问题在于如何定义利益或预期。学者认为，如果董事或高级管理人员夺走了公司有优先权利的东西，他就夺取了公司的"利益"。如果董事或高级管理人员接受了按照正常进程将由公司获取的东西，即公司期望获得的东西，他就夺取了公司的"预期"。典型的例子是，如果董事购买公司有合同权利的土地，就篡夺了公司的"利益"。如果董事夺取了公司租约的续约权，就夺取了公司的"预期"。[①]

最早提出利益或预期标准的是 Lagarde v. Anniston Lime & Stone Co.[②] 一案。该案中原告公司拥有某采矿场的三分之一，并且已与其他拥有者就采矿场的另外三分之一订立合同以供公司使用，但对最后的三分之一的采矿场则尚未有接触。而董事私下取得后两个三分之一的采矿场的权利。法院在 Lagarde 一案中提出了判断公司机会的利益或预期标准："如果公司在商业机会中具有既存利益或从既存利益而生的预期，或者董事利用商业机会的行为将阻碍公司实现其成立目的，那么该机会即属于公司，董事不得篡夺。"[③]本案中法院将公司的可保护"利益"界定为建立在合同基础上的利益，认为公司有合同承诺的三分之一采矿场是可保护利益，而公司没有任何承诺的三分之一采矿场因公司尚未接触，就不是可保护的利益。因此公司已签订合同的三分之一采矿场属于公司机会，董事不可篡夺。而公司尚未签订合同的另外三分之一的采矿场，由于公司尚未具有任何利益，故董事可利用该机会。由此可知，由公司已签订的合同所产生的机会即属于公司的"利益"。

在 Pike's Peak Co. v. Pfunter[④] 一案中，法院说明了什么是由既存的利益产生的"预期"。公司出租自己的重要财产，董事却为自己购买了租赁续展权。法院认为公司对租赁续展权存在"预期"，董事购买了续租权的行为是篡夺了属于公司的机会。另外，利益或预期的推论是禁止董事篡夺为实现公司目的必不可少的机会，这在 Nebraska Power Co. v. Koenig[⑤] 一案中得以详细说明。内布拉斯加电力公司拥有一个水电厂，然而，董事们获得在公司水电

① Stephen M. Bainbridge, Rethinking Delaware's Corporate Opportunity Doctrine (November, 2008), http：//ssrn. com/abstract＝1296962, 下载日期：2009 年 5 月 26 日。

② Lagarde v. Anniston Lime & Stone Co. , 126 Ala. 496, 28 So. 199 (1900).

③ Lagarde v. Anniston Lime & Stone Co. , 126 Ala. 502, 28 So. 201 (1900).

④ Pike's Peak Co. v. Pfunter, 123 N. W. 839 (1909).

⑤ Nebraska Power Co. v. Koenig, 139 N. W. 839, 843 (Neb. 1913).

厂的上游使河流改道的权利。法院认为河流改道权对公司实现其目的"是必不可少的","至关重要的"或至少是极为重要的,董事们的介入妨碍了公司设立目的的实现,因此,上游河流改道权属于公司机会的范畴。

这三个案例基本奠定了利益或预期标准的框架。从上述案例中可知,"利益"和"预期"的审查重点是公司在特定的机会中的财产权利已经成熟的程度。[①]

然而,其他法院对于"利益"和"预期"的界定却大不相同。有些法院狭隘地界定公司在商业机会中的利益范围,主要模仿 Lagard 一案法院的推理,认为公司购买财产的谈判并没有给公司带来利益或预期。[②] 公司机会仅仅包括那些由明确合同权利产生的机会。[③] 公司的合同权利已经成熟为不可剥夺的财产,董事的篡夺行为明显违反了公司的利益。例如,如果董事购买公司有合同权利的土地,就篡夺了公司的"利益"。[④]

公司的"预期"范围更广泛一些,包括尚未上升到可执行的合同权利的潜在利益,但它对公司而言同样是宝贵的。[⑤] 因为这种"预期"虽然尚未通过明确的合同获得,但鉴于目前在其他财产上的合同权利,这种"预期"很有可能在今后的某一天成熟为合同权利。如果董事接受了按照正常进程将由公司获取的财产,即公司期望获得的机会,他就夺取了公司的"预期"。如果董事夺取了公司租约的续约权,也夺取了公司的"预期"。[⑥] 这一看法在 Lincoln Stores, Inc. v. Grant[⑦] 一案中体现甚为明显。本案公司经营连锁百货商店,公司的董事和高级经理收购了与公司一个商店相距仅仅 90 英尺远的另一个百货商店。法院根据"利益或预期"标准认为,公司在机会中没有任何利益或预期,因为直到被告收购后的很长时间,公司从来没有考虑自己购买该商店,甚至还没

---

① 学者认为利益或期待标准仅仅限于公司的财产权利相对成熟的机会。See Talley, Eric, Turning Servile Opportunities to Gold: A Strategic Analysis of the Corporate Opportunities Doctrine, *Yale Law Journal*, Vol. 108, No. 2, 1998, p. 292.

② Pioneer Oil & Gas Co. v. Anderson, 151 So. 161, 164 (Miss. 1933).

③ See, e. g., United Seal and Rubber Co. v. Bunting, 248 Ga. 814, 815, 285 S. E. 2d 721, 722 (1982).

④ Lagarde v. Anniston Lime & Stone Co., 126 Ala. 502, 28 So. 201 (1900).

⑤ 法院认为不可强制执行的续租权对承租人同样是宝贵的。See Pike's Peak Co. v. Pfunter, 123 N. W. 19, 20 (Michigan 1909).

⑥ See Pike's Peak Co. v. Pfunter, 123 N. W. 19, 20 (Mich. 1909).

⑦ Lincoln Stores, Inc. v. Grant, 34 N. E. 2d 704, 707 (Mass. 1941).

有考虑在该地区收购房地产。因此,董事和高级经理没有违反公司机会规则。

有的法院认为公司即使对财产进行了调查和考虑,也不能使其拥有"预期",因为公司对许多其他财产也给予了类似考虑。[1] 另外,一些法院在运用利益或预期标准时,要求公司同时应具有利用机会的财力。[2] 纽约州法院在 Blaustein v. Pan Am. Petroleum & Transport Co.[3] 一案中运用"利益或预期"标准时要求达到"有形预期"(Tangible Expectancy)的程度。纽约第二巡回法院在 Abbott Redmont Thinlite Corp. v. Redmont[4] 一案中进一步发展了"有形预期"标准,认为"实现机会的可能性程度是判断预期是否是'有形'的关键"[5]。如果公司可能在实际上利用机会,那么预期就是"有形的",这样的预期就属于公司机会的范畴。法院认为公司在订有最初的产品规格并准备出价的书面合同中取得了实际上的"预期"。[6] 这些限制性的规定过分关注公司在机会中权利的成熟程度,并不考虑公司从事的任何事前努力,是对"利益或预期"标准的狭隘界定。

然而,其他法院在判决中对"利益或预期"标准作了扩大化解释,认为公司若是在谈判或在追求机会过程中,即使尚未有合同或财产上的利益,仍可能被认为具有"利益或预期"。这实际上赋予公司对有在先交易的所有商业机会存在"利益或预期"。例如,有的法院在判词中说明利益或预期可能源于董事代表公司对争议机会进行了谈判的事实。在 Litwin v. Allen[7] 一案中,法院描述了根据当时的法律可以找到利益或预期的情形。这些情形包括:"董事在这一领域已代表公司进行谈判的事实,或公司需要特定的商业机会,或者以牺牲

---

[1] Colorado & Utah Coal Co. v. Harris, 49 P. 2d 429, 430-31 (Colo. 1935).

[2] 有法院认为:"如果公司没有财力购买财产,就不能说它在财产中有实际或期待利益。"See Collie v. Becknell, 762 P. 2d 727, 730 (Colo. Ct. App. 1988);有法院认为:"除非公司能在财务上承担,否则不可能在交易中有期待存在。"See Katz Corp. v. T. H. Canty & Co., 362 A. 2d 975, 980 (Conn. 1975);还有法院指出"当公司在其中有合法的利益或期待,并且有从事这一特定商业机会的财力"时,董事不得篡夺公司机会。See Alexander v. Sturkie, 909S. W. 2d 166, 169 (Tex. Ct. App. 1995).

[3] Blaustein v. Pan Am. Petroleum & Transport Co., 5256 N. E. 2d 705, 713-14 (N. Y. 1944).

[4] Abbott Redmont Thinlite Corp. v. Redmont, 475 F. 2d 85 (2d Cir. 1973).

[5] Abbott Redmont Thinlite Corp. v. Redmont, 475 F. 2d 89 (2d Cir. 1973).

[6] Abbott Redmont Thinlite Corp. v. Redmont, 475 F. 2d 88-89 (2d Cir. 1973).

[7] Litwin v. Allen, 25 N. Y. S. 2d 667 (N. Y. Sup. Ct. 1940).

公司利益并利用公司设施篡夺和发展机会。"①在这些情形中，主要判断董事是否以牺牲公司利益为代价而获利；他们是否因为不忠于公司的利益和福祉而获得利润。②Schildberg Rock Prods. Co. v. Brooks③一案法院也认为在公司已经探测石灰岩和钻了试验孔的土地上，公司有利益和合理的预期存在。一些法院更为激进，认为即使公司对机会没有采取任何行动，如果它是公司"需要"的一个机会，同样可赋予公司可保护预期。④根据这些更广泛的公司利益观点，一旦公司已显示出在机会中的利益，董事就不得寻求机会。

显然，多数法院虽然在名义上仍然遵循 Lagarde v. Anniston 一案提出的标准，但他们大多已修改并扩大了此标准。法院倾向于通过改变"利益或预期"的含义来增加高级管理人员或董事的潜在赔偿责任。相较于 Lagarde 一案法院对利益或预期的界定局限于仅仅是有约束力的合同权利，许多法院认为只要公司在商业机会中有"立足点"（Beachhead），就可能存在利益或预期，因而属于公司机会。⑤

（二）分析讨论

在利益或预期标准的初期发展阶段，Lagarde 一案法院将公司机会限为公司的既存权利所产生的"利益或预期"。根据这个标准，公司只能对它已经拥有合同权利的商业机会，或由公司既存权利可能会在今后成熟为新的合同权利的商业机会主张权利。这一标准的主要问题在于它没有促进公司与董事关系的完整性。⑥因此，学者担心它把董事置于一个这样的立场：如果他们仅仅被禁止利用公司有合同利益的机会，他们可能并不会尽其最大努力来为公司获取合同。不尽最大努力，就增加了公司最终并没有得到合同的可能性。根据该标准，如果没有公司合同存在，那么将允许董事追求机会，而不必担心赔偿责任。⑦

---

① Litwin v. Allen, 25 N. Y. S. 2d 686 (N. Y. Sup. Ct. 1940).

② Litwin v. Allen, 25 N. Y. S. 2d 686 (N. Y. Sup. Ct. 1940).

③ Schildberg Rock Prods. Co. v. Brooks, 140 N. W. 2d 132, 137-38 (Iowa 1966).

④ Gauger v. Hintz, 262 Wis. 333, 351, 55 N. W. 2d 426, 436 (1952).

⑤ Kenneth B. Davis, Corporate Opportunity and Comparative Advantage, *Iowa Law Review*, Vol. 84, 1999, p. 236.

⑥ Pat Chew, Competing Interesting in the Corporate Opportunity Doctrine, *North Carolina Law Review*, Vol. 67, 1989, p. 461.

⑦ Pat Chew, Competing Interesting in the Corporate Opportunity Doctrine, *North Carolina Law Review*, Vol. 67, 1989, p. 461.

由于利益或预期标准仅保护公司已经拥有合同权利的机会,学者甚至认为它对现有法律体系没有多少贡献。[①] 就"利益"标准而言,如果董事要与第三方交易公司已经存在着合同利益的机会,公司无疑将可以对第三方提起违反合同的诉讼。此外,根据不正当竞争理论,公司也可以直接提起对董事的诉讼。同样,根据现有法律,"预期"标准可能也是多余的。如果所提供的机会是公司虽然没有任何合同权利但可以从中受益的机会,也可能根据期待权理论追究董事的责任。因此,学者认为即使没有利益或预期标准,董事也不能追求公司已经存在利益或预期的机会。[②]

另外,利益或预期标准的范围在后来有所扩充,包括了公司在追求或谈判中的商业机会,当董事以公司代表身份经过与他方协商而获得一个新的机会或他方直接对公司提供一个机会时,公司即对该机会产生了预期。[③] 但是这一标准仍然较为狭隘。[④] 法院认为公司的"利益或预期"只包括公司在其中有"立足点"的那些商业机会。[⑤] 法院将公司机会限于公司已知道的机会,或是实际上在追求的机会,以及公司与对方相互有法律承诺的机会。这实际上是以公司现在所进行的商业活动定义公司机会的范围,要求公司必须对该利益已有实际上或合理的认知,公司作为原告方必须提供充分有力的证据证明公司已经为取得这一项机会投入了大量的精力,且已经准备签订法律认可的权益证明文件。由于有些利益可能需要经过长时间的经营投资才会显现(比如客户关系的巩固),采用此标准可能会造成股东降低投资长期项目的意愿。[⑥]

① Pat Chew, Competing Interesting in the Corporate Opportunity Doctrine, *North Carolina Law Review*, Vol. 67, 1989, p. 460.

② Pat Chew, Competing Interesting in the Corporate Opportunity Doctrine, *North Carolina Law Review*, Vol. 67, 1989, p. 460.

③ Thorpe v. Cerbo, Inc., 676 A. 2d 436 (1996).

④ 有学者认为该标准是普通法公司机会规则最为狭窄的表达。See William, A New New Look at Corporate Opportunities, http://ssrn.com/abstract=446960, 下载日期:2009年10月16日。另外,有学者指出利益或预期标准对经营者而言比其他标准更容易满足。See Robert Charles Clark, *Corporate Law*, Aspen Publishers, Inc., 1986, pp. 226~227. 还有学者指出该标准对被告极为"宽松"。See Cox, Hazen, O'Neal, *Corporations*, Aspen Law & Business, 1997, p. 237.

⑤ Kenneth B. Davis, Corporate Opportunity and Comparative Advantage, *Iowa Law Review*, Vol. 84, 1999, p. 236.

⑥ Talley & Eric, Turning Servile Opportunities to Gold: A Strategic Analysis of the Corporate Opportunities Doctrine, *Yale Law Journal*, Vol. 108, No. 2, 1998, p. 292.

笔者认为,利益或预期标准在美国发挥了其应有的作用。虽然该标准经常被批评对公司利益保护不周,但它相对于普通法上的侵权或违约之诉仍然前进了一步。普通法上的侵权理论一般要求证明侵权行为、损害以及二者之间的因果关系。与侵权干预业务或合同关系不同,公司机会规则之利益或预期标准并不要求原告证明他本来已经利用该机会的合理可能性,即不用证明如果被告不利用,原告将已经利用这个机会。[1] 公司不用证明自己对商业机会享有普通法上财产权利,也不用证明因董事的篡夺行为而受到损害,即可依据该标准追究篡夺机会的董事的法律责任。因此,利益或预期标准提供了普通法无法提供的另一种诉因,它是专门针对公司内部人员不得篡夺某些类型的商业机会的默示规则,相较于保护普通法上财产权利的规则,该标准提供了一种更容易追究法律责任的途径。

另外,利益或预期标准虽然范围较为明确,执行起来较为方便,但它仅仅是认定公司机会的一个充分条件,而不是一项必要条件。[2] 因为,公司只要在机会中有利益或预期,就能够证明公司机会的成立。然而,如果机会与公司的经营范围密切相关,即使缺乏利益或预期,仍然可能存在公司机会。利益或预期标准可能会遗漏公司目前未加考虑但将来可能从事的、与其经营范围密切相关的商业机会。因此,还需要其他标准加以补充。

二、经营范围标准(Line of Business Test)

(一)判例法的界定

在美国许多州,认定公司机会的利益或预期标准已经被经营范围标准所取代。经营范围标准最早由特拉华州最高法院于 1939 年在 Guth v. Loft, Inc.[3]一案判决中提出,其后一直为该州大多数法院所遵循。经营范围标准与利益或预期标准不同,它不要求公司必须存在先前某些行为以建立对该机会的权利,而是探究该机会与公司经营范围是否密切相关,只要商业机会在公司的经营范围之内,即为公司机会,而公司是否对该机会有过考虑则在所不问。

---

[1] United Teacher Assocs. Ins. Co. v. MacKeen, Baily, Inc., 847 F. Supp. 521, 538 (W. D. Tex. 1994).

[2] Kenneth B. Davis, Corporate Opportunity and Comparative Advantage, *Iowa Law Review*, Vol. 84, 1999, p. 239.

[3] Guth v. Loft, Inc., 5 A. 2d 503 (Del. 1939).

因此也可认为经营范围标准是利益或预期标准的放宽。

在 Guth 案中，原告 Loft 公司是一家糖果、饮料、食品生产商和零售商，被告 Guth 是该公司的总裁兼董事。Loft 公司一直从可口可乐公司（Coca-Cola Company）批发汽水饮料分发给 115 个连锁店面。Guth 曾多次寻求可口可乐公司更大的价格折扣，但遭到可口可乐公司拒绝。1931 年 5 月 19 日，Guth 向 Loft 公司的一个副总裁建议用更便宜的百事可乐取代可口可乐，但遭到拒绝。全国百事可乐公司（NPC）在之前一天即 1931 年 5 月 18 日已申请破产。全国百事可乐公司被案外人 Megargel 控制，在 Guth 加入 Loft 公司前，Megargel 曾经邀请 Guth 投资百事可乐但并未成功。破产后，Megargel 再次联系 Guth。Guth 答应预付给 Megargel 共计 12 万美元，向破产管理人收购百事可乐配方和商标。这 12 万美元中一半以上的钱是 Guth 从 Loft 公司挪用的。1931 年 8 月，Guth 和 Megargel 双方成立了一个新的公司来发展百事可乐业务。虽然这一新公司不附属于 Loft 公司，但 Guth 使用 Loft 公司的资金、厂房设施、材料、信贷、高级管理人员和雇员来发展百事可乐公司的业务，并且将百事可乐产品卖给 Loft 公司。Guth 在 Loft 公司所有的店面用百事可乐取代了可口可乐。由于有 Loft 公司的资源资助，百事可乐公司业务飞速发展，成长为利润丰厚的公司。

Guth 在 1935 年 10 月离开 Loft 公司后，Loft 公司对 Guth 提起诉讼，要求 Guth 就其篡夺公司机会承担责任，将所持有的百事可乐公司股份转移给 Loft 公司。初审法院及特拉华州最高法院均判决原告胜诉，法院认为取得百事可乐的商标、配方、商誉以及营业的机会属于 Loft 公司，而 Guth 身为公司总裁，没有权利为自己占用此机会，应将取得的百事可乐股份转移给 Loft 公司。①

在适用经营范围标准来认定公司机会时，如何界定公司的经营范围是该标准的核心问题。在 Guth 案中，Loft 公司是一家生产与零售糖果的连锁公司，同时也自行配方生产一些苏打饮料在店里出售，而百事可乐公司则主要是出售可乐。如果将 Loft 公司的经营范围界定为糖果连锁店，则百事机会应不在 Loft 公司从事的经营范围内；但如果将 Loft 公司的经营范围界定为食品的零售与生产时，则百事机会当然会在其营业范围内。被告董事 Guth 曾主张经营范围标准的定义过于灵活，因此无法作出有意义的判断。但法院在本案中未处理此文字游戏，而是认为：“经营范围一词没有确切定义的领域范围，

①　Guth v. Loft, Inc. , 5 A. 2d 503（Del. 1939）. pp. 505～515.

也不能够通过一个固定的公式界定。它具有灵活的含义,是要合理运用于具体案件的事实和情况。只要公司从事某种业务,并面临着它已有基本知识、实践经验和追求能力的机会,这一机会在逻辑上和性质上是符合其经营范围活动,同时要考虑其财务状况,并且是一个符合其合理需要和扩张愿望的机会,就可以说,机会在公司的经营范围之内。"①因百事可乐的糖浆配方将可扩展Loft 公司的营业,该机会与公司所合理预期的需要与发展相一致,所以争议的百事机会属于 Loft 公司的经营范围。

Guth 一案法院确立的"经营范围标准"所需要回答的问题是,一项商业机会是否是与公司现有的或潜在的商业活动密切相关并且必不可少,以至于取得机会的公司董事将与他所在的公司形成竞争。事实上,某一商业机会是否是属于公司经营范围内的机会,在概念上其实是难以回答的。因为经营范围标准不只包含公司现在从事的经营范围,还须考虑所有与公司经营范围密切相关,以及将来公司经营扩张上有潜在利益的业务,因此十分复杂且具有不确定性。② 如果商业机会与公司现有经营业务密切相关,当然属于公司机会。例如,在 CST, Inc. v. Mark③ 一案中,被告是一家广告公司的高级管理人员。公司的产品之一是一本旅游指南,指南作为一个补充广告随报纸分发。高级管理人员与报社谈判让他自己的公司制作指南修订版。修订版本被认为是一个公司机会。对于公司目前的经营范围,有法院提出可以根据公司公开宣布的商业目的来判断。如 Ostrowski v. Avery 一案法院认为:"公开宣布的商业目的标准是对经营范围标准的具体化。"④另外,Giulietti v. Giulietti 一案法院也指出:"根据公开宣布的商业目的标准,机会不必与公司当前的活动完全相同,仅仅要求有紧密的联系即可。"⑤

另外,经营范围的概念并不限于公司现存的经营范围,它的含义较为灵活。⑥ 为了满足经营范围标准,商业机会不一定在公司的现有活动的范围内,

① 〔美〕罗伯特・C. 克拉克:《公司法则》,胡平等译,中国工商出版社 1999 年版,第190~191 页。

② See Therese H. Maynard, Spinning in A Hot IPO—Breach of Fiduciary Duty or Business As Usual, *William and Mary Law Review*, Vol. 43, 2002, p. 2068.

③ CST, Inc. v. Mark, 360 Pa. Super. 303, 520 A. 2d 469 (1987).

④ Ostrowski v. Avery, 703 A. 2d 117, 122 (Conn. 1997).

⑤ Giulietti v. Giulietti, 784 A. 2d 905, 948 (Conn. App. Ct. 2001).

⑥ Solomon, Lewis D. , Schwartz, Donald E. , Bauman, Jeffrey D, *Corporations*:*Law and Policy*, West Publishing Co. , 1994, p. 801.

经营范围内的机会包括那些虽然超出了公司目前的活动范围,但公司在未来可能合理开发或扩展的机会。Guth 一案法院解释说:"在运用经营范围标准时,范围应被允许发展和扩大。"[1]在 Rosenblum v. Judson Engineering Corp 一案中,新罕布什尔州最高法院扩大了经营范围的定义,不仅包括公司目前的活动,而且包括公司未来预计要从事的与目前业务密切相关的活动。[2] 在 Kerrigan v. Unity Sav. Ass'n 一案中,法院认为公司在某一领域的具体能力可以被期望超越目前的经营。[3] 因为公司是动态的、发展的实体,如果将经营范围的定义限制于公司目前的活动就是要否认这一事实。[4]

因此,经营范围概念必须具有足够的灵活性,以包括可合理预见的扩张业务范围之内的机会。这是一个需由客观事实合理推论的事实问题。适用经营范围标准时,法院还要求机会与公司现有的或潜在的商业业务有着逻辑上的或合理的关系。机会与公司现有的或潜在的商业机会有着逻辑上的关系或合理的关系的标准在 Farber v. Servan Land Co 一案中被法院使用。终审法院首席法官 Tjofiat 指出:"这些事实表明,获得 Farquhar 土地的机会是符合公司目前重要目的以及远期政策的有利的机会,并且公司对该机会已有积极利益。"[5]在 Zidell v. Zidell 一案中法院认为,当机会与公司现有的商业机会没有逻辑上的关系时,机会就不是公司机会。[6] 通常被告的抗辩是,公司从来没有从事过该类业务或公司没有足够的资源来从事该类业务。这两个抗辩存在的问题是,如果机会是公司业务的逻辑延伸,那么机会就不一定必须在公司现有的业务范围之内。因此,如果一家销售汽车零部件的公司可能有机会扩展市

---

① Guth v. Loft, Inc., 5 A. 2d 514 (Del. 1939).

② Rosenblum 是涉及汽车制造车轮定位仪的封闭公司。四个董事股东中的三个,希望获得车轮平衡器生产许可证,设立一个独立的合伙,以生产和销售该设备。法院认定被告应对其不提供机会给公司的行为负责。Rosenblum v. Judson Engineering Corp., 99 NH 267, 109 A2d 558, 563 (1954).

③ Kerrigan v. Unity Sav. Ass'n, 317N. E. 2d 39, 43 (Ill. 1974).

④ See David J. Brown, When Opportunity Knocks: An Analysis of the Brudney and Clark and ALI Principles of Corporate Governance Proposals for Deciding Corporate Opportunity Claims, *The Journal of Corporation Law*, Vol. 11, 1986, p. 258.

⑤ Farber v. Servan Land Co. (1981), 662 F. 2d 371 At 378 (5th Cir.).

⑥ Zidell v. Zidell, Inc (1977), 277 Or. 423 at 427, 560 P. 2d 1091 at 1093: "The opportunity was that of purchasing the company's own shares. The company had no stated policy toward share repurchase."

场到一个新的领域销售汽车清洁产品，法院很可能认为这是一个属于公司的机会。但如果机会是从事飞机零部件销售，这种可能性就要小得多。根据大多数司法解释，经营范围标准将公司基于其目前的资产、信息、技能、人才，通过调整自己的业务可能去追求的任何机会纳入其范围内。

公司经营范围标准现在已成为认定公司机会的主导性标准。学者丘尔在1989年统计发现，Guth 一案是在公司机会判例中唯一被引用最多的判决。[①] 此外，除特拉华州外，美国几个主要的州目前都遵照 Guth 案阐明的经营范围标准（完全相同或者极为近似），其中包括加利福尼亚州、康涅狄格州、伊利诺伊州和俄亥俄州以及缅因州等。[②] 美国法学会和一些有影响力的学者都采纳了经营范围标准，这使其确立了理论上的主导地位。美国法学会《公司治理原则：分析与建议》规定了经营范围标准的改编版本："经营董事及高级经理不得为私利而利用他有理由知道是与公司目前或未来的经营业务密切相关的商业机会。"[③] 美国缅因州最高法院就在 Northeast Harbor Golf Club v. Harris 中直接采纳了美国法学会的规定。[④] 美国著名学者布鲁尼和克拉克也采纳了经营范围标准，只是对封闭公司有所限制，而主张无条件地禁止公开公司高级经理的外部商业活动，但对公开公司的外部董事有所放宽。[⑤]

尽管如此，在确定机会属于公司经营范围的普遍适用情形时，法院的意见似乎有很大不同，法院可能非常狭窄或非常广泛地解释经营范围标准。[⑥] 对于一些法院而言，这个领域非常小，只包括那些与公司现有业务有明显联系或

① See Pat Chew, Competing Interesting in the Corporate Opportunity Doctrine, *North Carolina Law Review*, Vol. 67, 1989, p. 455.

② 例如，Kelegian v. Mgrdichian, 39 Cal. Rptr. 2d 390, 393-94 (Ct. App. 1995); Katz Corp. v. T. H. Canty & Co., 362 A. 2d 975, 979 (Conn. 1975); Levy v. Markal Sales Corp., 643N. E. 2d 1206, 1214-15 (Ill. App. Ct. 1994); Hubbard v. Pape, 203 N. E. 2d 365, 368 (Ohio Ct. App. 1964).

③ See American Law Institute, *Principles of Corporate Governance*：*Analysis and Recommendations*, American Law Institute, 2004. §5. 05.

④ See Northeast Harbor Golf Club v. Harris, 661 A. 2d 1146, 1149 (Me. 1995).

⑤ Brudney, Clark, A New Look at Brudney, Clark, A New Look at Corporate Opportunities, *Harvard Law Review*, Vol. 94, No. 5, 1981, p. 998.

⑥ Robert Charles Clark, *Corporate Law*, Aspen Publishers, Inc., 1986, p. 228.

受信人将与公司目前的事业直接竞争的机会。[1] 其他法院则规定了一个更大的领域,按照潜在盈利和追求机会对公司是否呈现"实际利益",[2]或是否符合其未来的扩张和计划,[3]来判断其相似性。还有些法院将范围扩张得更大,只要公司在技术上及财务上有能力去追求并发展某一机会,该机会就属于公司机会,而不管公司利用该机会经济上的效益如何。[4] 因此,经营范围标准的最主要争议点即为,机会是否与公司目前或潜在的经营活动如此关系密切,以至于董事取得该机会,会与公司形成竞争。除了判例法,美国法学会的《公司治理原则:分析与建议》使用一个本质上折中的经营范围标准。其中第 5.05 条规定禁止董事或高级管理人员篡夺明知或应知公司有利益在其中的机会,以及高级管理人员应知与公司目前或未来业务密切相关的所有机会。[5] 美国法学会的折中做法现在已经被一些法院接受,或被其他法院引用支持其判决。[6]

---

① Castleman ex rel. Thorpe v. CERBCO, Inc. , 676 A. 2d 436, 443 (Del. 1996)—案法院指出:"一般来说,公司机会规则适用于董事和公司互相竞争的情形",而且"法院在判断公司机会时不必考虑经济上不合理的交易";Johnston v. Greene, 121 A. 2d 919 (Del. 1956)—案法院允许公司董事保留涉及公司业务范围的专利;Guth 案法院指出:"真正的问题是,机会是否与原告现有的业务范围活动如此密切联系和是否如此重要以至于使篡夺机会将使得公司高级管理人员与公司竞争。"See Guth v. Loft, 5 A. 2d 503, 513 (1939); Turner v. American Metal Co. , 50 N. Y. S. 2d 800 (App. Div. 1944)—案法院认为钼矿开采业务与经营铜、铅、锌、黄金、银以及熔化、提炼和销售这些金属的公司正在进行的业务并不密切相关,因而并不构成公司机会。Solimine v. Hollander, 16 A. 2d 203 (N. J. Ch. 1940)—案法院则驳回了对董事以个人身份行事而提起的派生诉讼。

② See David J. Greene & Co. v. Dunhill Int'l, Inc. , 249 A. 2d 427 (Del. Ch. 1968); Paulman v. Kritzer, 219N. E. 2d 541 (Ill. App. Ct. 1966) (采用特拉华州先例); Schildberg Rock Prods. v. Brooks, 140 N. W. 2d 132 (Iowa 1966).

③ Central Ry. Signal Co. v. Longden, 194 F. 2d 310 (7th Cir. 1952); Rosenblum v. Judson Eng'g Corp. , 109 A. 2d 558 (N. H. 1954).

④ Irving Trust Co. v. Deutsch, 73 F. 2d 121, 124 (2d Cir. 1934)—案法院实际上禁止董事从事任何机会。

⑤ American Law Institute, *Principles of Corporate Governance: Analysis and Recommendations*, American Law Institute, 2004. § 5. 05.

⑥ Northeast Harbor Golf Club v. Harris, 661 A. 2d 1146, 1149 (Me. 1995); Demoulas v. Demoulas Super Mkts. , 677N. E. 2d 159, 181 N. 36 (Mass. 1997); Derouen v. Murray, 604So. 2d 1086 (Miss. 1992); Klinicki v. Lundgren, 695 P. 2d 906, 917-20 (Or. 1985).

(二)分析讨论

经营范围标准被认为是利益或预期标准的放宽。[①] 虽然经营范围标准比利益或预期标准更有利于保护公司,但许多法院和学者批评该标准过于模糊。经营范围标准适用的前提是公司处于一个可确知的经营范围,或至少可以划定公司的经营活动领域。然而,这个前提很难成立。

首先,公司的经营范围可能是不确定的,并且在范围边缘模棱两可的机会将无法分类。在各国相继废除越权无效原则后,[②]如今的公司通常都是扩张主义者,[③]能够追求任何合法的商业机会。因此,除非法律对公司经营活动范围施加了实际限制,否则,按照经营范围标准,董事或高级管理人员所获悉的每一个机会,都可能属于扩张性的公司机会概念范围内。[④]

其次,在集团化时代,公司往往从事多元化经营,将其核心业务调整到跨越多个行业,而许多经营业务与其原来经营范围毫无关联。因此,界定公司的经营范围将十分困难甚至是不可能。事实上,如果一家公司的业务逻辑是为了谋求跨越任何行业和领域的盈利,审查其经营范围是空洞的分析,并且无法提供一个限制性的原则来界定公司的界限或机会。

学者也认为经营范围在概念上模糊并且在逻辑上混乱。[⑤] 布鲁尼和克拉

---

① 美国法学会认为《公司治理原则:分析与建议》没有明确引入"利益或期待"这个概念,是因为其中第 5.05 条第(b)款第(2)项已经包括公司计划开展的业务活动,这已经覆盖了"期待利益"这个概念。

② 根据越权原则(vires doctrine),公司没有法律权利进入其目的范围以外的交易,否则无效。然而,近年来英美纷纷废除该原则的适用。在美国,美国《示范商业公司法》(The Model Business Company Act)第 301 条、第 304 条以及 2000 年修订的《特拉华州普通公司法》第 124 条和 102 条第(a)款第(3)项明确规定不再适用该原则。在英国,越权原则逐步得以放宽,虽然英国公司仍然必须阐述公司目的,但 1985 年英国公司法将普通商业公司的目的界定为执行任何贸易或业务,并且进一步限制了公司和第三方援引越权原则的能力。这一表述被后来历次修订的英国公司法采用。

③ Struan Scott, The Corporate Opportunity Doctrine and Impossibility Arguments, *The Modern Law Review*, Vol. 66, No. 6, 2003, p. 858.

④ Struan Scott, The Corporate Opportunity Doctrine and Impossibility Arguments, *The Modern Law Review*, Vol. 66, No. 6, 2003, p. 852.

⑤ 丘尔教授认为由于传统的标准和最终的结果并不一致,这些法院往往不能对结果提供合乎逻辑的、理由充分的解释。他们改为按照常规精心说明事实,引用标准,并宣布他们的结论。See Pat Chew, Competing Interesting in the Corporate Opportunity Doctrine, *North Carolina Law Review*, Vol. 67, 1989, p. 466.

克指出:"在公开公司情形下,公司机会包括了获取并不比其他业务更差回报率和风险水平的有利可图业务的所有可能性。"[①]因此,如果公司未来的经营范围是无限的,那么对经营范围的审查是毫无意义的并且应该予以摒弃。[②]

另外,经营范围标准禁止董事从事公司可以调整其资源去追求的任何机会。Guth 案法院判定,百事可乐和 Loft 公司都在同一经营范围,因为 Loft 公司的工厂、设备、管理、人事和财务本来可以被充分调整来发展百事可乐机会。尽管软饮料批发和零售业务存在这些差别:使用不同的输出和输入、生产设施和分销渠道。但 Loft 公司具有足够的财力资源,几乎可以调整以适应任何其他多样化业务。因此,根据 Guth 案法院的适应性标准,几乎所有的机会都可推定属于公司。经营范围标准禁止董事追求任何竞争性机会很有可能限制市场竞争和侵害个人创业自由。[③] 如果严格遵守这一标准,实际上将排除董事独立从事任何商业活动,因为任何商业活动都可能归入公司的经营范围。[④]

举例来说,如果 Guth 决定在一个纸业公司投资,部分减少了 Loft 公司餐巾和吸管的开支,然后顺便推出了全国领导品牌的纸巾。依据 Guth 案的经营范围标准,这一机会同样应该属于 Loft 公司。另外,如果 Guth 节约了货物运输费用,即用来支付将货物从 Loft 公司的仓库运到其零售商店的运输费用,并将它发展成为一个在全国居于领导性地位的承运人,那么,依据 Guth 经营范围标准,这个业务也将是 Loft 公司的机会。但我们知道 Loft 公司在纸张制造或货运业务上,不可能有任何说得通的权利。

一些法院也对 Guth 案中经营范围标准的宽泛性提出了不同意见。在 Maxwell v. Northwest Industries, Inc. [⑤]一案中,原告声称,它有权从事高级管理人员遇到的任何收购,并指出"集团的经营范围边界是整个商业世界"[⑥]。

---

① Victor Brudney, Robert Clark, A New Look at Corporate Opportunities, *Harvard Law Review*, Vol. 94, No. 5, 1981, p. 1025.

② Michael Begert, The Corporate Opportunity Doctrine and Outside Business Interests, *University of Chicago Law Review*, Vol. 56, 1989, p. 839.

③ Pat Chew, Competing Interesting in the Corporate Opportunity Doctrine, *North Carolina Law Review*, Vol. 67, 1989, p. 458.

④ Pat Chew, Competing Interesting in the Corporate Opportunity Doctrine, *North Carolina Law Review*, Vol. 67, 1989, p. 455.

⑤ Maxwell v. Northwest Industries, Inc. , 339 N. Y. S. 2d 347 (1972).

⑥ Maxwell v. Northwest Industries, Inc. , 339 N. Y. S. 2d 355 (1972).

作为回应,法院选择适用预期标准限制公司机会的范围,这与特拉华州先例的结论一致:"一方面,拥有投资资金的公司在投资这些资金方面有普遍的利益;另一方面,这样的公司对董事以个人身份获得的每一个商业机会有特定的利益。这种公司机会规则全面笼统的外延并没有判决的支持,我们认为是不合理的。"①法院认为,"没有公司对可能出现的任何性质的所有业务都有优先进入权"。②

为了限制经营范围标准的宽泛性,法院在适用经营范围标准时经常用"距离"(Distance)来判断争议机会是否是在公司经营范围之内,即判断公司的运行机制和某一特定商业机会要求之间是否具有匹配性。③ 法院要确定的是,公司机会是否与公司现有的人力、财力和技术"相配合"而创造了某些极为有利的商业前景。使用此方法的法院认为其任务主要是评估公司调整其管理策略、生产技术、资本结构以适应机会的要求而产生的相对负担和障碍。④ 如果调整的成本过高,二者之间的"距离"达到一个临界值,则该机会就不在公司的经营范围之内。⑤ 美国公司法学者克拉克认为,这一方法似乎有明显的功利基础。因为经营范围标准不仅仅是一个概念分类,而且更是一个对经济效率简单但有效的审查。⑥ 那些需要过多调整公司基础架构的机会将是低效率的,对利用机会的公司可能并不有利。这样的机会对公司的损害可能远远超出获得的直接利益。它还可能危害公司的未来发展、股东的股本投资、公司债权人在债务偿还中的利益以及公司董事及雇员的继续雇佣。⑦ 因此,这样的商业机会即不属于公司的经营范围。

---

① Maxwell v. Northwest Industries, Inc. , 339 N. Y. S. 2d 355 (1972).

② Maxwell v. Northwest Industries, Inc. , 339 N. Y. S. 2d 355 (1972).

③ Talley & Eric, Turning Servile Opportunities to Gold: A Strategic Analysis of the Corporate Opportunities Doctrine, *Yale Law Journal*, Vol. 108, No. 2, 1998, p. 289.

④ See Balin v. Amerimar Realty, No. 12896, 1996Del. Ch. LEXIS 146, at 1 (Nov. 15, 1996); Miller v. Miller, 222 N. W. 2d 71 (Minn. 1974); Klinicki v. Lundgren, 695 P. 2d 906 (Or. 1985); Imperial Group, Inc. v. Scholnick, 709S. W. 2d 358 (Tex. Ct. App. - Tyler 1986).

⑤ See, e. g. , Balin v. Amerimar Realty, No. 12896, 1996Del. Ch. LEXIS 146, at 22 (Nov. 15, 1996).

⑥ Robert Charles Clark, *Corporate Law*, Aspen Publishers, Inc. , 1986, p. 227.

⑦ Delarme R. Landes, Economic Efficiency and the Corporate Opportunity Doctrine: In Defense of a Contextual Disclosure Rule, *Temple Law Review*, Vol. 74, 2001, p. 851.

这种经济效率审查虽然可以适用于资本额小、规模不大的中小型公司。然而,对于现今的大型公司与企业集团而言,与公司现行经营范围一致的机会并不必然较一个全新的投资开发更有获利的可能。法院对于在大型公司中如何限制经营范围标准的宽泛性仍然没有找到恰当的解决之道。[1]

三、公平标准(Fairness Test)

(一)公平标准的提出

马萨诸塞州最高法院在 Durfee v. Durfee & Canning, Inc. [2] 一案中提出认定公司机会的另一种标准:公平标准。根据 Durfee 一案,公司机会规则的真正基础是当公司利益寻求正当保护时,公司董事或官员获得机会的不公平性。这就要求在特定的一系列事实中应用公平和公正的道德标准。[3] 依此标准,当公司请求保护利益时,判断是否为公司机会的标准,是视董事利用此一机会的特定事实是否公平。因此,此标准实为道德标准的适用,评价特定事实对公司是否公平以及正当。[4]

法院在适用这一标准时,所面临的最大挑战是,到底什么才是对公司"公平"。然而,法院没有具体指明什么构成"公平"。被告使用公司资源,公司没有财力开发机会,董事充分披露机会后公司的默许,可能都是相关因素。Durfee 一案法院仅仅是参考和引用了当时知名学者白兰庭的著作《白兰庭公司法》(Ballantine on Corporations)书中列举的判断"公平"的各种因素。首先是机会和公司之间的关系,包括机会对公司是否有特殊价值,不论公司是否正在积极对机会进行谈判和追求,公司的财务状况能否利用机会,以及受信人是否将与公司处于相冲突和敌对的立场。其次是关于受信人和机会之间的关系,包括受信人是否因其公司身份收到机会,受信人是否被公司指派追求机会,受信人在获悉或发展机会过程中是否使用公司的资源,以及受信人是否打

---

① Brudney, Clark, A New Look at Brudney, Clark, A New Look at Corporate Opportunities, *Harvard Law Review*, Vol. 94, No. 5, 1981, p. 1025.

② Durfee v. Durfee & Canning, Inc., 80 N. E. 2d 522 (Mass. 1948).

③ Durfee v. Durfee & Canning, Inc., 80 N. E. 2d 529 (Mass. 1948).

④ Richard H. Glucksman, Craig A. Roeb, Recent Developments in Corporate Director and Officer Liability and Liability Insurance, http://www.cgdlawyers.com/viewart. asp? article_id=20,下载日期:2008 年 11 月 25 日。

算将机会转售给公司。①

虽然这提供了法院可能会考虑的一些因素指标,但公平标准没有指明哪个因素最为重要,公司机会是否存在的最终判决是根据个案的具体事实和情况作出的。正如 Broz v. Cellular Information Systems,Inc.②一案法院所阐述的:"这一规则的轮廓是众所周知的。然而必须指出的是,虽然 Guth 一案和随后的案件所阐述的标准给法院提供了在衡平具体案件时考虑的指引性因素,但在适用时没有一个因素是决定性的,所有因素都必须考虑到。篡夺公司机会的案件涉及众多的事实背景,很难制定硬性规定来应付如此一系列的复杂情况。正如本法院在 Johnston v. Greene 一案指出的,确定董事是否为自己篡夺在公平上应该属于公司的机会,是一个从客观事实合理推理才能确定的事实问题。"③

公平标准在 Maryland Metals,Inc. v. Metzner④ 一案中得到了完全的支持:"根据公司机会规则,公司官员不得为自己挪用从公平而言应该属于公司的机会。"⑤虽然这一标准经常被用来判断公司机会是否存在,但它很少以纯粹的形式适用,一般是与其他标准结合使用。⑥

（二）分析讨论

与经营范围标准一样,公平标准可能会禁止董事篡夺公司现有的或潜在的任何活动。因此,当法院采用这种方法判断哪些机会是公司机会时,首先遇到的就是精确阐明"对公司公平"含义的问题。然而,采取该标准的法院一直无法清楚界定公平标准的实质范围。他们所做的常常仅是重复地将现存的其他标准所提出的原则加以整理而已,但这种做法收效甚微。一些法院指出,公

---

① Durfee v. Durfee & Canning, Inc. , 80 N. E. 2d 529 (Mass. 1948). See Ballantine, Ballantine On Corporations (Rev. ed.), Callaghan, 1946, p. 206. See Pat Chew, Competing Interesting in the Corporate Opportunity Doctrine, *North Carolina Law Review*, Vol. 67, 1989, p. 461.

② Broz v. Cellular Information Systems, Inc. , 673 A. 2d 148 (Del. 1996).

③ Broz v. Cellular Information Systems, Inc. , 673 A. 2d 155 (Del. 1996). 本案法院的这段话引自 Johnston v. Greene, 121 A. 2d 919, 923 (Del. 1956)一案的判词。

④ Maryland Metals,Inc. v. Metzner, 382 A. 2d 564 (Md. 1978).

⑤ Maryland Metals,Inc. v. Metzner, 382 A. 2d 572 (Md. 1978).

⑥ Framework for Analysis in an Attempt to Restore Predictability, *Delaware Journal of Corporate Law*, Vol. 24, 1999, p. 460.

平概念无法确切定义。[1] 有法院甚至认为,公平标准相较于 Guth 案所提出的经营范围标准,更缺乏一个有原则的内涵,对于衡量公司董事责任范围几乎没有提供任何实践上的指引。[2]

另外,学者在收集分析权威案例后指出,详细定义公平的努力似乎是在倡导司法诡辩和灵活性,因为董事或高级管理人员是否为自己篡夺从公平角度而言应该属于公司的机会,是一个由客观事实合理推断所决定的事实问题。特定案例的判决结果,取决于具体事实和指控构成违反公司机会规则的特定诉讼理由。[3] 法院也很难阐明公平理论作为受信人义务的基本前提,因此一些公司法学者认为"公平"概念的程序意义大大胜于其实质性意义。[4] 这一标准使得公司机会成为"公平、正义"的载体,在理论上几近完美,但在司法实践中的可操作性却不尽如人意。即使法院可以阐明公平的实质性意义,但制定一个易掌握和可靠的理论又是一个新的难题。由于这些缺陷,学者和法院都表示,公平标准适用于公司机会规则时只会把水搅得更浑,[5]给本已十分模糊的规则增加了新的混乱,[6]并且没有提供可预见的行为指导。[7] 因此,公平标准在法院系统和学者之间的影响不大。

[1] Shlensky v. South Parkway Bldg. Corp., 166 N. E. 2d 793, 801 (Ill. 1960).

[2] 这是缅因州最高法院在 1995 年一个重要的案例 Northest Habor Golf Club, Inc. v. Harris, 661 A. 2d 1146 (Me. 1995)中提出的见解。See Harvey Gelb, The Corporate Opportunity Doctrine: Recent Cases and the Elusive Goal of Clarity, *University of Richmond Law Review*, Vol. 31, 1997, p. 378.

[3] Annotation, Fairness to Corporation Where "Corporate Opportunity" Is Allegedly Usurped by Officer or Director, *American Law Reports*, 4th, Vol. 17, No. 2, 1996, p. 479.

[4] Lawrence E. Mitchell, Fairness and Trust in Corporate Law, *Duke Law Journal*, Vol. 43, 1993, p. 426.

[5] Robert Charles Clark, *Corporate Law*, Aspen Publishers, Inc., 1986, p. 229.

[6] Northeast Harbor Golf Club, Inc. v. Harris, 661 A. 2d 1146, 1149-50 (Me. 1995); Victor Brudney, Robert Clark, A New Look at Corporate Opportunities, *Harvard Law Review*, Vol. 94, No. 5, 1981, p. 998.

[7] Pat Chew, Competing Interesting in the Corporate Opportunity Doctrine, *North Carolina Law Review*, Vol. 67, 1989, p. 462.

四、两步分析标准(Two-Step Analysis)

对于前面所讨论的认定公司机会的三个标准,美国明尼苏达州最高法院在 Miller v. Miller 一案中评价了它们在适用时所遇到的困难:"为寻找一个能够确定不法篡夺机会行为的包容一切的或决定性的标准,我们已经搜索了所有判例法和评注,但毫无所获。我们发现公司机会规则是不能够精确定义的。相反,法院似乎根据每个具体案件的事实和情况禁止或允许公司董事利用商业机会,并从三个标准中选择一个或一个以上适用。"[①]因此,明尼苏达州最高法院在 Miller 案中提出了认定公司机会的第四个标准,即,将经营范围标准和公平性标准灵活结合的两步分析法(Two-Step Analysis)。

在 Miller v. Miller 案中,Miller Waste 是一家制造工业用的废物擦拭布的废品公司,被告是公司的经营董事。被告在短短十多年内私自建立和发展了 5 个独立于原来公司的产业。其中几个成长为数百万美元的公司,Miller废品公司通过与董事另外设立的公司间的协议获得了很大的利润。法院最终驳回了原告的诉讼,认为董事确实利用了公司商业机会,但利用行为是公平的。[②] Miller 一案法院指出董事是否须为其利用原本属于公司的机会而负责的判断标准,包含两个步骤的分析。

第一步要判断的问题是,商业机会是否是公司机会,也即该机会是否与公司既存或发展中的事业具有密切关系,以至于法院会禁止董事为个人利益而利用。这一步主要利用经营范围标准来判断,并配合其他因素综合判断,例如该机会与公司经营目的及现有事业的关系,是为不可或缺,或者仅是向往(Merely Desirable)的利益?公司本身是否具有基本的认识、实际上的经验、设备、人员以及能力去实现该机会?若是该机会与公司现存或是发展中的事业没有任何逻辑上或其他合理的关系,或是公司本身欠缺经济上或是技术上的能力去追求机会,则该机会在法律上就会被认为不属于公司机会。如果一个商业机会不被认为是公司机会,且没有欺骗或是破坏信义义务的情况,则董事并不会因为获得该机会而负有责任。然而,如果该机会属于公司机会,但证据显示该董事获得机会没有违反其对公司的忠实义务(Duty of Loyalty),符合善意(Good Faith)及公平交易(Fair Dealing),那么责任也不应该加诸在董

---

① Miller v. Miller, 222 N. W. 2d 79-80 (Minn. 1974).
② Miller v. Miller, 222 N. W. 2d 71 (Minn. 1974).

事身上。

第二步就是要最终决定董事的责任,必须对董事获取机会的时间、过程等作详细的考虑。如该机会是针对董事身为董事的职位还是针对其私人身份所提出,是否向董事会或股东会事先披露该机会以及董事会和股东会的反应如何,是否在获取机会过程中利用公司的设备、财产或人力,董事个人利用机会是否会使公司受到伤害? 这一系列的问题实际上是对 Durfee 一案中提出的"公平因素"的考虑。法院考虑了多种因素,特别是本案被告与公司的交易是公正的,被告以诚信履行了其公司义务。[①] 法院认为受信人不仅没有过分的行为,而且对公司投入了最大努力,比如通过长时间工作发展新的业务、公司需要时给其贷款、按照对公司有利的条件来实施公司和独立公司之间的所有商业交易。他们甚至成立独立公司专门购买公司的产品。[②] 此外,没有任何公司的资源被用来发展被告自己的业务。法院认为其判决依据的有关因素是,被告显然勤奋地履行其对公司的基本职责,他们没有通过不公平的协议或利用公司资源来损害公司。[③] Miller 一案法院最终判定被告不用承担法律责任。

简言之,Miller 案的两步标准,第一步是确定一个机会是否是公司机会。其判断依据是通过考虑这一机会是否与公司现有的或预期的经营有足够的相关性,从而确定这一机会是否属于公司经营范围。如果是这样的话,那么第二步再审查确定董事等经营者利用机会是否违反对公司的忠实义务和公平交易义务。[④] 第一步的举证责任由主张该董事不当取得机会的原告承担,第二步的举证责任则由取得该机会的董事承担。如果经判断后,该机会不属于公司机会,则公司董事利用该机会就不须负责。如果该机会经证明虽属于公司机会,但证据显示,董事利用该机会并不违反忠实及对公司公平的信义义务,则仍不须负责。因此,两步分析法明确承认存在公司机会是决定公司机会是否被篡夺的必要条件,但不是充分条件。Miller 一案法院认为:"如果机会被确认是公司机会,但当有证据证明董事利用公司机会没有违反其信义义务时,就不应该将责任强加在他们头上。"[⑤]

---

① Miller v. Miller, 222 N. W. 2d 82-83 (Minn. 1974).

② Miller v. Miller, 222 N. W. 2d 83 (Minn. 1974).

③ Miller v. Miller, 222 N. W. 2d 83 (Minn. 1974).

④ Miller v. Miller, 222 N. W. 2d 81 (Minn. 1974).

⑤ Miller v. Miller, 222 N. W. 2d 81 (Minn. 1974).

明尼苏达州法院的两步分析方法一直以来饱受批评。批评者认为:"这是将具有不确定性又含糊的公平性标准,建构在基础薄弱的经营范围标准之上。"[①]缅因州最高法院在 Northeast Harbor Golf Club. v. Harris[②]一案指出两步分析标准的不足之处:"Miller 一案法院采用这种方式试图改善公司机会规则的含糊性,以便公司管理层能够免受不可预知的法律责任危险。事实上,Miller 一案采用的标准只是通过运用公平标准的不确定性和含糊性,将经营范围标准的弱点推向顶峰。"[③]毫无疑问,Miller 一案法院是希望能够尽可能多地把影响公司机会诉讼的事实因素考虑在内,从而丰富董事不得篡夺公司机会的信义义务内容。但在诉讼上,越多的衡量标准往往意味着越大的不确定性。Miller 一案法院采用的两步分析法只不过是将经营范围标准和公平标准进行改造和整合,并不比它所拒绝采用的标准更好。而且这种整合似乎也存在逻辑上的问题,如果在第一步中已经确定了商业机会属于公司,董事便无权获取该商业机会。董事私自利用该机会,即违反了对公司的忠实义务,其行为本身即为不公平,没有必要再通过公平标准来考虑董事是否应该承担责任。所谓的公平因素应该在第一步确定公司机会时加以考虑,而不是人为地强制挪到第二步单独考虑。因此,两步分析法相较于前三个标准似乎并没有新的发展。

五、《公司治理原则:分析与建议》的事前披露标准

(一)《公司治理原则:分析与建议》的规定

由于美国实务界对于公司机会的认定所采取的标准各不相同,为了解决这一问题以及提升公司治理,美国法学会在其 1994 年修订的《公司治理原则:分析与建议》第 5.05 条第(b)款规定:"公司机会是指:(1)董事或高级管理人员所知悉的从事商业活动的任何机会,而董事或高级管理人员是通过下列任一方式知悉该商业活动:(A)由于其履行董事或高级管理人员职务而知悉,或在特定的情形下而知悉,且该情形将可使该董事或高级管理人员合理相信,该机会提供者预期将该机会提供给公司;或(B)因使用公司信息或财产而知悉,

---

① Harvey Gelb, The Corporate Opportunity Doctrine: Recent Cases and the Elusive Goal of Clarity, *University of Richmond Law Review*, Vol. 31, 1997, p. 379.

② Northeast Harbor Golf Club. v. Harris, 661 A. 2d 1146 (Me. 1995).

③ Northeast Harbor Golf Club. v. Harris, 661 A. 2d 1150 (Me. 1995).

且可合理预期董事或高级管理人员相信该机会将对公司有利。或(2)高级管理人员所知悉的从事一项商业活动的任何机会,而该机会与公司正在从事或预期从事的商业活动密切相关。"①

《公司治理原则:分析与建议》第 5.05 条第(b)款第(1)项仅仅适用于高级管理人员和不担任高级管理人员的董事。在第 5.05 条第(b)款第(1)项第(A)目中,包含了两种情形,其一是因履行职务所知悉的,其二是合理预期机会是提供给公司的。在第一种情形下,将公司机会看待成董事或高级管理人员于履行职务时得知的机会,且该机会对董事而言是有能力可取得,并有益于个人利益。第二种情形,就是在机会被提供时,董事可以合理相信该机会是为了提供给公司而不是给他个人。因此,判断焦点应放置于一个处在相同情形、相同职位的合理的人,认为该机会是提供给公司还是个人。董事在判断该机会是否要提供给公司时,有询问机会提供者的合理义务,以确定该机会是否本欲提供给公司的。《公司治理原则:分析与建议》第 5.05 条第(b)款第(1)项第(B)目规定因使用公司信息或财产而知悉,且可合理预期董事或高级管理人员相信将对公司有利的机会,应为公司机会。此条适用于董事或高级管理人员利用公司资产或信息而取得个人经济上利益的机会。根据这一规范,在全职的高级管理人员的情形下,利用公司职位并在工作时间去取得个人金钱上的利益,将会被包含在考量是否取得公司机会的相关事实之中。② 如果董事或高级管理人员所利用的专利权或营业秘密属于公司财产,则应该认为是使用了公司的财产。而在 Guth 案中,只要利用公司财产所产生的信息均应该

---

① American Law Institute, Principles of Corporate Governance: Analysis and Recommendations, American Law Institute, 2004. § 5. 05 (b): "Definition of a Corporate Opportunity-For purposes of this Section, a corporate opportunity means: (1)Any opportunity to engage in a business activity of which a director or executive becomes aware, either: (A)In connection with the performance of functions as a director or senior executive, or under circumstances that should reasonably lead the director or senior executive t believe that person offering the opportunity expects it to be offered to the corporation; or (B) Through the use of corporate information or property, if the resulting opportunity is one that the director or senior executive should reasonably be expected to believe would be of interest to the corporation. (2)Any opportunity to engage in a business activity of which a senior executive becomes aware and knows is closely related to a business in which the corporation is engaged or expects to engage. "

② American Law Institute, *Principles of Corporate Governance: Analysis and Recommendations*, American Law Institute, 2004. § 5. 04.

属于公司的机会,并无合理相信该公司机会将对公司有利这一要件限制。根据本条规范,公司机会的范围将小于 Guth 案所提出的标准。

《公司治理原则:分析与建议》第 5.05 条第(b)款第(2)项实际上借鉴了 Guth 一案所提出的经营范围的概念,但其仅仅适用于高级管理人员所知晓的,与公司现有业务或者将来业务紧密相关的机会。《公司治理原则:分析与建议》所指的公司经营范围,不但包括公司现存的活动,而且包括公司考量中或者准备中的活动。因为适用的范围扩及公司之后可能做的业务,并建立了一个较为灵活的标准供特殊案件适用。Lagarde 一案判决将公司机会适用于公司有利益或者预期的契约权力、财产或者商业活动,但《公司治理原则:分析与建议》并没有将"利益或者预期"明显体现在文字中,因为本条的内容已经将此概念涵盖其中。换言之,只要是高级管理人员有所认知的,与公司目前或预期的业务有密切关联的商业活动,即可认定为公司机会,高级管理人员是否利用公司财产或时间来发展该机会并非必要条件。

由构成公司机会的要件看来,美国法学会对于公司机会的定义十分广泛。只要与公司从事的营业有密切关系的机会,以及受信人因其公司的职位而发生的机会都包含在内。虽然美国法学会对于公司机会的范围下了一个较广泛的定义,但另一方面,美国法学会的《公司治理原则:分析与建议》又允许公司董事或高级管理人员在符合一定要件下,可以利用公司机会。根据《公司治理原则:分析与建议》第 5.05 条第(a)款,①董事及高级管理人员不得利用公司机会,除非:(1)董事或高级管理人员先向公司提出该公司机会,并披露关于利益冲突及公司机会的情形;(2)公司拒绝该公司机会;且(3)符合下列任一情形:(A)拒绝该机会对公司而言是公平的;(B)依据商业判断规则标准,于披露后,该机会已由无利益冲突董事事前授权或核准;在未担任董事的高级管理人员情形下,则已由无利益冲突的上司事前授权;(C)经披露后,该拒绝已获无利益冲突股东事前授权或核准,且该拒绝并不构成浪费公司资产。

由此可见,《公司治理原则:分析与建议》中的公司机会规则重点在于,董事利用公司机会之前必须充分披露,并对公司机会的认定标准采取选择适用的方式,使得公司机会的认定更具有灵活性。

(二)分析讨论

对于《公司治理原则:分析与建议》规定的公司机会判断标准,美国学说上

---

① American Law Institute, *Principles of Corporate Governance: Analysis and Recommendations*, American Law Institute, 2004. § 5.05 (a).

也多有批判。比如在公司机会的判断上，并没有区分在公开公司与封闭公司适用不同的标准。[①] 另外，虽然《公司治理原则：分析与建议》第 5.05 条第（b）款第（2）项仅适用于高级管理人员，其规范目的是将经营范围标准具体化，但第 5.05 条第（b）款第（1）项第（B）目仍会受到经营范围标准的影响，即在判断董事或高级管理人员是否会合理相信该机会对公司有利益时，经营范围内的商业活动被认为对公司有利的可能性是较高的。从第 5.05 条第（b）款第（1）项第（B）目的文字来看，似乎是利益或期待标准的体现，但事实上它比利益或期待标准更狭窄，因为另外还要符合董事或高级管理人员合理地相信该机会对公司有利益的要件。虽然第 5.05 条第（b）款第（1）项第（B）目受到这样的限制，但在《公司治理原则：分析与建议》整体规范下，利用公司职位、信息、财产的部分，可以通过第 5.04 条利用公司财产、重要未公开信息及公司职位的规范来补足。然而，本条规定的结果，仍会使得法院在适用利益或期待标准与本条判断公司机会时，出现前者范围大于后者的差异性。

《公司治理原则：分析与建议》允许公司的受信人在不危及其忠实义务的情形下，可以追求个人的商业利益。这一标准看起来类似于明尼苏达州法院在 Miller 案中所提出的标准，但两者还是有所不同。《公司治理原则：分析与建议》强调的是事前的披露程序，由董事事前将此机会以及其中的利害冲突情形报告于董事会或股东会，然后由无利害关系的董事或股东来决定公司是否要取得该机会。如果公司拒绝，董事就可为自己的利益而利用该机会。此一规定较为合理，且较为清楚明了。[②] 因为一旦董事对于是否属于公司机会的情形判断错误，则利用该机会的董事将会违背对公司的信义义务，并且须将其所受利益归还给公司。而在公司机会判断标准如此模糊，甚至连法院都有不同见解的情形下，要求董事去做这一判断实在强人所难。因此最好的方法应该就是如《公司治理原则：分析与建议》规定的方式，先将公司机会的情形作一个宽泛的界定，避免规范的范围太狭隘，然后再要求董事凡是要利用公司机会时，须事先向董事会或股东会报告，由无利害关系的董事或股东合理判断后，

---

① David J. Brown, When Opportunity Knocks: An Analysis of the Brudney and Clark and ALI Principles of Corporate Governance Proposals for Deciding Corporate Opportunity Claims, *The Journal of Corporation Law*, Vol. 11, 1986, p. 267.

② 目前有些法院采取美国法学会所提出的方法，如缅因州、密西西比州、奥勒冈州及田纳西州。但也有法院拒绝采用美国法学会的方法，如康乃迪克州最高法院认为，判断公司机会争议案件应从各种角度考量各种因素，而不应单纯从有无向董事会或股东会披露来决定。

才决定该董事是否可利用该机会。这不但可保障公司的利益,而且可使董事避免因判断错误所带来的责任。

六、评析

在美国,公司机会规则由州法调整。[①] 虽然美国特拉华州的公司机会认定标准对其他州产生了深远的影响力,然而,各州法院在正式规则及其解释和适用方面仍然存在相当多的变化。不同的州在适用公司机会规则时往往根据具体事实侧重考虑不同的因素,导致法院的各个判例之间常常彼此难以兼容且相互矛盾。例如,对于公司机会的领导性案例——Guth 案,法院也采用不同的技术限制经营范围标准的扩张。许多法院一直在试图改变、合并和补充传统的标准。[②] 在这方面经营范围标准和利益或预期标准的混合似乎尤为明显,例如,特拉华州最高法院在 Broz v. Cellular Info, Sys 一案的判决中认为,考虑评价案件的每一个事实和情况时,公司的经营范围和利益或预期都可作为认定公司机会时适用的标准。[③] 特拉华州法院在 Beam v. Stewart 一案中甚至认为:"在应用公司机会标准时,没有任何一个因素是决定性的。相反,当它们适用于特定案件时,法院必须平衡所有因素。"[④]虽然法院都主张有关公司机会的法律应该是明确和可预测的,[⑤]但是各州案例提出的判断公司机会的标准却不是很精确,需考虑的因素不仅在数量上而且在实质内容上都有很大不同。

从总体上而言,当代的美国公司机会认定标准并不像有的学者归纳的是"越来越严格"[⑥],而是随着公司机会的判断标准和因素越来越多,不确定性也

---

① 在美国,公司法是以州立法为基础的。每个公司都要遵守注册所在州的公司法。公司内部事务的治理问题,包括董事义务的规则,大部分都由州法调整。

② Talley, Eric, Turning Servile Opportunities to Gold: A Strategic Analysis of the Corporate Opportunities Doctrine, *Yale Law Journal*, Vol. 108, 1998, p. 295.

③ Broz v. Cellular Info. Sys. , 673 A. 2d 148, 155 (Del. 1996). 然而,有趣的是,特拉华州法院适用的利益或预期标准的概念似乎比先前更宽,它无须涉及现行合同的权利。

④ Beam v. Stewart, 833 A. 2d 961, 972 (Del. Ch. 2003).

⑤ Broz 一案法院指出确定性和可预测性是我们公司要追求的价值,See Broz v. Cellular Information Systems, Inc. , 673 A. 2d at 159;Beam 一案法院也指出特拉华州判例支持确定性和可预测性。See Beam v. Stewart, 833 A. 2d 974.

⑥ 张开平:《英美公司董事法律制度研究》,法律出版社 1998 年版,第 273 页。

越来越大。美国的公司机会规则仍然像学者克拉克在 30 年前所指出的,是"在所有的公司法律规则中最不令人满意的分支"[1]。运用时的含糊不清、前后矛盾仍然是美国公司机会规则的特点。[2] 还有学者认为美国公司机会规则令人难以捉摸,充满了难以辨认的个案差别,导致人们难以预测规则的具体要求。在所有确保受信人忠实的治理手段中,公司机会规则在许多方面是最复杂和最混乱的。[3] 甚至有学者认为要总结出当今公司机会规则的一种清楚表达几乎是不可能的。[4] 这其中主要原因是法院追究行为人篡夺公司机会的责任时,往往根据每个案件的事实情况作出不同的判断。法院、律师和行为人都面临着无数非常特殊的事实判断模式。由于判例之间微妙的区别,规则充满了各种例外,我们很难将这些案件规则组织成一个连贯的体系。根据目前的判例法,公司的董事及高级管理人员还不知道何时可以为个人利益利用公司机会,何时必须首先将机会提供给公司,法院的判决几乎没有为行为人提供非常有用的行为指导。[5] 针对公司机会法律的混乱局面,有学者呼吁,各州应该采用清晰、统一的成文法,给行为人提供司法上可预测的外观。[6]

然而,美国的公司机会认定标准虽然看似混乱不堪,但还是表现出以下几方面的特点。首先,美国公司机会规则以董事对公司的忠实义务为基础,判断所争议的商业机会是否"属于"公司机会。美国公司机会规则也因其对公司机会的所有权式认定而被学界称为审判公司机会案件的"所有权原则"(Owner-

---

[1] Victor Brudney, Robert Clark, A New Look at Corporate Opportunities, *Harvard Law Review*, Vol. 94, No. 5, 1981, p. 998.

[2] William, A New New Look at Corporate Opportunities, http://ssrn.com/abstract=446960, 下载日期:2009 年 10 月 16 日。

[3] Talley Eric, Complexity in Corporate Governance: the Case of Corporate Opportunities, http://www.oecd.org/corporate/corporateaffairs/corporategovernanceprinciples/2484797.pdf, 下载日期:2009 年 8 月 5 日。

[4] Victor Brudney, Robert Clark, A New Look at Corporate Opportunities, *Harvard Law Review*, Vol. 94, No. 5, 1981, p. 998.

[5] Stephen M. Bainbridge, Rethinking Delaware's Corporate Opportunity Doctrine (November, 062008), http://ssrn.com/abstract=1296962, 下载日期:2009 年 5 月 26 日。

[6] Matthew R. Salzwedel, A Contractual Theory of Corporate Opportunity and a Proposed Statute, *Pace Law Review*, Vol. 23, 2002, p. 83.

第三章 篡夺公司机会行为的判断标准

121

ship Principle)。① 这一原则直接询问:在董事和公司之间,机会属于谁?为此,法院提出了认定公司机会的一系列标准,如 Lagarde 案的利益和预期标准、Guth 案的经营范围标准、Durfee 案的公平标准以及 Miller 案的两步分析法等。如果法院根据所采用的标准判定机会属于公司,董事就不得私自利用公司机会,否则必须承担法律责任。其次,美国法院和美国法学会都阐述了许多标准和因素来确定受信人是应该放弃一个商业机会,还是可以自由地利用它。虽然这些标准和因素的应用在州与州之间各不相同,但某些因素在大多数州是共同的,比如公司与机会是否有先前联系;机会对公司是否是至关重要的;公司是否有能力承担机会;以及公司是否已同意该交易;等等。最后,美国的公司机会认定标准之所以看起来混乱,是因为法院十分关注公司机会案件的具体情形和特定情形,这也体现了美国公司机会规则的灵活性特点。这一点在 Broz 一案中得到强调,该案法院指出:"重要的是,Guth 一案和随后的案件中所阐述的标准提供指引,由二审法院考虑具体案件的公正。在实际运用中,没有哪个因素是决定性的,所有事实都必须考虑到。"② 据此,即使某个商业机会属于 Guth 所指的经营范围,并不当然就属于公司机会,这已在很多案件中得到宣示。法院关注的是具体案件特定情形的公平和正义,而非"一刀切"式呆板的标准。

第二节 英国篡夺公司机会行为的
判断标准及其评析

一、利益冲突标准

与美国法不同,英国法并不关注机会是否属于公司机会,而是将重点放在公司董事对公司负有的忠实义务上。忠实义务的推论是公司董事不得将自己置于个人利益与公司的利益冲突或可能发生冲突的位置。因此,公司拥有利

---

① David Kershaw, Does it matter how the law thinks about corporate opportunities?, *Legal Studies*, Vol. 25, No. 4, 2005, p. 534.

② Broz v. Cellular Information Systems, Inc., 673 A. 2d 148, 155 (1996).

益的机会不能被董事个人利用，因为这会导致个人利益和公司利益的冲突。如果董事利用这样的机会，将被认为存在篡夺公司机会的行为，公司可要求董事交出由此产生的任何利润。这就是学者所称的"利益冲突标准"①。这一原则主要关注公司利益、董事利益以及它们之间现实或潜在冲突的程度，英国公司机会问题的实例性规则就是围绕这一方法而展开的。

（一）禁止获利原则（No-Profit Principle）

禁止获利原则是英国公司机会案件适用利益标准的一个非常严格的衡平原则，这一原则禁止董事在担任董事职务过程中以及由于其董事职务而赚取私人利润，否则即被视为与公司利益发生冲突。英国应用这一原则的典型案件主要有 Keeeh v. Sandford 和 Regal（Hasting）Ltd v. Gulliver 两案。

1. Keeeh v. Sandford② 案

禁止获利原则最早可以追溯到 280 多年前英国的 Keeeh v. Sandford 一案。该案基本案情是：委托人租赁了某市场，并将其租约设立信托。受托人为新的承租人，并将该市场转租出去，从中获得租金差价收益。受益人为委托人的未成年孩子。租约期满前受托人代表信托申请续签租约，遭到出租人拒绝。理由是不可以强制未成年人执行承诺。随后，受托人为自己利益申请租约，获得出租人的同意。未成年人提出诉讼，要求受托人把租约转让给自己，并且主张自己对利润享有权利。

主审法官金勋爵（King）在发现受托人为自己的利益续租后，指出责任规则应严格执行，而不能有丝毫放松。③ 最后，法院裁定未成年人胜诉，并对受托人施加拟制信托，因为受托人是为受益人的利益而占有租赁所得利润。该案所确立的一条基本原则是：除非委托人明示同意，受托人不得利用其地位谋利。这一原则被确立为受托人法律责任的传统立场，它塑造了两个多世纪以来受托人忠实义务的基础。④ 这一原则的根据主要在于其预防性功能：如果允许受托人为自己的利益获得该项租约，受托人就不会努力为信托争取续签

---

① David Kershaw, Does it matter how the law thinks about corporate opportunities, *Legal Studies*, Vol. 25, No. 4, 2005, p. 534.

② Keeeh v. Sandford (1726) Sel. Cas. Ch. 62.

③ Keeeh v. Sandford (1726) Sel. Cas. Ch. 62.

④ John Lowry, Rod Edmunds, Corporate Opportunity Doctrine: the Shifting Boundaries of the Duty and its Remedies, *Modern Law Review*, Vol. 61, No. 7, 1998, p. 516.

租约。^①

Keech 一案虽然是一个发生在信托中的案例,但早期英国法将公司董事也当成受托人,因此 Keech 一案确立的禁止获利原则被大量应用于公司机会的案例中。^② Keech 一案也被称为是公司机会规则的渊源。^③ 自此,禁止获利原则逐渐成为英国法院追究公司董事责任的基本原则。

2. Regal(Hasting) Ltd v. Gulliver^④ 案

Regal(Hasting) Ltd v. Gulliver 一案为英联邦关于公司机会的领导性案件。^⑤ 在该案中,Regal 公司在 Hastings 拥有电影院,并且希望获得当地另外 2 个电影院,以促进作为整体事业的销售。因此,他们成立了一个附属公司 Hasting Amalgamated Cinemas Ltd(以下简称 HAC),以便租赁其他两个电影院。然而,电影院的所有人却提出,如果要其将电影院出售给 HAC 公司,则必须由公司的董事对购买款项提供个人担保,或者 HAC 公司的实缴资本达到 5000 英镑。但是,Regal 公司只能拿出 2000 英镑投入 HAC,无法提供电影院业主要求的 5000 英镑资本。并且,董事们也不愿意为 HAC 提供个人担保,而是同意以每股一英镑的价格购买 HAC 公司的股份。公司董事会议决定,公司将认购 HAC2000 英镑的股份,另外的 3000 英镑的股份由董事及公司律师来认购。后来,Regal 公司放弃了实际出售电影院的计划,改为出售在 Regal 和 HAC 公司中所有股份。董事及公司律师每股取得 2.16 英镑的利润。Regal 公司的收购方提起诉讼,认为董事及律师违反信义义务取得利润,必须向公司交账还款。

---

① P. Birks, *An Introduction To The Law Of Restitution*, Clarendon Press, 1989, pp. 332~333.

② 下列关于公司机会的重要案件都认可并应用了 Keech 一案的禁止获利原则: Cook v. Deeks〔1916〕1 AC 564;Regal(Hastings)Ltd v. Gulliver,〔1942〕1 All ER 378,〔1967〕2 AC 134 N;Phipps v. Boardman〔1967〕2 AC 46;Industrial Development Consultants Ltd v. Cooley〔1972〕1 WLR 443;Paul A Davies(Australia)Pty Ltd(in liq) v. PA Davies,(1983) 1 ACLC 1091;Hospital Products Ltd v. United States Surgical Corporation (1984) 156 CLR 41.

③ Paul L. Davies, Gower's Principles of Modern Company Law (6th ed), Sweet & Maxwell, 1997, p.616.

④ Regal(Hasting) Ltd v. Gulliver〔1942〕1 ALL ER 378,〔1967〕2 AC 134.

⑤ Stuart Turnbull, The Doctrine of Corporate Opportunity:An Economic Analysis, *Canada-United States Law Journal*, Vol.13, 1988, p.1192.

公司机会规则研究

厦门大学法学院经济法学文库

在本案中，初审法院和上诉法院都认为，被告作为 Regal 公司董事并没有义务用自己的钱为 Regal 公司的利益认购 HAC 公司的股份，并且原告并未因董事的疏忽而遭受损失。[①] 原告未能证明被告的行为属于"恶意而非善意地为了公司利益，或者被告之间策划了一场阴谋而把公司有利可图的投资据为己有"[②]。但是，英国上议院推翻了初审法院和上诉法院的判决，认为董事必须放弃他们的利润而返还给公司。对于律师的诉讼，上议院认为虽然董事会按照他的意见采取行动，但他不具有受信人身份，并且他认购的股份征得董事会同意，因此无须承担责任。

在这个案件中，桑基(Sankey)子爵强调了衡平法上的利益冲突标准："衡平法的一般规则是，没有一个负有信义义务的人被获准从事其个人利益与他应保护的人的利益相互冲突的事业。"[③]根据这一标准，罗素勋爵在本案提出了严厉的禁止获利原则(No-Profit Principle)。"公司董事在行使其作为董事的权力时，处于 Regal 公司的受信人地位，他们获得这些股票是由于并且仅仅由于这样的事实：他们是 Regal 的董事而且在履行职责。因此，他们应该将由此而获得的利润拿出来向公司报账交款。Keech v. Sandford 一案确立的衡平规则完全适用于他们。"[④]

本案尽管存在这样的事实：董事在整个过程中以善意行事，用自己的钱，并没有夺取全部公司机会；公司由于其财政无力购买股份而无法利用这个机会，公司并没有遭受任何实际损失。对于这些事实，罗素勋爵指出，董事本可以得到股东大会批准。董事拥有代表大多数表决权的股份，他们未能获得批准的唯一原因，只是因为他们没有想到要经过这样一个烦琐的程序。初审法院和上诉法院误解了衡平原则。因此罗素勋爵阐述的法律原则是："衡平原则坚持主张，无论谁利用受信地位谋利均要返还所获利润，这绝不取决于是否欺诈或没有善意，也不取决于下列因素：公司能否或应否获取利润、获利者是否负有义务为公司寻找获取利润的资源、获利者是否承担了风险或为公司利益而行动、公司在事实上是否因此而受损害或得益。责任仅仅基于获利者已获取利润这一事实。无论他是多么诚实和善意，均不能逃脱承担责任的风

① Regal(Hasting) Ltd v. Gulliver [1942] 1 ALL ER 378, [1967] 2 AC 134.
② Regal(Hasting) Ltd v. Gulliver [1942] 1 ALL ER 378, [1967] 2 AC 134.
③ Regal(Hasting) Ltd v. Gulliver [1942] 1 ALL ER 381.
④ Regal(Hasting) Ltd v. Gulliver [1942] 1 ALL ER 378, [1967] 2 AC 149.

险。"①由此,学者认为 Regal 案对公司机会案件的"禁止获利原则"进行了广泛而严厉的界定,即无论董事善意与否,不管公司到底能否真正把握该机会,只要董事通过其公司职务利用这项机会获利,就可能被认为违反公司机会规则而被要求承担责任。②

Regal 一案是英国关于公司机会的里程碑式案例,标志着英国法院形成了完整的禁止获利原则这一传统立场。根据禁止获利原则,法院在公司机会案件中不会调查和考虑案件的具体情况,比如善意、财力等,而是采取"一刀切"式的客观标准。该客观标准有两个要点,一是行为人对公司负有忠实义务,二是他从公司获取利润。只要符合这两点,法院便会毫不犹豫地认定其行为违背了禁止篡夺公司机会的规则,而不必考虑任何主观因素。③

对于 Regal 一案的判决,从法院到学界都有不同声音。波特(Porter)勋爵就曾指出本案原告的主张不公正并且新股东可能获得了"意外横财"(Unexpected Windfall),他指出:"公司股份的购买者在一只手里收到他人已支付的这笔钱的一部分。他们以每股 3.16 英镑的价格购买被合并的附属公司。但由于 Regal 公司股份价值的增长,那笔钱的一部分可能会返回到公司而非个人股东。这一增长是由公司收到前董事出售合并后的股份产生的利润所带来的。"④但波特勋爵另一方面又对信义关系问题难以决舍,他接着指出:"无论如何,占据信托地位的人不得因此与公司争夺利润的原则是如此重要,以至于目前案件中可能的后果在法律上其实是一个非实质性的因素。"⑤对于本案中不考虑任何特殊情况而适用衡平法的必然原则,许多学者明确表示反对。一些学者认为判决可能是"运用衡平原则得出不公平的结论"。⑥ 也有学者认为 Regal 判决严格坚持原则,明显对公司董事过分严厉。⑦

---

① Regal(Hasting) Ltd v. Gulliver [1942] 1 ALL ER 378, [1967] 2 AC 144~145.

② David Kershaw, Lost in Translation: Corporate Opportunities in Comparative Perspective, *Oxford Journal of Legal Studies*, Vol. 25, No. 4, 2005, p. 607.

③ 赵渊:《析英国〈2006 年公司法〉中禁止篡夺公司商事机会规则》,载《政治与法律》2007 年第 6 期,第 170 页。

④ Regal(Hasting) Ltd v. Gulliver [1967] 2 AC 134, 157.

⑤ Regal(Hasting) Ltd v. Gulliver [1967] 2 AC 134, 157.

⑥ L. C. B. Gower, *Gower's Principles of Modern Company Law*, 5th, Sweet&Maxwell, 1992, p. 566.

⑦ John Lowry, Regal(Hastings) Fifty Years On: Breaking the Bonds of the Ancien Regime, *Northern Ireland Legal Quarterly*, Vol. 45, No. 1, 1994, p. 2.

(二)禁止冲突原则(No-Conflict Principle)

在英国,除了禁止获利原则之外,利益冲突标准的另一核心原则即为禁止冲突原则,该原则在英国有许多案例支持。

1. Boardman v. Phipps[①] 案

除了 Regal 一案之外,Boardman v. Phipps 一案是英国又一个在公司机会问题上坚持严格立场的典型案例。[②] 该案案情是:一位立遗嘱人为其妻子和孩子设立了一项家族信托 IEF。他死后 12 年,信托 IEF 的律师 Boardman 留意到 IEF 的大部分资金被投资在一家管理不善和无利可图的私营公司(占其 27%的股份)。Boardman 试图让立遗嘱人的一个儿子 Tom Phipps 进入该私营公司董事会但失败了。Boardman 认为唯一可以保护信托财产投资的办法就是获得私营公司的大半股份。他试图与 IEF 公司执行董事商议,而后者认为获得这个股份与信托完全无关。后来,Boardman 和作为信托受益人之一的 Tom Phipps 一起以私人身份购买了足够的私营公司股份,以便能够完全控制该公司。该私营公司在 Boardman 的控制下投资了几个项目,盈利后给股东分红,股价也随之上涨。信托 IEF 也因得到分红而增加至 47000 镑,Boardman 和 Phipps 也凭着控制股份获得了 75000 镑的利润。立遗嘱人的另一个儿子提起诉讼,声称 Boardman 和 Phipps 购买私营公司控股股份违反忠实义务,篡夺属于 IEF 的商业机会,要求两被告返还因控制股份取得的 75000 镑利润。

原告的请求得到了英国上议院的支持,上议院认为被告所获得的私营公司股票依拟制信托属于 IEF 的财产,IEF 享有由股票所获得的全部利润。因为被告用来查明私营公司表现不佳以及获取该公司控制股份所需的信息,是通过作为 IEF 的代理人身份获得的。Boardman 通过在与私营公司的谈判中声称代表信托 IEF,已将自己置于一个特殊的受信人(Fiduciary)位置。这一身份,再加上谈判过程中获得的普通公众无法得知的信息,使他们能够购买私营公司股份。他们因此被作为推定受托人交出他们的利润给信托公司。英国上议院运用禁止冲突原则,发现当时的交易情况产生了个人利益和义务之间可能的冲突。不管这种冲突可能性如何细小,被告都应该将收益返还给受益人。他们诚实行事以及在某种意义上 IEF 也受益的事实并不是相关因素。

---

① Boardman v. Phipps [1967] 2 AC 46.

② John Lowry, Regal(Hastings) Fifty Years On: Breaking the Bonds of the Ancien Regime, *Northern Ireland Legal Quarterly*, Vol. 45, No. 1, 1994, p. 6.

即使 IEF 未经法院批准而没有权利购买公司股份、IEF 的积极受托人作证说他在任何情况下也不会考虑让信托购买股票、受信人以善意的方式行事,但上议院认为这一切都是无关紧要的,Boardman 和 Phipps 仍然违反了禁止冲突原则,因此命令他们交出利润返还给 IEF。

上议院法官霍德森(Hodson)和科恩(Cohen)特别指出,受信人与公司的利益冲突可能影响 IEF 决定是否申请法院批准购买其他公司股份。法院询问被视为代表信托 IEF 利益的律师 Boardman:"如果 IEF 根据获得的信息向律师 Boardman 征询是否有必要申请法院批准购买其他公司股份,他能够给出公正无偏见的意见吗?"[1]霍德森和科恩两位法官认为,受信人利益冲突的事实使人们有理由怀疑其意见的公正性。虽然没有十分明显的冲突,但是只要存在理论上的一丝一毫的利益冲突,其决策就可能受到利益不一致的影响。然而,优普约翰(Upjohn)勋爵不同意大多数人的判断。他认为,应该依据"真实、明显的冲突可能性"(Real, Sensible Possibility of Conflict)标准来判断是否存在利益冲突,而不只是依据"理论上冲突可能性"(Theoretical Possibility of Conflict)标准。本案中,由于信托从来没有考虑购买任何股份,就不存在"真实、明显的冲突可能性"。[2] 后来,1972 年的 Industrial Development Consultants v. Cooley 一案和 2003 年的 hullar v. Bhullar 一案也采纳了优普约翰勋爵"真实、明显的冲突可能性"标准,作为应用禁止冲突原则的指导。[3] 然而,虽然优普约翰勋爵提出反对意见,但是 Boardman v. Phipps 一案判决的多数意见认为本案应该适用严格的"理论上冲突可能性"标准。

由 Boardman 一案可以看出,英国传统的禁止冲突原则得到了详细论证,公司受信人不能将自己置于个人利益与公司利益冲突或可能冲突的地位。而 Boardman 一案将这一原则的严厉性推向了极致,只要受信人利用机会存在任何理论上的冲突可能,他就可能会被要求将利用机会产生的利润返还给公司。[4] 这一原则也成为英国法院后来处理公司机会案件所持的主流观点。

① Boardman v. Phipps [1967] 2 AC 46, 103, 111.

② Boardman v. Phipps [1967] 2 AC 46, 103, 133.

③ Industrial Development Consultants v. Cooley [1972] 2 All ER 162;Bhullar v. Bhullar [2003] EWCA CIV. 424. 但这些判决认为 Upjohn 勋爵反对的是事实而非法律。

④ David Kershaw, Lost in Translation: Corporate Opportunities in Comparative Perspective, *Oxford Journal of Legal Studies*, Vol. 25, No. 4, 2005, p. 605.

2. Industrial Development Consultants v. Cooley[①] 案

在该案中,被告是一个相当出名的天然气行业的建筑师,被指派为原告公司的执行董事,目的在于扩张该公司在公共部门和天然气行业的运作范围。被告为公司向东部煤气管理署(Eastern Gas Board)寻求签订仓库设计合同,但都不成功。嗣后,对方主动与该被告董事私下接触,表示不愿意与原告公司交易,但如果被告离开原告公司就有机会获得这份合同。最终该董事以健康为由离开原告公司,然后自己从东部煤气管理署得到了那份合同。

审理本案的法官罗斯基尔(Roskill)认为,董事对于其在职时获得的信息和商业机会所应负的义务,并不因为其离职而解除。此外,法院根据 Boardman v. Phipps 的禁止冲突原则,驳回了被告提出的公司无法获得合同的辩解。罗斯基尔法官说:"因此,我很不愿意得出这样的结论:被告在 6 月 13 日得到消息后,随后利用该信息在周末 14 日、15 日准备了自己与东部煤气管理署签约的相关文件,并且在 17 日全部发送出去。他之所以有错,在于他所处的位置使自己应该为雇主,而不是为了自己的利益占有并利用该信息赢利,这就是被告的义务。"[②]因此,这个机会是否是东部煤气管理署私下向该董事提出并不重要,重要的是该董事的职务是代表公司寻求该合同,但他却使自己处在一个与公司利益冲突的地位。因此,该董事必须要将该机会先通知公司,而不可以自己利用,否则即为违反其义务。对此,罗斯基尔法官指出应当优先适用衡平法上更重要的规则:"如果被告被允许保有利益,他就得到了只有因为违反对原告负有的信义义务才可能得到的东西。"[③]Cooley 一案也被认为是严格适用禁止冲突原则的主要案例。[④]

3. Bhullar v. Bhullar[⑤] 案

英国上诉法院在 2003 年的 Bhullar v. Bhullar 一案中充分肯定了严格的

---

① Industrial Development Consultants v. Cooley [1972] 2 All ER 173.

② [马来西亚]罗修章、[中国香港]王鸣峰:《公司法:权力与责任》,杨飞等译,法律出版社 2005 年版,第 486 页。

③ [马来西亚]罗修章、[中国香港]王鸣峰:《公司法:权力与责任》,杨飞等译,法律出版社 2005 年版,第 486 页。

④ 学者保罗·戴维斯在考虑主要案例 Boardman v. Phipps 和 IDC v. Cooley 时指出,禁止冲突原则的结果是董事在没有取得公司的知情同意时不得为了自己的利益使用公司的资产、机会或信息。See P L Davies, ed., Gower and Davies: *The Principles of Modern Company Law*, 7th ed., Sweet & Maxwell, 2003, p.416.

⑤ Bhullar v. Bhullar [2003] BCC 711.

禁止冲突原则。该案明确采纳了优普约翰勋爵在 Boardman 案中提出的"真实、明显的冲突可能性"观点。在 Bhullar 案中,Bhullar 兄弟有限公司为 S 家族与 M 家族所共同出资成立的公司,两个家族在公司中分别拥有 3 名和 2 名董事席位。公司的主要业务领域是食品杂货生意,但也经营一处保龄球场。由于两家族之间出现矛盾,公司陷入僵局。双方在 1998 年决定结束公司的经营,同时公司将不再购置任何财产。但在分配公司财产与经营权时,双方协商并不顺利。1999 年 6 月,S 家族的董事在他的自由时间发现在公司保龄球场旁边的一栋建筑物正在出售,于是与他的弟弟(也是公司董事)一起,以个人身份购买此房地产。因此,M 家族提起诉讼主张 S 家族董事取得该建筑物违反与公司机会相关的信义义务。

在确定董事是否违反其信义义务时,乔纳森·帕克(Jonathan Parker)法官应用了不冲突的原则,并明确拒绝了机会是否属于公司或者公司在机会中是否有受益权的问题。他说:"公司得知机会后是否可能利用或是否会利用了机会,不是问题的关键。"[①]乔纳森·帕克法官认为重点在于,董事基于其职位产生的义务应当将有关房地产的机会告知公司。否则,董事个人利益和公司的利益之间就存在真实、明显的冲突可能。即使存在如下事实也不能否认利益冲突的存在:董事在他个人的时间寻找到机会;该公司的主要业务范围是在零售超市贸易,它只有一个投资不动产;由于股东意见分歧,该公司陷入僵局;提出索赔要求的股东已经事先知道这个机会,并且在董事会明确提出他们没有进一步的兴趣通过该公司获得任何其他的投资物业。由此可见,禁止冲突原则并不考虑任何可能减轻责任的具体事实,因为这些事实都不能避免冲突的存在。英国的主流案例都非常严格地坚持这一原则,Bhullar v. Bhullar 一案也被学者认为是在近年来又一个"非常严格适用禁止冲突原则的案件"[②]。

(三)小结

从上述案例可知,英国法院审理公司机会案件时主要适用禁止冲突和禁止获利两个原则。关于禁止冲突和禁止获利两个原则是包含关系还是并列关系,英国无论是司法实务界还是学术界至今仍未达成一致。英联邦法院一些判例主张禁止获利原则应独立于禁止冲突原则,例如 2004 年的 Quarter Mas-

---

① Bhullar v. Bhullar〔2003〕BCC 723.

② David Kershaw, Lost in Translation: Corporate Opportunities in Comparative Perspective, *Oxford Journal of Legal Studies*, Vol. 25, No. 4, 2005, p. 624.

公司机会规则研究

厦门大学法学院经济法学文库

ter(UK) Ltd v. Pyke[①]一案中,保罗·摩根(Paul Morgan)法官将禁止获利的原则从禁止冲突的原则中分离出来,他主张:"禁止冲突的原则与禁止获利的原则同属一类但相互独立。"[②]莫日特法官在 2000 年的 Don King Productions Inc. v. Warren[③]一案中引用并赞同迪恩(Dean)法官在澳大利亚案件 Chan v. Zacharia[④]案中的观点。而迪恩法官认为禁止冲突原则和禁止获利原则作为相互独立的主题,体现了一个"根本性"规则。[⑤] 若干评论家都表示支持这一立场,比如学者恺欧就主张:"也许更准确地说这些都是独立的规则。"[⑥]

不过,英国许多案例将禁止获利原则看作禁止冲突原则的子规则。人们最熟悉的就是优普约翰勋爵在 Boardman v. Phipps[⑦]一案中的意见。他认为在 Regal 一案中上议院并没有尝试去阐述关于法律适用的新观点,而且判决是根据克兰沃斯(Cranworth)勋爵在 Aberdeen Railway v. Blaike[⑧]一案中声明的禁止冲突基本原则。正因为这样,优普约翰勋爵把 Regal 一案解释为董事的义务和利益产生冲突的先例,并非有关禁止获利的案例。[⑨] 在 Bhullar v. Bhullar[⑩]一案中,乔纳森·帕克法官还通过引述优普约翰勋爵的话来支持对 Regal 一案的解释。[⑪] 在 2005 年的 Item Software v. Fassihi 一案中,雅顿(Arden)法官重点讨论了禁止获利原则与禁止冲突原则的关系。本案中被告

---

① Quarter Master(UK) Ltd v. Pyke [2004] EWHC 1815.

② Quarter Master(UK) Ltd v. Pyke [2004] EWHC 1815.

③ Don King Productions Inc. v. Warren [2000] Ch 291 At 341. See also Gencor-ACP Ltd v. Dalby [2000] 2 BCLC 734;John Taylors v. Masons [2001] EWCA 2106.

④ Chan v. Zacharia (1984)154 CLR 178,198.

⑤ Chan v. Zacharia (1984)154 CLR 178,198.

⑥ P Koh, Once a Director, Always a Fiduciary, *Cambridge Law Journal*, Vol. 62, 2003. p. 406;See also, Austin, *Fiduciary Accountability for Business Opportunities*, P. D. Finn. *Equity and Commercial Relationships*, Law Book Co., 1987, pp. 146~147.

⑦ Boardman v. Phipps [1967] 2 AC 46.

⑧ Aberdeen Railway v. Blaike (1854)1 Macq HL 471.

⑨ P Koh, Once a Director, Always a Fiduciary, *Cambridge Law Journal*, Vol. 62, 2003, p. 124.

⑩ Bhullar v. Bhullar [2003] BCC 711.

⑪ 在确定董事是否违反其信义义务时,乔纳森·帕克法官应用了禁止冲突原则,并明确拒绝了对于"机会是否属于公司或者公司在机会中是否有受益权"这一美国式所有权问题的讨论。See Bhullar v. Bhullar [2003] BCC 711, at 721.

Fassihi 是 Item 公司的一个董事和雇员，Item 公司在当时试图与 Isograph 公司重新谈判软件发行合同。但 Fassihi 秘密接触了 Isograph 公司，提议用新公司接管合同，同时促使 Item 公司在谈判中采取强硬态度。这些行为被认为违反了传统受信人义务的禁止冲突和禁止获取利润原则。Fassihi 追求机会与他的雇主 Item 公司产生冲突。他还利用职务影响，使得 Item 公司和 Isograph 公司之间的谈判更可能失败，从而使自己的提案更可行。由于种种原因，Fassihi 最终并没有获得该合同，也没有获得任何利润。但是，他的不忠行为被公司发现了。本案法官雅顿（Arden）认为，虽然董事有义务向公司披露自己的不当行为，但在英美法律中不存在这样的独立义务，司法上涉及的披露义务应该被理解为是忠实义务的运用。① 而且，她指出具体指明特定义务会增加"关于其广度的争论"。② 即，对独立规则的具体化将产生包含过广或包含不足的危险。因此，判决拒绝将忠实义务分裂成各个独立种类。

采取这种立场的学者有很多，如皮梯特（Pettet）认为，在 Regal 一案中足以根据禁止冲突原则来追究董事"由于其董事职务并且是在履行职务的过程中获得利润"的法律责任。③ 此外，学者莫法特（Moffat）认为，受信人的首要义务是不得使其个人利益与公司利益相冲突。作为这个原则的核心，法院已经发展出这样的规则，即受信人应对公司交代因其职位所产生的或者通过使用公司资产而获得的任何未授权利润。④

笔者认为，禁止获利原则应是禁止冲突原则的一个子原则，禁止获利原则是禁止冲突原则应用时的主要实例，通过禁止获利原则可以使禁止冲突原则进一步展开。禁止获利原则的应用必须以存在利益冲突违反忠实义务为前提。如果把禁止获利原则当成一种独立于禁止冲突的规则，就意味着要忽视忠实义务的地位。这种忠实义务正如雅顿法官所坚持的，是一个董事应履行的基本义务。这也是对 Regal 一案的最好解读。在 Regal 一案的判决中含有浓重的预防潜在冲突的意味。比如，法院考虑了这些冲突问题：董事是否能够更有力地和业主进行谈判，当预见到很可能迅速加价转手出售子公司时，董事为什么不为了公司的利益安排支撑性财务（比如向银行贷款）呢？ 在 Regal 案

---

①　Item Software v. Fassihi［2005］ICR 450.

②　Item Software v. Fassihi［2005］ICR 462.

③　See B Pettet, *Company Law*, 2nd ed., Longman, 2005, p. 168.

④　See G Moffat, *Trusts Law: Text and Materials* (3rd ed), Butterworths, 1999, p. 631.

中,禁止获利原则在董事和公司利益冲突背景下得到了最大程度的拓展。上议院对 Regal 案中阐述的禁止获利原则实际上就是禁止冲突原则的一个实例。在一些不涉及忠实义务的情况下,将禁止获利原则独立于禁止冲突原则很可能造成法律干预过度。当未涉及利益冲突但却属于禁止获利原则规范的情形出现时,比如董事由于其私人身份而获知机会但不存在冲突可能性,就不存在对忠实义务的违反,董事就应该可以利用该机会获得利润。如果在不具有利益冲突的情况下禁止董事获利,法律就可能干预了正常的经济活动。[①]这显然不符合公司机会规则的基本精神。

二、成熟商业机会标准

英国公司机会规则的传统立场是,仅仅具有冲突可能性就足以确立责任。由于冲突责任是受信人身份的必然结果,法院一般不会调查关于违反义务的具体情况,因为不论案件的具体情况对公司如何公平,责任从一开始就产生了,并且责任不取决于恶意或事实上的不诚实。这种做法一直以来都受到学者诟病。[②] 一些法院开始认识到,确定董事或其他受信人是否篡夺公司机会是一个依据具体事实才能回答的问题。在关于董事辞职后利用公司机会的案例中,一些法院为了减轻施加给辞职董事的义务,开始考虑董事的善意等公平事实情况,提出了"成熟商业机会标准"来限制董事应承担的责任。

(一)Canadian Aero Service Ltd v. O'Malley[③]:严格原则的松动

该案案情为:被告 M 和 Z,分别为原告 Canadian Aero Service Ltd 公司(以下简称 Canaero 公司)的总裁和执行副总裁,公司主要经营地理地形测绘项目,其中大部分业务是来自于捐助国政府的对外国援助项目。M 和 Z 一直代表原告公司在谈判一个由加拿大政府资助的为圭亚那政府而进行的重大项目,谈判和筹备工作已持续了大约十二年的时间。当加拿大政府将该项目进

---

① P Koh, Once a Director, Always a Fiduciary, *Cambridge Law Journal*, Vol. 62, 2003. p. 406. 另外,Ellas 法官在判词中指出,禁止获利原则"与严格的禁止冲突原则重叠但有时范围更宽广"。See Notringham University v. Fischel [2001] RPC 367 At 401.

② 学者洛瑞(Lowry)认为,法院对董事真正地位过分简化和教条式的看法,导致了关于违反义务的后果不必要的苛刻。See John Lowry, Regal(Hastings) Fifty Years On: Breaking the Bonds of the Ancien Regime, *Northern Ireland Legal Quarterly*, Vol. 45, No. 1, 1994, p. 1.

③ Canadian Aero Service Ltd v. O'Malley [1974] SCR 592.

行招标时,M 和 Z 从 Canaero 公司董事会辞职,另外成立了自己的公司 T 有限公司进行投标并获得了合同。原告公司对被告成功地提起诉讼,声称他们已违反其信义义务,篡夺了公司成熟的商业机会。加拿大最高法院在本案中认为,公司董事不能为自己篡夺"他的公司正在积极追求的成熟的商业机会"[①]。法院根据本案的具体情况认为公司一直在谈判的圭亚那项目属于公司的成熟的商业机会,因此法官们一致认为被告的信义义务在辞职后仍然存在,如果没有充分地披露机会并经公司批准,就不得为自己利益利用机会。[②]

以往法院在对待董事是否存在违反信义义务的问题时,坚持严格的禁止冲突原则。但是,这一严格的禁止冲突原则在本案的判决中有所改变。本案拉斯金(Laskin)法官指出,冲突原则和身份问责标准不应该被看作是承担责任的唯一标准,而应该针对商业机会本身考虑更广泛的因素。虽然本案法院没有制定出成熟的商业机会的标准,但拉斯金法官列举了判断商业机会是否成熟的一些因素:"我不是要制定作为成文法的责任规则。在每个案件中,董事或高级管理人员必须遵守忠实、善意、避免义务和自我利益冲突的一般标准都必须由许多因素检验。试图详尽列举所有这些因素将是鲁莽的。这些因素其中包括了行为人所处的位置或职位,公司机会的性质及其成熟度、特定性,董事或管理人员与机会的关系及其对机会的了解程度,获得机会时的情况以及机会是否是特定的或甚至是私人所有的。如果被指控的行为发生在与公司的关系终止后,还要考虑信义义务持续的时间因素,以及关系终止的情况是由于退休、辞职还是解雇。"[③]重要的是,参考因素并非详尽无遗。法院指出,基于灵活性的需要,法律提供一个详尽无遗的因素清单将是鲁莽的。这表明法院不再局限于根据禁止冲突原则和身份问责标准对商业机会进行狭隘性和限制性的解释,而是愿意考虑商业机会的复杂本质和董事利用机会的具体情形。[④]

自此案之后,学者认为英国法院在处理商业机会的案件时逐渐吸取美国法院的经验,是对英国禁止冲突原则的美国式改造。[⑤] 在确定商业机会归属

① Canadian Aero Service Ltd v. O'Malley [1974] SCR 592.

② Canadian Aero Service Ltd v. O'Malley [1974] SCR 592.

③ Canadian Aero Service Ltd v. O'Malley [1974] SCR 620.

④ David Kershaw, Does it matter how the law thinks about corporate opportunities, *Legal Studies*, Vol. 25, No. 4, 2005, p. 551.

⑤ David Kershaw, Does it matter how the law thinks about corporate opportunities, *Legal Studies*, Vol. 25, No. 4, 2005, p. 551.

时必须考虑的因素方面,拉斯金法官在 Canadian Aero Service 一案中提出的清单迈出了重要的一步。这也标志着英国的严格责任原则开始出现松动。在不久后关于董事辞职后利用商业机会的一系列判决中,英国一些法院提出了"成熟商业机会(maturing business opportunity)"标准,法院开始关注商业机会的性质,而不是像过去那样过分强调个人利用机会的身份。在这方面两个最重要的案件是 Island Export Finance Ltd v. Umunna 一案和 CMS Dolphin v. Simonet 一案。

(二)Island Export Finance Ltd v. Umunna①:成熟商业机会标准的提出

Umunna 原是 Island Export Finance Ltd(以下简称 IEF)公司的一名执行董事,一直在促成从喀麦隆邮政局获得邮政来电盒的订单。1967 年他为 IEF 公司与喀麦隆邮政局签署过一份契约。1977 年他因与公司不和而辞职,并在后来成立了自己的公司。随后他用自己公司的名义从喀麦隆邮政局得到两份邮政来电盒的订单,IEF 公司指控 Umunna 违背对公司的信义义务,必须交回从订单中获得的利润。法院驳回了这项指控。

本案哈钦森(Hutchinson)法官认为,根据 Regal 案判例所奠定的原则,忠实义务在董事辞职后仍然存在,但本案件中的事实表明不存在违反义务的情形。因为前董事辞职后邮政订单既不是公司成熟的商业机会,公司也没有积极追求这样的机会。具体而言:(1)无论在 Umanna 先生辞职时,还是当他成功地获得了两个订单时,原告公司都没有积极推动此事。公司对未来的更多合同只有一个模糊的希望而不是预期(rather than an expectation),这一希望谈不上是一个"趋于成熟的商业机会"(a maturing business opportunity)。并且在被告辞职时,公司并没有积极地去寻求新的合同。(2)被告的辞职并不是受其为自己获得合同的想法所驱使。(3)关于合同的信息并不是秘密信息,这只相当于特定市场中人所共知的信息。② 如果禁止董事使用这样的信息将与管制交易的公共政策相冲突。③ 尤其值得注意的是,哈钦森法官认可了拉斯金法官在 Canadian Aero Service Ltd v. O'Malley④ 一案所采用的灵活方法,他说:"这将令人惊讶地发现,董事仅仅由于与公司信义关系的性质,在他们已不再是董事之后,被限制利用其担任董事时了解的任何机会。董事,正如雇

---

① Island Export Finance Ltd v. Umunna [1986] BCLC 460.
② Island Export Finance Ltd v. Umunna [1986] BCLC 482.
③ [英]珍妮特·丹恩:《公司法》,法律出版社 2003 年版,第 222 页。
④ Canadian Aero Service Ltd v. O'Malley (1973) 40 DLR (3d) 371.

员,在其工作过程中获得一项普通的知识和专门知识,他们应可在新的职位上自由利用这知识和专长显然是公众利益。"①因此,法院驳回了原告的诉请,认为 Umanna 并未违反董事义务而篡夺公司商业机会。

在本案中,法院开始关注商业机会的性质,而不是像过去那样过分强调个人利用机会的身份。这表明法院愿意考虑董事违反信义义务行为更广泛的具体情况。法院在本案中明确提出了"成熟的商业机会"(a maturing business opportunity)这一概念,因此,英国的公司法学者把这一案例看作是对传统衡平原则的改造,是关于董事信义义务的新司法方法的曙光,代表了公司机会灵活规则的启蒙。②

(三)CMS Dolphin v. Simonet③:成熟商业机会标准的发展

在本案中,被告 Simonet 在和合作投资者关系破裂之后,辞去了 CMS Dolphin(以下简称 CMSD)公司的董事和雇员职务,并且与第三方创办了经营类似业务的新公司。原告指控被告将 CMSD 公司的商业机会转到其新公司,这机会包括提供广告服务的实际合同和客户的关系。在这个案例中,法院很大程度上遵循了 Canadian Aero Service Ltd v. O'Malley 一案的立场,即信义关系要求受信人不能为自己获得属于公司或者公司一直在谈判争取的任何财产或商业利益。④ 这种类似美国式所有权原则的立场得到 CMSD 一案中柯林斯(Collins)法官的肯定,他认为董事辞职后利用公司成熟商业机会承担赔偿责任的根本基础就是,由于董事对公司负有信义义务,在这种情形下商业机会仿佛作为公司的财产来对待。⑤

柯林斯法官认为,被告不能辩称他离职时所带走的信息是由自己的一般技能与知识而获得的东西。他指出:"Simonet 先生所负的义务正是与合同或者其他即将成熟的机会紧密联系的。我已经发现了 Simonet 先生截留了从 Ball 先生处获得的重要商业信息这一事实,而且 Simonet 先生截留的信息中包含了与 Argos、Reebok 和 DFB 的合同中的条款。这些远远超出了他的个人知识能力的范围之外,他滥用了这些信息,从而篡取了本应属于公司的业

① Canadian Aero Service Ltd v. O'Malley (1973) 40 DLR (3d) 482.

② John Lowry, Regal(Hastings) Fifty Years On: Breaking the Bonds of the Ancien Regime, *Northern Ireland Legal Quarterly*, Vol. 45, No. 1, 1994, p. 9.

③ CMS Dolphin v. Simonet [2001] 2 BCLC 704.

④ Island Export Finance Ltd v. Umunna [1986] BCLC 482.

⑤ Island Export Finance Ltd v. Umunna [1986] BCLC 482.

务。他所知道的这些特别事项包括：协议的成立与失效日期、他们的公告期、支付的费用、所提供的服务、CMSD 被赋予对其他产品或项目收费的权利基础、产品或项目的进展状态、谁拥有艺术作品、录像、计算机文件或其他 CMSD 授权的内容，以及 CMSD 为了制造产品或项目，可能提出的进一步的要求。这些知识显然应属 CMSD 拥有，而非 Simonet 先生自己的一般技能与知识的一部分。而且这些知识被利用使得 Millennium Blue 与 CMSD 达成了协议，就如同这些条款已经过新的代理人重新协商，或者就如同新的代理人从始至终都参与了整个项目一样。"[①]因此，柯林斯法官认为，由于被告实际上已经夺走了公司现有的合同，他就已篡夺了公司成熟的商业机会。

三、评析

由于商业公司变得越来越复杂，Regal 一案的严格原则并没有解决鼓励资本营利主义和衡平法严格责任规则之间的矛盾。因此，英国法院的公司机会审判原则从初期借鉴衡平法上受托人严格信义义务理论，审查是否存在利益冲突，到后来考查商业机会的复杂本质和董事利用机会的具体情形，并最终提出成熟商业机会标准，表明英国法在理论和实践上逐步走出衡平法上受托人严格信义义务的约束。奥斯汀（Austin）教授评论这一粗略的成熟商业机会标准时说："当然，所涉及的并不是彻底偏离目前的权威。所需要的是，法院要认识到，特别的表述最好是具体事实标准，全职商业受信人被允许为自己的利益而利用营利商业机会。具体事实标准同样可以被称为一般受信人责任的一个方面或一个新的理论，这些表述之间的差异没有超出思辨哲学的意义。"[②]成熟商业机会标准取代了以往的绝对责任，法院考虑一系列因素来帮助确定董事在利用一个特定的机会时是否滥用其身份。这一理论的核心思想是，虽然它可能不允许受信人从公司商业机会中赚取利润，但是对于其个人发展而言，还有其他机会可以利用，只要他们不在公司的成熟业务范围内。

有评论说这打破了 Regal 一案所提出的原则的僵化，可能代表了一个灵

---

① CMS Dolphin v. Simonet [2001] 2 BCLC 704.

② Austin, *Fiduciary Accountability for Business Opportunities*, P. D. Finn. *Equity and Commercial Relationships*, Law Book Co., 1987, p. 159.

活规则的发展趋势。①然而,这种司法灵活性在英国公司机会判例法上只占少数,利益冲突标准仍然是英国法上判断是否存在篡夺公司机会行为的主流标准。最近在公司机会主要案例 Bhullar v. Bhullar 一案中,乔纳森·帕克法官就通过拒绝考虑公司在机会中是否有某种受益权,限制成熟商业机会标准在辞职情形下的应用,重新确立禁止冲突原则在案件中的强势地位。这一立场也被英国《2006 年公司法》所重申。②

英国法院之所以拒绝考虑相关公平事实,主要原因是质疑这些事实是否能够通过司法调查弄清楚。事实上,英国法院的担心是有根据的。行为心理学的研究表明,冲突各方,即使是那些自认为诚实和善意行事的人,也不能相信自己会给予中肯的意见。③ 我们无法知道董事会在决定不寻求发展一个新的业务领域时,是否会受到有意开发该领域商业机会的董事的影响。而成熟商业机会标准要对该影响进行判断,这种判断完全依赖带有冲突利益印记的证据。法院经常依靠受董事影响的证据来确定商业机会是否成熟。比如,公司是否积极寻求该机会的董事会决议,董事辞职的理由,等等。对法院来说,没有办法查明这些证据的真伪。基于这个原因,成熟的商业机会标准为改革提供了一个有缺陷的基础,这是与主流的禁止冲突原则不相容的。④

因此,英国的禁止冲突原则一般对公司利益采取广泛的看法,严格禁止董事等受信人篡夺公司机会,只要利用机会导致个人利益和义务之间发生冲突,即可认定存在篡夺公司机会的行为。即使只是理论意义上的冲突,通常也可能被追究法律责任。⑤ 禁止冲突原则是一种典型的严格责任规则。⑥ 而美国

---

① John Lowry, Regal(Hastings) Fifty Years On: Breaking the Bonds of the Ancien Regime?, *Northern Ireland Legal Quarterly*, Vol. 45, No. 1, 1994, p. 12.

② 例如,英国《2006 年公司法》第 175 条第 1 款和第 2 款就指出,不管公司是否可以利用公司财产、信息或机会,公司的董事必须避免他的直接或间接利益同公司利益冲突或可能冲突。

③ See M Bazerman, K Morgan, G Lowenstein, The Impossibility of Auditor Independence, *Sloan Management Review*, Vol. Summer, 1997, p. 91.

④ David Kershaw, Does it Matter how the Law Thinks about Corporate Opportunities, *Legal Studies*, Vol. 25, No. 4, 2005, p. 555.

⑤ John Lowry, Rod Edmunds, The No Conflict-No Profit Rules and the Corporate Fiduciary: Challenging the Orthodoxy of Absolutism, *Journal of Business Law*, No. 3, 2000, pp. 122~142.

⑥ David Kershaw, Lost in Translation: Corporate Opportunities in Comparative Perspective, *Oxford Journal of Legal Studies*, Vol. 25, No. 4, 2005, p. 622.

的所有权原则正相反,它更加注重具体情况和个案差别,在认定公司机会时经常会考虑到多种因素,在某些情况下允许公司董事等管理人员利用商业机会。因此,所有权原则是一种典型的灵活性责任规则。[1] 严格性与灵活性差异成为英美公司机会规则的重要差异之一。

第三节　我国篡夺公司机会行为的判断标准分析

一、我国篡夺公司机会行为的判断标准实证分析

我国 2005 年修订的《公司法》第 149 条第 1 款第 5 项增加了有关公司机会的规定以来,实践中已经出现了一些原告向法院起诉被告篡夺公司机会的案件。然而,由于我国《公司法》将篡夺公司机会与竞业禁止一并进行规定,并且未明确界定何谓"属于公司的机会",因此法院很少从公司机会的角度来审理此类诉讼案件,大多将其作为竞业禁止案件来审理。侯怀霞教授收集案例后发现,我国从 2006 年 1 月 1 日起到 2011 年 11 月 1 日止的董事(高级管理人员)篡夺公司商业机会的案例仅有 10 个。[2] 下文就篡夺公司机会行为的判断,对笔者收集到的我国几个典型公司机会案例进行实证分析。

(一)案例

1. 中冶全泰(北京)工程科技有限责任公司诉丛某某等公司高级管理人员损害公司利益赔偿案[3]

原告中冶全泰(北京)工程科技有限责任公司(以下简称全泰公司)于 2005 年 1 月 18 日成立。被告丛某某于 2005 年 3 月—2007 年 11 月在全泰公司担任总经理职务。丛某某作为全泰公司总经理从 2006 年初开始,一直与

---

① David Kershaw, Lost in Translation: Corporate Opportunities in Comparative Perspective, *Oxford Journal of Legal Studies*, Vol. 25, No. 4, 2005, p. 622.

② 侯怀霞:《我国"禁止篡夺公司机会原则"司法适用研究》,载《法商研究》2012 年第 4 期。

③ 参见北京市第一中级人民法院〔2010〕一中民终字第 10249 号民事判决书。载国家法官学院案例开发研究中心编:《中国法院 2012 年度案例》,中国法制出版社 2012 年版,第 157~170 页。

ATIBIR 公司商谈建设年产 24.5 万吨炼铁和年产 30 万吨氧化球团工程项目。

2006 年 10 月 19 日,丛某某投资设立中冶京泰(北京)工程技术有限责任公司(以下简称京泰公司),丛某某占 51％的股权,张某某占 49％的股权,注册资本 100 万。关于京泰公司注册资金来源,2008 年 11 月 28 日,北京市宣武区人民法院作出〔2008〕宣刑初字第 385 号刑事判决书,认定丛某某系利用任全泰公司总经理的职务便利,将 100 万元的承兑汇票兑换成现金,用此款注册成立京泰公司。此外,丛某某还挖走全泰公司的 14 名技术员工,拷贝走所有工程部电脑资料和工程技术信息的商业秘密。丛某某离职后的一周内,在全泰公司办公楼的另一侧租赁了办公场所,并将原属全泰公司商务部对外电话及传真转移到其办公房间里,同时侵占了全泰公司网站域名、网络资源和公开邮箱。

2007 年 10 月 17 日,在全泰公司已经与 ATIBIR 公司商谈建设年产 24.5 万吨炼铁和年产 30 万吨氧化球团工程项目快两年的情况下,京泰公司与 ATIBIR 公司签订了该工程项目合同,合同总价格为 20572000 美元。

全泰公司诉称,丛某某作为全泰公司的高级管理人员,对公司负有忠实义务。但丛某某却以营利为目的,挪用公司巨额资金,为自己注册成立公司,不仅犯挪用资金罪,并且在任职期间,将全泰公司与 ATIBIR 公司业务与自己注册成立的京泰公司进行签约,谋取属于全泰公司的商业机会,其行为损害了全泰公司的利益,其所得的全部收益均应归属全泰公司所有,故诉至法院,请求判令丛某某、京泰公司、张某某连带赔偿全泰公司 3051 万元整。丛某某、张某某辩称:ATIBIR 公司炼铁厂项目属于京泰公司自己的商业机会,不涉及丛某某、京泰公司、张某某抢夺全泰公司商业机会的问题。

关于涉案项目的利润率问题,在京泰公司与 ATIBIR 公司签署涉案合同之前,丛某某作为全泰公司总经理期间,全泰公司已经实现了与包括唐山贝氏体钢铁公司、唐山安泰钢铁有限责任公司、唐山国丰钢铁有限责任公司、天津达亿钢铁有限责任公司、秦皇岛百工轧钢有限责任公司、泰山有限责任公司、唐山天柱有限责任公司等多方的合作。在 2008 年 3 月宣武公安分局刑侦支队对其询问笔录中自述涉案项目的预计利润为 15％。

北京市第一中级人民法院经审理认为,本案的争议焦点包括:(1)丛某某操纵京泰公司与 ATIBIR 公司签订合同,是否属于违反忠实义务篡夺公司机会的行为?(2)丛某某的行为是否给全泰公司造成了损害后果,其损失数额如何认定?京泰公司是否应与丛某某承担连带赔偿责任?

对于第一个争议焦点,法院认为,首先,京泰公司成立之后,丛某某对全泰公司经营资源的占有,表明其具有利用全泰公司的营业资源的主观故意。全泰公司与京泰公司的中文名称只有"全泰"与"京泰"、"科技"与"技术"的区别,而英文缩写则完全相同。丛某某不仅将全泰公司的域名改为京泰公司域名,而且将全泰公司的两部办公电话也转作京泰公司办公电话。商号、域名与电话号码既是企业在经营过程中彰显企业形象的重要媒介,同时也是获取经营信息的重要来源,具有重要的经济价值。作为公司高级管理人员,丛某某采取上述行为的目的显然在于诱使客户,尤其是国外客户在对全泰公司与京泰公司的认知上产生混淆,从而达到攫取不当收益的目的。

其次,ATIBIR公司炼铁厂项目应当属于全泰公司的商业机会。因为,合同协商和缔约的过程发生在丛某某在全泰公司任职总经理期间;丛某某在《供货合同》的签订和履行过程中利用了全泰公司的资源。因此,法院认为ATIBIR公司炼铁厂项目是本属于全泰公司的商业机会,丛某某利用全泰公司的人力物力资源取得了缔约的机会之后,操纵其作为控股股东的京泰公司与ATIBIR公司签约,取代全泰公司获得了与ATIBIR公司的炼铁厂项目合同,属于高级管理人员违反忠实义务的侵权行为。

对于第二个争议焦点,法院认为,丛某某的行为违背了作为全泰公司高级管理人员的忠实义务,致使全泰公司投入大量的人力物力取得的商业机会成为京泰公司的盈利业务,情节恶劣,损害后果严重。丛某某不仅应赔偿全泰公司在缔约洽商阶段的损失,更应当赔偿全泰公司预期收益损失,其赔偿数额应相当于京泰公司履行合同而获得的利润。另外,京泰公司虽属于独立法人,但其是在丛某某授意之下由张某某参与设立的;注册资本来源于丛某某挪用全泰公司的资金;丛某某在其中占51%以上的股权,属于控股股东;京泰公司设立之后的唯一的冶炼项目即是ATIBIR公司的冶炼厂项目。丛某某的意志对京泰公司而言具有决定性作用,二者在侵害全泰公司商业机会的过程中行动一致,亦是利益共同体。因此,京泰公司对丛某某所负担的损害赔偿义务应承担连带责任。

2. 宁波市科技园区新华信息技术有限责任公司诉徐某建等损害公司权益案①

本案原告宁波市科技园区新华信息技术有限责任公司(以下简称新华公

---

① 参见宁波市鄞州区人民法院〔2007〕甬鄞民二重字第2号民事判决书。载国家法官学院编:《中国审判案例要览(2008年商事审判案例卷)》,人民法院出版社2009年版,第270~274页。

司）成立于1999年6月14日，是一家从事"计算机软件及网络系统工程开发、信息技术咨询"等业务的科技公司。被告徐某建于2004年3月初至2005年7月在原告处担任公司负责人。2005年1月21日，被告徐某建与朱某某共同出资50万元成立宁波新华利邦信息技术有限责任公司（以下简称新华利邦公司），其中徐某建出资90%，朱某某出资10%。2005年9月2日，朱某某将其在新华利邦公司的股权转让给被告徐某辉。2006年11月13日，新华利邦公司注销，其债务由股东徐某建、徐某辉按出资比例承担。

2003年6月2日，万达公司和宁波交通投资控股有限责任公司（以下简称交投公司）签订《宁波交通信息网络系统开发合同书》一份，合同载明交投公司的应用软件开发、售后服务和系统集成的项目由万达公司开发，但万达公司与原告新华公司合作共同承担该项目，合同总标的额为147万元，该项目的完成期限为合同签订日起200个工作日。签约后当天，万达公司与原告新华公司签订《宁波交通信息网络系统应用系统开发及维护合同书》一份，合同载明万达公司与原告共同承担《宁波交通信息网络系统》项目，该项目建设任务包括应用软件开发、售后服务和系统集成，万达公司承担系统集成任务，原告负责承担应用软件开发和售后服务。合同履行后，原告可以得到款项108万元。

由于原告没有按期完成项目任务，2004年10月9日，原告与万达公司签订《终止协议》，2004年10月10日，交投公司与万达公司签订《终止协议》，分别约定自即日起终止履行前述合同，双方不再主张原合同所涉的各自的权利、责任和义务。此后，原告法定代表人孙某某和徐某建及宁波交通局原纪委书记金某某协商如何处理该项目的后续开发工作。金某某陈述，因孙某某无力开发该项目，要求退出，徐某建表示同意开发，故三方达成由徐某建继续开发的口头协议。此后，交投公司与徐某建的新华利邦公司签订《宁波交通信息网络系统项目变更补充开发合同书》，约定交投公司将宁波交通信息网络系统项目委托新华利邦公司承担，包括应用软件开发、系统集成、应用培训和售后服务的全部任务，项目总费用为74万元，合同载明签订日期为2004年10月13日。交投公司分别于2005年6月1日和8月1日向新华利邦公司付款共计62.2万元。

2005年10月10日，交投公司又发表声明一份，说明交投公司与万达公司合同终止后直到2005年年初，整个交通信息项目系统开发工作基本上处于停顿状态，为保证整体交通信息系统的继续推进，该公司与新华利邦公司签订了上述合同，合同的实际签订日为2005年3月，合同书上的2004年10月13日并非真正的签订日，之所以将签订合同的时间提前，是为了整个系统开发工作在时间上具有连续性和衔接性。2005 年 7 月 30 日,该项目通过专家和用户验收。

原告新华公司认为,被告徐某建作为原告的高级管理人员,在负责组织落实宁波市交通信息网络项目后续阶段,发现该项目有利可图,背着原告,于2004 年 10 月 13 日以新华利邦公司名义与交投公司签订了《宁波交通信息网络系统项目变更补充开发合同书》,篡夺了本应属于原告的商业机会。原告于是以徐某建、徐某辉和交投公司为被告提起诉讼,要求三被告停止侵权、赔偿74 万元损失并在宁波日报上向原告公开赔礼道歉。

宁波市鄞州区人民法院经审理认为,由于原告与交投公司未直接签订过合同,作为与万达公司合作方的原告,在万达公司与交投公司合同终止后,在理论上虽具有获得与交投公司再行签订合同的商业机会,但是,原告事实上已不存在商业机会。理由是:(1)根据金某某的陈述,由于原告和万达公司的合同在履行中,万达公司已无力开发完成该项目,故交投公司与万达公司的合同终止。此后在商谈中,原告法定代表人孙某某表示其也无力开发,要求退出该项目,而徐某建同意开发该项目,故是原告放弃了商业机会。(2)被告交投公司表示因为原告曾与万达公司合作参与过宁波交通信息网络系统开发这一项目,但因原告不能按期顺利完成,致使原告与万达公司的合同解除。而交投公司也不满意原告原来的工作,至此,原告在该项目上已失去了交投公司对其的信任,原告在该项目上已不存在商业机会。(3)从 2004 年 10 月交投公司与万达公司终止合同,万达公司又与原告终止合同,至原告提供的录音材料中关于原告法定代表人孙某某与徐某建间进行通话的 2005 年 8 月,在这将近一年的时间里,无证据证明原告在向交投公司争取该项目的商业机会,争取与交投公司签订合同,交投公司也未向原告表示要与原告合作,而该项目又是有履行期限的项目,不可能无期限的拖延,这也说明原告在该项目上已没有商业机会。

法院接着指出,即使原告并未放弃商业机会,而第三人交投公司又不愿与原告公司合作的情况下,作为公司高级管理人员的徐某建在获得商业机会后是否还需要履行一定的程序比如向原告进行披露,对此,法律并未明确规定。在这个问题上,被告认为,根据金某某的说法,原告已放弃商业机会且已知道该商业机会由徐某建组建的新华利邦公司获得,故徐某建没必要再向原告进行披露。原告认为,原告并未放弃商业机会,原告还有获得商业机会的机会,徐某建向交投公司获得商业机会后,应向原告进行披露,否则损害了原告的权益。而法院则认为,参照我国 2005 修改的《公司法》第 149 条第 1 款第 5 项规定,认定高级管理人员是否谋取商业机会,只要证明交投公司已不愿与原告合作(原告也无相反证据证明交投公司的表示是不真实的),原告即已经失去商业机会,从而认定被告徐某建自然获得了商业机会,并非是向原告夺取所谓的本属原告的商业机会,被告徐某建的行为并未损害原告的权益,不构成侵权。如果第三人交投公司不愿与原告合作,原告又不能拥有商业机会,在此情况下仍不容许徐某建去获得和利用商业机会的话,则是对公司高级管理人员忠实义务的极端理解,会造成社会资源的浪费。据此,宁波市鄞州区人民法院判决驳回原告新华公司的诉讼请求。一审判决后,各方当事人未在法定期限内上诉,判决发生法律效力。

(二)评析

　　案例一是公司高级管理人员篡夺公司机会损害公司利益的典型案例。本案法院判决的可贵之处在于,从篡夺公司机会角度认定公司高级管理人员违反忠实义务的侵权行为,这为我们研究公司机会的认定标准提供了宝贵的案例资料。虽然法院仍然从普通侵权行为的构成要件如违法行为、损害、主观过错、因果关系等几方面来阐述理由,但在认定被告存在违反忠实义务的行为时,重点论证了 ATIBIR 公司炼铁厂项目属于原告全泰公司的商业机会。法院主要从两个方面来认定该 ATIBIR 公司炼铁厂项目是属于全泰公司的商业机会。一是 ATIBIR 公司炼铁厂项目合同的协商和缔约过程发生在被告丛某某在原告全泰公司任职总经理期间。这说明被告丛某某是因为在原告公司任职才知晓该项目信息,被告正是利用了为原告负责谈判该项目的职务之便才最后获取该项目;二是被告丛某某在《供货合同》的签订和履行过程中利用了原告全泰公司的资源。被告丛某某利用与原告全泰公司近似的名称,挪用原告的资金,使用原告的网络域名、办公地址、人员、电话、业务等经营资源。事实上,被告利用原告公司资源的目的在于使客户尤其是国外客户对全泰公司与京泰公司产生混淆,从而攫取原告全泰公司的商业机会。被告最终利用原告的资源获取了 ATIBIR 公司炼铁厂项目,这说明原告完全有能力使用自己的资源获得该项目。因此,法院认为 ATIBIR 公司炼铁厂项目是本属于全泰公司的商业机会。

　　在我国立法对公司机会认定缺乏明文规定的情况下,本案法院在公司机会的认定标准上迈出了重要的一步,其积极性和主动性值得肯定。本案法院提出认定公司机会的两点理由,一个是利用职务便利,另一个是利用公司资源,与美国法院提出的认定公司机会的因素清单显然有契合之处。虽然本案法院是根据具体案件事实来认定公司机会,还远未上升到理论上的认定标准或因素的高度,但该判决为我们构建公司机会认定标准提供了可资借鉴的实

践经验。

案例二是我国法院在审判实践中运用公司机会规则的典型案例,并且被国家法官学院以"谋取属于公司的商业机会"作为案由编入《中国审判案例要览(2008年商事审判案例卷)》,[①]足以体现该案判例的重要性。审理本案的宁波市鄞州区人民法院主要审查了被告徐某建通过新华利邦公司获得的宁波交通信息网络系统项目是否是属于原告新华公司的商业机会。对于该商业机会是否属于公司机会的判断,法院主要从以下几个方面进行认定:(1)公司对该商业机会是否有利益或期待利益。宁波法院认为,原告新华公司已经主动放弃宁波交通信息网络系统项目,并且在原告上级承包方万达公司中止与交投公司合同后将近一年的时间里,原告也未积极追求该商业机会。因此原告公司对该商业机会已无利益或预期。这与美国法院在 Lagarde v. Anniston Lime&Stone Co.[②]一案提出的"利益或预期标准"存在异曲同工之妙。(2)机会提供方是否愿意将该商业机会给予公司。本案法院认为,原告曾通过万达公司参与过宁波交通信息网络系统项目,但因原告没有按期完成约定的任务,交投公司对原告的能力不满意,致使合作终止。这表明机会提供方交投公司已不再信任原告,不愿意再与原告合作。因此,原告在该项目上已不存在商业机会。(3)公司是否有财力和人力开发和利用该商业机会。法院查明,原告之前为宁波交通信息网络系统项目的实际负责方,因其无力完成该项目,才导致万达公司终止与交投公司的合同。在之后的商谈中,原告的法定代表人孙某某也明确表示原告无力完成此项目。因此,该项目对原告而言已经不再是其商业机会。机会提供方不愿与公司交易以及公司无技术能力履行义务,是下文将要讨论的两种公司无能力抗辩理由。本案法院将其作为判断是否存在公司机会的因素,实际上混淆了公司机会认定因素与篡夺公司机会的免责抗辩理由的性质。

在这两个案例中,法院都分析了一个商业机会在何种情形下才构成公司机会。这表明我国法院在审判实践中已经开始分析篡夺公司商业机会的行为问题,并且试图通过认定公司机会的方式来界定该行为。比如案例一法院提出了利用职务之便和利用公司独特资源两个因素,案例二法院更是提出了利益或预期、机会提供方的意愿以及公司利用机会的能力等因素来判断是否存

---

① 国家法官学院编:《中国审判案例要览(2008年商事审判案例卷)》,人民法院出版社2009年版,第270~274页。

② Lagarde v. Anniston Lime&stone Co., 28 So. 199 (1900).

在公司机会。这为我国司法上判断篡夺公司机会的行为提供了宝贵的实践经验。然而,从笔者收集到的实证案例来看,我国公司机会案例大多表现为董事或高级管理人员另设同业公司,进而抢夺公司业务范围内的某一具体商业机会。对于这些案件,法院要么直接适用竞业禁止规则来审理,要么根据机会是否与公司经营范围相同或类似来认定责任。相对于英美国家而言,我国的公司机会案例类型较为单一,法院对于篡夺公司商业机会行为的判断还缺乏丰富的经验。

二、我国篡夺公司机会行为的判断标准构建

(一)我国篡夺公司机会行为判断的模式选择

英国和美国都是以忠实义务为依据来确定董事是否存在篡夺公司机会行为,但是英美两国判断篡夺公司机会行为的模式存在较大的差别。英国主要采用"禁止冲突原则"(No-conflicts Principle),而美国则主要采取"所有权原则"(Ownership Principle)。[①] 英国在判断董事是否篡夺公司机会时,首先询问董事从商业机会中获利是否导致其个人利益可能与公司利益冲突。换句话说,董事个人利用机会会危及对公司的忠实义务吗?如果这些利益之间的冲突是有可能的,他就不可以未经股东批准而利用机会。[②] 在美国,公司机会规则采取一个更直接具体的模式,即确定在董事和公司之间,机会属于谁?运用具体的标准来确定机会是"属于"公司还是董事。由此产生了一系列认定公司机会的标准,例如利益或预期标准、经营范围标准和公平标准等。

当然,英美关于篡夺公司机会行为规范的差别不是绝对的非此即彼的关系,所有权原则与禁止冲突原则之间,严格性与灵活性之间,并没有绝对的界限。然而,笔者认为,根据我国的社会经济现实和审判实践,我国宜借鉴美国的"所有权原则"建构我国篡夺公司机会行为的判断模式。

---

① 这一区别主要是学者大卫·克肖(David Kershaw)所提出的,See David Kershaw, Does it matter how the law thinks about corporate opportunities, *Legal Studies*, Vol. 25, No. 4, 2005, p. 534; David Kershaw, Lost in Translation: Corporate Opportunities in Comparative Perspective, *Oxford Journal of Legal Studies*, Vol. 25, No. 4, 2005, p. 603.

② 英国法中保守立场是要求股东会的批准,例如 Regal (Hastings) Ltd v. Gulliver [1967] 2 AC 134 一案即为典型。而在 Queensland Mines v. Hudson [1978] 52 ALJR 379 一案中,枢密院认为董事会的批准就足够了。

一方面,我国目前正处于市场经济发展的初期,需要公司董事的创业头脑和创业精神促进经济的快速发展。而英国"禁止冲突原则"所具有的严格性在一定程度上"抑制有创新头脑的董事发展机会"①,容易导致董事的商业经营决定变得过于保守和缺少成效,甚至使公司难以招募到能干的董事。并且,英国的"禁止冲突原则"将起源于 Keech v. Sandford② 一案中家族信托背景下的受托人法律责任原则移植到现代商业世界,这造成了与当代商业世界的不适和文化脱位。③ 相反,美国的"所有权原则"在个案上更加公平和公正地平衡公司利益和董事创业利益,是"开明的和现实的,有利于实现董事的创业创新主动性"④。因此,有学者主张英国也应效仿美国的"所有权原则"。⑤ 他们将英国的"禁止冲突原则"描述为传统、僵化的。⑥ 它需要被带回生活,重获新生,实现现代化。⑦ 而美国的"所有权原则"提供了"前进的道路"。⑧

另一方面,从我国法院的审判实践来看,美国的"所有权原则"更适合我国的国情。为了保护公司的利益,同时还要保证经济活动不被扼杀,一个公平分配机会的规则需要依靠有经验的法官仔细剖析案件事实。运用英国的"禁止冲突原则",需要法官对是否存在冲突以及冲突的程度进行判断。由于英国法

---

① John Lowry, Rod Edmunds, The No Conflict-No Profit Rules and the Corporate Fiduciary: Challenging the Orthodoxy of Absolutism, *Journal of Business Law*, No. 3, 2000, p. 124.

② Keech v. Sandford (1726) Sel Cas Ch 61.

③ John Lowry, Rod Edmunds, Corporate Opportunity Doctrine: the Shifting Boundaries of the Duty and its Remedies, *Modern Law Review*, Vol. 61, No. 7, 1998, p. 517.

④ P Koh, Once a Director, Always a Fiduciary, *Cambridge Law Journal*, Vol. 62, 2003, p. 403.

⑤ John Lowry, Rod Edmunds, The No Conflict-No Profit Rules and the Corporate Fiduciary: Challenging the Orthodoxy of Absolutism, *Journal of Business Law*, No. 3, 2000, p. 123.

⑥ John Lowry, Rod Edmunds, The No Conflict-No Profit Rules and the Corporate Fiduciary: Challenging the Orthodoxy of Absolutism, *Journal of Business Law*, No. 3, 2000, p. 130.

⑦ John Lowry, Rod Edmunds, The No Conflict-No Profit Rules and the Corporate Fiduciary: Challenging the Orthodoxy of Absolutism, *Journal of Business Law*, No. 3, 2000, p. 123.

⑧ John Lowry, Rod Edmunds, Corporate Opportunity Doctrine: the Shifting Boundaries of the Duty and its Remedies, *Modern Law Review*, Vol. 61, No. 7, 1998, p. 521.

律对公司的利益和董事的利益的范围没有明确界定,法官在判断两者是否冲突时就必须进行自由裁量,这对法官的专业技能和职业道德有非常高的要求。从这一角度而言,"禁止冲突原则"对于利益冲突的判断标准反而是模糊不清的。相反,美国的"所有权原则"却是对董事不得与公司利益冲突的忠实义务进行具体的细化,它通过"所有权原则"这一形式提出公司机会的认定标准,来回答是否存在冲突、是否违反忠实义务这一根本问题。

事实上,美国特拉华州法院在确定商业机会的所有权时,也包含董事自身利益是否与公司利益的冲突这一判断标准。特拉华州法院在 Guth v. Loft 一案中认为:"如果提交给公司董事或高级管理人员的商业机会,是公司财力能够承担,并且从其性质而言,是在公司的经营范围之内,并且对公司有实际的利益,公司在机会中拥有利益或合理的预期,以及利用机会将使得高级管理人员或董事的自我利益将会与公司的利益相冲突,法律就不会允许他为自己而利用机会。"①因此,冲突标准实际上是特拉华州确定机会归属的一个兜底性标准。相对于美国的"所有权原则",有学者认为英国法律实际上并没有清晰的或发展成熟的公司机会判断方法来认定公司机会。② 因此,从这个意义上说,美国的"所有权原则"反而更具有清晰性。学者③认为美国公司机会规则模糊主要是因为,美国每个州是一个单独的司法管辖区,不同的州适用不用的公司机会认定标准。④ 如果从美国州立公司法背景而言,单个州法院在适用公司机会认定标准时总体上是统一的。因此,学者认为由于未注意到美国公司法结构上的系统性差异,美国的"所有权原则"的模糊性被夸大了。⑤

综上所述,我国立法对公司机会规则进行改革的时候,不能仅仅看到英国禁止冲突模式的确定性优点,还要关注我国是否具备采用该模式的相关条件。从我国的现实情况来看,美国的所有权原则更适合我国法对董事篡夺公司机

---

① Guth v. Loft 5 A 2d 503 (Del, 1939).

② David Kershaw, Does it matter how the law thinks about corporate opportunities?, *Legal Studies*, Vol. 25, No. 4, 2005, p. 536.

③ 恺欧注意到"美国公司机会规则的难题是,它给这一法律领域带来模糊"。它的灵活性导致了"不确定性和模糊性,导致对公司受信人的行动自由的猜测游戏"。P Koh, Once a Director, Always a Fiduciary, *Cambridge Law Journal*, Vol. 62, 2003, p. 414.

④ Victor Brudney, Robert Clark, A New Look at Corporate Opportunities, *Harvard Law Review*, Vol. 94, No. 5, 1981, pp. 1020~22.

⑤ David Kershaw, Lost in Translation: Corporate Opportunities in Comparative Perspective, *Oxford Journal of Legal Studies*, Vol. 25, No. 4, 2005, p. 625.

会行为的规范。

（二）我国篡夺公司机会行为判断标准的要素内容

关于篡夺公司机会行为的判断，美国法院多年来一直在努力制定"公司机会"的精确定义，并通过案例归纳出一系列的认定标准。众多法律学者也在为清晰界定"公司机会"而苦苦思考。但迄今为止，学术界对每个认定公司机会的标准都提出过尖锐的批评。学者认为，占主导地位的经营范围标准，在适用时不可预知和无所不包，因此无法对董事及高级管理人员的行为提供指导；[①]利益或预期标准本质上含糊不清和包含范围过窄；[②]公平标准十分模糊，因此不能为行为人提供任何行为指引。[③] 这些批评确实反映了公司机会认定标准在目前的尴尬局面，没有一个标准令人完全信服，没有一个标准被认为是明确的多数意见。

从目前的情况来看，认定公司机会的各种标准充满了例外和难以统一的差异，这种混乱和模糊几乎不能为理论和实务界提供真正的指引。[④] 因此，面对公司机会诉求，法院通常会从利益或预期标准、经营范围标准和公平标准中选择一个主要标准，然后辅以其他标准加以综合。例如，纽约州仍然采用较古

---

① Victor Brudney, Robert Clark, A New Look at Corporate Opportunities, *Harvard Law Review*, Vol. 94, No. 5, 1981, p. 1012.

② Victor Brudney, Robert Clark, A New Look at Corporate Opportunities, *Harvard Law Review*, Vol. 94, No. 5, 1981, p. 1015；Talley & Eric, Turning Servile Opportunities to Gold：A Strategic Analysis of the Corporate Opportunities Doctrine, *Yale Law Journal*, Vol. 108, No. 2, 1998, pp. 290～291.

③ Pat Chew, Competing Interesting in the Corporate Opportunity Doctrine, *North Carolina Law Review*, Vol. 67, 1989, pp. 461～62.

④ 例如美国学者克拉克认为："传统标准在应用中是极其模糊和不确定的。"See Robert Charles Clark, *Corporate Law*, Aspen Publishers, Inc., 1986, pp. 244～45；Coxetal 将该理论描述为极其易变而无法预料的，并指出："在什么构成对公司机会的篡夺这一问题上存在许多不确定性。"See James D. Coxetal, *Corporations*, Aspen Publishers, Inc., 1997, pp. 236～37；有学者认为："法院很难判断在何种情况下受信人应当被禁止为自己的利益篡夺公司商业机会。"See David J. Brown, Note, When Opportunity Knocks：An Analysis of the Brudney & Clark and ALI Principles of Corporate Governance Proposals for Deciding Corporate Opportunity Claims, *The Journal of Corporation Law*, No. 11, 1986, p. 255；还有学者认为："结论性的标准已被证明是无法做到和毫无意义的。"See Note, Corporate Opportunity in the Close Corporation - A Different Result?, *Georgetown Law Journal*, Vol. 56, 1967, p. 382.

老的"利益或预期"标准,但法院往往强调"经营范围"的审查,并运用裁量权对各种变量加以结合。① 与此同时,马萨诸塞州作为唯一仍然采取"公平"标准的州,其最高法院最近已在审判实践中采纳经营范围标准的一种修正版本。②

至于我国的公司机会规则,同样面临着认定公司机会的难题。也许是对国外认定公司机会标准的混乱和模糊有所顾虑,我国 2005 年修订的《公司法》第 149 条对于何谓"属于公司的商业机会"未作具体规定。然而,公司机会的认定是适用公司机会规则的核心问题,法院在审理公司机会案件时必须对这一问题作出明确的回答。如前文案例所举,我国法院已经开始在探索如何界定公司机会,但法院的这种努力很难取得明显的成效。鉴于我国成文法传统,如果我国立法不对此作出指引性的规定,法院便难以适用公司机会规则审理案件,公司机会规则可能会被束之高阁,这种因噎废食的做法实不可取。因此,如何界定公司机会成为一个现实而紧迫的问题。

笔者认为,虽然构成公司机会的情形复杂多变,立法难以就公司机会的认定作单一的硬性规定,但是法律的功能之一是要为人们的行为提供确定性和可预测性,我们不能因为难以界定就放弃努力。目前,我国公司法可参考美国公司机会的认定标准,采取列举多种因素的方式来认定一个商业机会是否是属于公司的商业机会,然后再辅以"其他违反忠实义务利用公司商业机会的情形"这一兜底性条款。具体而言,结合我国审判实践,笔者建议认定公司机会时可考虑如下几个因素。

1. 董事以职务身份获得机会

法院首先应该考虑董事是如何获悉机会的,这是在特拉华州法院判例和《公司治理原则:分析与建议》中都提到的一个因素。如果董事以职务身份获得机会,将成为认定公司机会的初步证据。但如果董事是以个人身份获得机会的,被告证明自己遵守对公司义务的举证责任将因此有所减轻。这一因素已经得到美国法院的认可。密苏里州法院认为:"如果一个商业机会提供给高级管理人员是因其个人身份而不是他作为公司身份,机会就是该高级管理人员的而不是公司的。"③前文所举我国案例中冶全泰(北京)工程科技有限责任公司诉丛某某等公司高级管理人员损害公司利益赔偿案也将利用职务便利获

---

① Rafield v. Brotman, 690 N. Y. S. 2d 263, 265 (1st Dep't 1999).

② Demoulas v. Demoulas Super Mkts., 677 N. E. 2d 159, 181 N. 36 (Mass. 1997).

③ Chemical Dynamics, Inc. v. Newfeld, 728 SW2d 590, 593 (Mo App 1987).

取机会作为认定公司机会的一个重要因素。① 当然,这一因素不是决定性的,应与其他因素综合发挥作用。这一因素可分两种情况。

一是公司指派董事争取的机会。在这种情形中,董事被公司派遣去寻求机会,而不是为自己获得机会。美国典型的案例有 Central Railway Signal Co. v. Longden② 案。案中 Central 公司生产保险丝、照明弹和其他爆炸物。当第二次世界大战爆发时,公司转向制造军需品,并指示总裁 Longden 去调查获得制造引物雷管的政府合同的可能性。Longden 获悉,美国海军需要的引物已经足够,但对 20 毫米弹药很感兴趣。Longden 然后成立自己的公司来利用这一机会,并误导海军以为这家新公司是由 Central 设立来处理战争合同的。法院几乎没有任何争议得出结论认为机会属于 Central 公司。

在这种情况下,公司在机会的开发中已掌握主动,然后将具体实施步骤交给董事去办。如果没有某种形式的法律保护,公司将不得不花费资源监督代理人的行为并且重复代理人的努力。因此,公司机会规则有必要从保护授权代理角度,将该机会认定为公司机会。

二是不请自来的机会。这类"职务身份"情况主要是指机会属于董事的职责范围。例如 Northeast Harbor Golf Club, Inc. v. Harris③ 一案中,被告 Harris 是一个拥有并经营高尔夫球场俱乐部的总裁。职业经纪人为出售球场草坪之间的 3 块非邻近的土地而与 Harris 谈判。经纪人在法院作证说,他接触 Harris,是因为他认为俱乐部将有兴趣购买土地以防止其被开发,但事实上 Harris 为自己购买了土地。法院指出经纪人的证词将证明机会"是因 Harris 的俱乐部主席身份才被提供给他的"④。在这种情况下,法院根据美国法学会《公司治理原则:分析与建议》第 5.05 条第(b)款第(1)项第(A)目,认定购买该土地构成公司机会。⑤

① 参见北京市第一中级人民法院〔2010〕一中民终字第 10249 号民事判决。载国家法官学院案例开发研究中心编:《中国法院 2012 年度案例》,中国法制出版社 2012 年版,第 157~170 页。

② Central Railway Signal Co. v. Longden, 194 F. 2d 310 (7th Cir. 1952).

③ Northeast Harbor Golf Club, Inc. v. Harris, 661 A. 2d 1146 (Me. 1995).

④ Northeast Harbor Golf Club, Inc. v. Harris, 661 A. 2d 1151 (Me. 1995).

⑤ 该条规定,董事或高级管理人员得知该机会是:(A)因为履行董事或高级管理人员的职责,或在当时的情形下,该董事或高级管理人员有理由相信提供机会的人意图将这个机会提供给公司。

2.公司与机会之间的先前联系

如果公司能够证明,在董事篡夺机会时它已经与机会之间存在先前联系,那么机会就理应属于公司。这种预先存在的联系可能表现为先前的谈判或者合同权利(如购买选择权)。预先存在的联系因素反映了"利益或预期"的逻辑,但并不等于"利益或预期标准"。因为一旦上升为标准,就可能会使法院无视其他同样重要的因素。比如,在前文所举的我国案例宁波市科技园区新华信息技术有限责任公司诉徐某建等损害公司权益案中,法院认为公司主动放弃了商业机会,并且在很长的一段时间内都没有采取行动积极争取该商业机会,公司对该机会的先前联系被切断,已不再存在利益或预期。因此,宁波市鄞州区人民法院判决该机会不属于公司机会。①

3.机会对公司是并不可少的或具有特殊价值

如果机会对公司有某种特别重要性或独特价值,如毗邻公司财产的物业,通常可以认为机会"属于"公司。这一因素在美国的许多案例中都得到了重视,大多数法院将对公司有独一无二价值、对公司必不可少或者必然产生利润的机会,认定为公司机会。

首先,许多公司机会案件牵涉独一无二的机会权利纠纷。如对公司有"特殊和独一无二价值"的专利或土地。② 在 Guth 案中,双方争议的机会是百事可乐的"秘密配方",这对于一个汽水公司显然具有独特的价值。在 Irving Trust Co. v. Deutsch③ 一案中,被告购买一家拥有对所在公司很有价值的专利的公司,被施加责任。在 Kaufman v. Wolfson④ 一案中,法院拒绝收回利润,因为它认为购买股票的机会不是唯一的。

其次,当机会对公司的成功必不可少,法院一般都会认定为公司机会。例如,对于一个批发公司而言,在许多的选择中购买一个零售商店并不是必不可少的,但为将来的扩展购买一些相邻的不动产可能就是必不可少的。机会是否必不可少也可能与它是否是独一无二有关。例如,假设董事从一个倒闭的竞争对手购买了一批某种型号的二手卡车。由于董事获得该机会就使得公司没有类似的机会,这个机会即为独一无二。如果公司需要扩大其车队但买不起全新卡车,这些二手卡车也是必不可少的。

---

① 参见宁波市鄞州区人民法院〔2007〕甬鄞民二初字第 2 号民事判决书。
② Litwin v. Allen, 25 NYS2d 667, 686 (Sup Ct 1940).
③ Irving Trust Co. v. Deutsch, 73 F2d 121 (2d Cir 1934).
④ Kaufman v. Wolfson1, 53 F Supp 253, 256 (SD NY 1957).

最后,机会是否对公司有"特殊价值"的第三种情形,是机会成功的可能性。公司一般期望董事将对公司具有特殊价值的机会首先提供给公司。一般而言,公司机会诉讼争议的都是成功获取利润的机会。这有很多原因。一方面,董事没有将机会提供给公司很可能是因为机会成功的不确定性,而是选择用自己的钱冒险。另一方面,当投资成功与否是不确定的,原告股东往往采取机会主义行为。例如,如果董事投资了几个高风险机会,其中多数失败,只有一个成功,原告自然会只追诉成功的投资机会。

4. 使用公司的资源

如果董事使用公司的资源去追求和发展机会,同样可能成为认定公司机会的初步证据。许多法院根据董事所使用的公司资产类型来区分责任的大小。例如,密歇根上诉法院指出:"当使用公司硬资产如现金、设备和合同,比使用公司软资产如好想法、工作时间和公司信息更容易被认定存在篡夺行为。"[①]使用的资产金额与机会的整体价值比也是一个方面。如果追求机会时仅仅使用了很小一部分的公司资产,法院就可能驳回公司机会诉求。使用公司资源因素源于禁止反言(Estoppel)规则,即禁止董事一方面以机会不在公司经营范围为由辩解机会不是公司机会,但另一方面又利用公司资源为自己开发该机会。在前文所举我国案例中冶全泰(北京)工程科技有限责任公司诉丛某某等公司高级管理人员损害公司利益赔偿案[②]中,法院认为,被告使用了原告公司的大量资源,其目的在于使客户尤其是国外客户对全泰公司与京泰公司产生混淆,从而攫取原告全泰公司的商业机会。被告正是通过利用原告的资源才获取了 ATIBIR 公司炼铁厂项目这一商业机会。因此,完全有理由认为该炼铁厂项目是属于原告公司的商业机会。

5. 机会与公司的经营范围的契合程度

如果机会符合公司过去、现在和将来的经营范围,法院往往会将其视为一个公司机会。这一因素与特拉华州法院提出的经营范围标准类似,但这里的经营范围的含义更为灵活。对于公司将来可能从事的经营业务,例外的情形是,如果证据表明董事并不知道公司进入新业务领域的意图,则不构成公司机

---

① Rapistan Corp. v. Michaels, 203 Mich. App. 301, 3-15, 511 N. W. 2d 918 (1994).

② 参见北京市第一中级人民法院〔2010〕一中民终字第 10249 号民事判决。载国家法官学院案例开发研究中心编:《中国法院 2012 年度案例》,中国法制出版社 2012 年版,第157～170 页。

会。在 Alexander & Alexander of N. Y. , Inc. v. Fritzen 一案,法院拒绝原告提出的公司打算进入人寿保险业务的观点,一定程度上是因为没有证据证明被告已经知晓其"未公布的意图"①。

　　以上列举了认定公司机会时经常可能考虑的因素,这些因素基本涵盖了法院在分配争议机会时经常强调的因素。就像特拉华州法院所强调的,这些因素没有一个是决定性的,必须根据具体案件事实加以运用。这种列举虽然不一定全面,但它至少给审理案件的法官一个判断的依据而不至于无所适从。同时,对于原被告双方在公司实务中的行为也有较为明确的指引作用。虽然这种列举并未完全摆脱实践判断的需要,但它应该比已有的特拉华州法院所适用的标准更为清晰和确定。所列因素可能广泛包含特拉华州法院所适用的标准未能包含的活动,但是它宽广的范围是有道理的。毕竟,公司机会的认定涉及利益冲突问题,我们需要激励董事和高级管理人员充分披露。

　　① Alexander & Alexander of N. Y. , Inc. v. Fritzen, 147 A. D. 2d 249 (1st Dep't 1989).

第四章

篡夺公司机会的抗辩事由

即使某一商业机会被认定是公司机会,公司董事利用该机会也并不一定会被苛责,因为在一些情形下,公司可能拒绝该机会或无能力利用该机会,董事此时利用该机会而不致违反忠实义务。[①] 因此,英美法院在认定公司机会的同时,也承认董事的一些抗辩事由,使利用机会的董事可以主张免责。

第一节　公司无能力抗辩

一、财务无能力

在美国,最早赞成财务无能力抗辩的是特拉华州判例法。美国特拉华州法院早在 Guth 一案中就认为,有四个因素与确定受信人是否可以追求机会尤为相关。这些因素是:第一,从性质上,机会是否在公司的业务范围内并且对公司有实际的好处;第二,公司在机会中是否有合理的预期或利益;第三,如果董事或高级管理人员利用机会,机会是否导致董事或高级管理人员的自我

---

① Talley, Eric, Turning Servile Opportunities to Gold: A Strategic Analysis of the Corporate Opportunities Doctrine, *Yale Law Journal*, Vol. 108, No. 2, 1998, pp. 289~292.

利益与公司利益冲突;第四,机会是否是公司在财务上能承担的机会。① 第四个因素意味着如果公司财务上无力承担该机会,董事等人即可利用该机会,这对 Guth 案的扩张性公司机会规则的适用作了一定限制。

然而,法院认为董事不能单单依靠公司财务无能力这一抗辩理由免责,因为"Guth 一案法院适用的规则只是指引方针,没有一个因素是决定性的",并且"当它们适用时,所有因素都必须被考虑"。② 公司财务无能力问题的重点仅仅是,如果一个公司财务上无法取得或发展机会,法院应该更倾向于赞成董事可以利用机会。尽管如此,Guth 一案法院明确承认,在确定机会是否是公司机会时,公司获得和发展机会的财务能力是需要考虑的相关因素。

在 Guth 案后,财务无能力抗辩在美国获得了广泛的接受。由于 Guth 案中并不存在公司无财务能力的问题,因此法院并没有对财务无能力的具体含义作出解释。③ 法院判断公司是否有财务能力的方法曾经五花八门、混乱不堪。有一些法院关注公司的信贷潜力。④ 一些法院要求有足够的流动资产来追求机会。⑤ 但有的法院认为如果一个公司只是没有手头现金,仍然有可能在财务上能够利用机会。例如,它已获得融资来源或拥有可以抵债的有价值财产。⑥ 因此特拉华州最高法院主张采取严格方法,认为判断公司财务无能力使用的准则是公司是否是真正破产。⑦ 对于何为破产,密西西比州最高法院在 Ellzey v. Fyr-Pruf, Inc. 一案中解释有不同的破产类型:资产负债表意义上的破产,衡平意义上的临时破产,以及由于缺乏流动资金无法获得信贷的破产。⑧ 法院将资产负债表的破产作为无财力的适当标准,因为它是最严重

公司机会规则研究

厦门大学法学院经济法学文库

---

① Guth v. Loft, Inc. , 5 A. 2d 503, 510 (Del. 1939).

② Broz v. Cellular Information Systems, Inc. , 673 A2d 148, 154 - 155(Del 1996).

③ Struan Scott, The Corporate Opportunity Doctrine and Impossibility Arguments, *The Modern Law Review*, Vol. 66, No. 6, 2003, p. 858.

④ 例如,在 A. C. Peters Co. v. St. Cloud Enterprises, Inc. , 301 Minn. 261, 222 N. W. 2d 83 (Minn. 1974)一案中,一家公司的几位职员创办了他们自己的公司购买原公司需要的财产。法院认为,职员并未违反公司机会规则,因为原公司没有足够的财务能力追求机会。它拖欠了银行几个借款,因此银行不会再给予其购买财产所需的信贷。

⑤ Katz Corp. v. T. H. Canty Co. , 168 Conn. 201, 962 A. 2d 975, 979 (Connecticut, 1975).

⑥ Agranoff v. Miller, 1999 Del. Ch. LEXIS 78.

⑦ Yiannatsis v. Sterianou, 653 A2d 275, 278 (Del 1994).

⑧ Ellzey v. Fyr-Pruf, Inc. , 376 So. 2d 1928 (Miss. 1979).

和不可更改的状况。如果公司只是缺少资金发展机会，法院可能会认为机会本身是"足够独特和宝贵的"，[①]这使它能够筹到必要的资金。因此，即使是在美国特拉华州，财务无能力抗辩也并不当然成立，仅仅是在达到公司破产这一条件下，才支持董事以公司财务上无法利用机会作为抗辩理由。

美国支持无能力抗辩的论据主要有两个。其一，法院认为董事所负的忠实义务比传统的受托人更低。虽然无能力抗辩对受托人可能是不恰当的，但对董事而言是恰当的。在 A. C. Petters Co. v. St. Cloud Enterprises[②] 一案中，法院即接受了公司财务无能力抗辩。案中银行拒绝进一步扩大对公司的贷款，除非被告董事对贷款作出担保。公司本身无法获得融资，因为它拖欠了许多借款。董事成立了自己的公司并购买了公司需要的地块，以防止土地外流。法院认为不存在篡夺公司机会的行为，因为"这是一个普遍的普通法规则，一个公司的高级管理人员没有特定义务使用他个人的资金或用他个人的资金担保，使公司能够利用商业机会"。[③] 其二，法院赞成财务无能力抗辩的主要着眼点可能在于其经济效率上的好处。按照效率观点，如果公司无财务能力利用某一机会，禁止受信人利用这个机会将造成浪费，特别是如果机会未被第三方利用，浪费更为严重。即使其他第三方愿意利用这个机会，但受信人特殊的背景和专业知识可以使他更有效率地利用该机会。而严格适用传统的信托原则将阻碍由公司受信人自我利益所激发的商业机会的出现。[④]

对此，笔者持反对观点。一方面，董事的义务虽然没有受托人严格，但其基本的任务即为公司寻找和利用商业机会，并且尽一切可能克服其中的困难和障碍。学者认为无能力抗辩与现代公司对董事必须"促进公司的成功"的期望不符。[⑤] 这种抗辩将诱使受信人不尽其最大努力为公司获得必要的财政资源，或操纵公司财务状况使公司表面上看来无财力追求机会，反而"不利于解

---

① 有些法院从公司追求机会将使它受益并为其利益服务的事实，推断公司在财务上能够追求机会。See Joyce v. Cuccia No 14953，1997 Del Ch LEXIS 71.

② A. C. Peters Co. v. St. Cloud Enterprises, Inc. , 301 Minn. 261，222 N. W. 2d 83（Minn. 1974）.

③ A. C. Peters Co. v. St. Cloud Enterprises, Inc. , 301 Minn. 261，222 N. W. 2d 86（Minn. 1974）.

④ W. W. Bratton, Self-Regulation, Normative Choice, and the Structure of Corporate Fiduciary Law, *Georgia Washington Law Review*，Vol. 61，1993，p. 1101.

⑤ Struan Scott, The Corporate Opportunity Doctrine and Impossibility Arguments, *The Modern Law Review*，Vol. 66，No. 6，2003，p. 866.

决公司融资和其他障碍"。^① 换句话说,如果被告董事或高级官员可以为机会提供资金,我们为什么不能假设公司也能这样做? 如果被告董事或高级官员可以为机会提供资金,但公司不能,我们为什么不鼓励董事或官员以公正的回报率将其资金提供给公司呢? 卡多佐法官在 Meinhard v. Salmon 一案中提出了这一问题,要求董事必须放弃自利想法。[②] Irving Trust Co. v. Deutsch[③] 一案中被告 Deutsch 个人欠公司大约 125000 元,但他没有努力偿还这笔钱,人为"制造"了公司无财务能力这一假象。[④] 法院评论说:"这有助于证明严格规则的明智性,禁止董事声称公司无力履行合同,却又为自己的利益接管这一合同。如果董事不能确定公司是否能支付必要的费用,他们不得从事这一业务(即缔结合同);如果他们这样做,他们不得取代公司并且不得将可能的利益转移到自己的口袋。"[⑤]Irving 一案之后的法院更是以怀疑的眼光看待公司财务上无能力利用公司机会的抗辩。在 Nicholson v. Evans 一案中,奥克斯(Oaks)法官说:"这些被告不是想方设法偿清债权人的债权以维护公司最宝贵的资产并保护子公司免受有害控制,而只为公司取得亟须的资金作过一次尝试。"[⑥]在 Lowder v. All Star Mills, Inc. 一案中,受信人掏空了公司的资金投入他控制的其他公司,然后声称公司财力不足以利用机会。[⑦]

另一方面,无财力抗辩将使得董事等受信人成为判断自己的问题的法官。因为董事是对机会和公司最了解的人,他人难以证明公司是否有财力利用机会。同样,法院解决法律问题必须依据篡夺者所控制的事实作为证据,很难查证所谓的无能力。[⑧] 从认识论来讲,董事事后提出的事实和证据可能深受影响而过于主观。在确定公司的资金来源时,需要了解的信息包括:公司的财务关系历史;现有的和潜在的公司董事及高级管理人员可能有的财务接触;在机

---

① Victor Brudney & Robert Clark, A New Look at Corporate Opportunities, *Harvard Law Review*, Vol. 94, No. 5, 1981, p. 1149.

② Meinhard v. Salmon, 164 N. E. 545, 550 (N. Y. 1928).

③ Irving Trust Co. v. Deutsch 73 F. 2d 121, 124 (CA 2nd Cir. 1934).

④ Irving Trust Co. v. Deutsch 73 F. 2d 121, 124 (CA 2nd Cir. 1934).

⑤ Irving Trust Co. v. Deutsch 73 F. 2d 121, 124 (CA 2nd Cir. 1934).

⑥ See Nicholson v. Evans, 642 P. 2d 731 (Utah, 1982).

⑦ Lowder v. All Star Mills, Inc. , 82 N. C. App. 470, 472, 346 S. E. 2d 695, 697 (1986).

⑧ Victor Brudney, Robert Clark, A New Look at Corporate Opportunities, *Harvard Law Review*, Vol. 94, No. 5, 1981, p. 1021.

会可用时,市场融资的意愿,以及目前的利率和利差。很多这样的信息往往被董事控制,法院根本无法得到客观的证据。即使能够得到这些信息并且无利害董事也作证无财务能力,但评估财务能力仍然十分主观,因为冲突董事对机会的介绍可能影响第三方是否拒绝为公司提供资金的决定;无利害董事可能通过与冲突董事互动或通过与第三方互动形成他们的意见;第三方对该交易的态度可能是通过冲突董事所提供的信息和之前与冲突董事互动形成的。鉴于如此令人怀疑的事实理由,无财力抗辩的可信度就成为不确定的。如果允许董事以财务能力作为免责抗辩,在董事精心制造财务无能力假象的情况下,可能造成实际上允许董事利用公司机会的后果。这一抗辩将产生相当大的代理成本。

因此,笔者认为,即使公司并不具有实现特定机会的财务能力,董事仍应向公司披露后方可利用该机会,否则构成违反忠实义务。原因在于,公司是否具有实现该机会的能力应由董事会来考量,而不应取决于该利害冲突董事的个人决定。如果董事认为公司缺乏实现该机会的能力,则董事可在公司无利害关系董事拒绝利用机会之后,再行利用。公司是否具有财务能力与董事负有应将该机会披露于公司的忠实义务无关。因此,财务无能力抗辩不能作为董事侵占公司机会的抗辩理由。

英国判例法和成文法为我们提供了很好的启示。英国的传统立场是反对无能力抗辩。英国法认为公司缺乏能力抓住机会与董事责任是不相关的,因为董事作为受托人返还秘密利益的责任的真正基础是,他们没有权利利用自己的职务秘密地获取利益。公司机会的分配是利益冲突禁止规则适用的结果。[①] 英国的典型案例为 Regal(Hasting) Ltd v. Gulliver 一案。本案中公司无法满足业主提出的资本必须达到 5000 英镑的要求,然而枢密院法院并没有允许董事以这一理由证明他们个人获得机会的合法性。法院的立场是,一个机会并不因为公司无法利用它(例如公司没有财力利用),就不再是公司机会。[②] 这一传统立场在今天仍然得到支持。英国《2006 年公司法》第 175 条也规定,公司的董事不得利用公司的任何财产、信息或机会,以避免他的直接或间接利益同公司利益冲突或可能冲突,而不管公司是否可以利用该财产、信息或机会。这实际上在法律上明确拒绝了无能力抗辩。

---

① [马来西亚]罗修章、[中国香港]王鸣峰:《公司法:权力与责任》,杨飞等译,法律出版社 2005 年版,第 480 页。

② Regal(Hasting) Ltd v. Gulliver [1967] 2 AC 134,159.

二、法律上无能力

在公司机会审判实践中,无能力抗辩并不局限于财务无能力,法院一直面临着各种无能力抗辩,较为常见的第二种无能力抗辩情形是法律禁止或限制公司从事某一业务的资格,或者章程限制公司的经营范围,导致公司欠缺法律能力从事某一业务。这即法律上无能力的抗辩。

法律上无能力主要包括两种情况。一种情况是,公司章程对公司经营范围的限制可能排除公司利用特定机会的权利。例如,从事某一商业机会可能会违背公司章程中所列的公司宗旨,因为股东经常会在章程中载明禁止公司经营的范围,以利股东掌握公司资金的运用。另一种情况是,如果法律的强制性规定禁止公司从事某一业务范围,也可能造成公司无法律能力利用这样的机会。例如,银行法禁止非金融组织从事银行业务。银行和其他金融机构也可能会被法律禁止从事某些商业活动,有的国家不允许银行进入保险业和证券业,禁止银行随意设立分支机构。

美国法院在公司机会案件中长期都承认某种形式的法律上无能力作为有效的抗辩。在 Goodman v. Perpetual Bldg, Asso.[①]一案中,一家建筑与贷款协会根据弗吉尼亚州法不能获得保险代理人或经纪人资格,在该州从事保险业务超越法定权限,并且协会根据马里兰州法也不能合法获得保险代理人资格。但是根据哥伦比亚区法律,协会却可以在该区作为保险代理人或经纪人合法从事业务。该协会的董事在上述两个州和一个区成立了自己的保险代理机构从事保险业务。法院认为,在协会不能合法从事保险业务的两个州,董事没有篡夺公司机会,因为法律强制性禁止该协会在该州从事保险业务。而在哥伦比亚区,协会可以合法从事保险业务,董事的行为即篡夺了属于公司的商业机会。在 1976 年特拉华州的 Fliegler v. Lawrence[②]一案中,公司董事会拒绝接受锑矿产的原因之一就是公司当时在法律上无资格开采矿藏。公司的董事和高级管理人员后来购买了这些锑矿产,但特拉华州法院却给予其免责待遇。在 Alexander & Alexander of New York, Inc. v. Fritzen[③]一案中,被告

---

① Goodman v. Perpetual Bldg, Asso. , 320 F. Supp. 20 (D. D. C. 1970).

② Fliegler v. Lawrence, 361 A. 2d 218 (Del. 1976).

③ Alexander & Alexander of New York, Inc. v. Fritzen, 147 A. D. 2d 241, 247, 542 N. Y. S. 2d 530 (1st Dep't 1989).

也辩称,公司在法律上不能利用人寿保险业务机会,因为它没有获得销售人寿保险的业务许可。

在英国,公司法律上无能力利用某一机会并不能证明董事利用机会谋取个人利益是正当的。这种立场得到了 Boardman v. Phipps[①] 一案的明确支持。在该案中尽管购买其他公司的股票超越了信托规定的权力,但购买其他公司股票的受信人还是被法院认定篡夺公司机会。尽管这是一个越权案例,但是英国法的立场也完全相同。它表明如果法律禁止公司从事某一机会,篡夺这种机会的董事仍然要对公司承担法律责任。

笔者认为,基于"法律强制性规定必须遵守"的原则,如果属于法律的强制性禁止规定部分,因公司无法利用该机会,故不属于公司机会而董事可利用。因此,成文法强制性禁止规定可作为董事利用公司机会的抗辩理由。另外,如果仅仅是公司章程禁止或合同禁止部分,则不得作为董事当然免责的理由,董事仍应将机会提供给公司。因为随着公司从特许设立时期进入自由设立时期,公司的经营范围也已不限于特定行业或产业,设立公司从事商事交易行为已经不再被视为特权(即经营不再受限制)。公司成立时在章程中规定的经营范围的约束力已越来越弱,只要法律没有强制性禁止,公司完全可以从事目的事业之外的其他业务。例如美国《示范商业公司法》第 3.01 条第(a)款规定:"根据本法组成的每一家公司的目的是从事任何一项合法的业务,除非公司的章程中规定了更为有限的目的。"事实上,20 世纪以来,公司跨行业经营十分普遍,这种做法有利于分散风险,提高投资回报率。随着公司经营范围的扩大,不能认定购买一家啤酒厂不属于电子公司的业务范围。公司股东有理由期望公司利用那些虽不属现行业务范围但又安全和有利可图的机会,公司已具有足够的灵活性来利用超越章程规定的经营范围内的机会。[②] 因此,随着传统越权理论的衰落,当机会具有良好的获利前景时,股东极有可能会修改章程或变更合同以利用该机会。董事关于商业机会超越公司经营权限的抗辩也就失去了理论上的依据。

① Boardman v. Phipps〔1967〕2 AC 46.

② 薄守省:《论美国法上的公司机会原则——兼谈大陆法上的竞业禁止》,对外经济贸易大学 2000 年硕士学位论文。

三、第三方拒绝与公司交易

关于第三方拒绝与公司交易能否作为抗辩理由，在英美国家有许多案例作了讨论。其中纽约的几个案例如 Washer v. Seager① 案、Rafield v. Brotman② 案和 DiPace v. Figueroa③ 案都明确接受了这一抗辩。法院认为只要董事没有促使第三方拒绝与公司交易，第三方拒绝交易的决定是独立作出的，董事的抗辩就可以成立。

在 Washer v. Seager 一案中，原告 Washer 是运动服装制造商 Sportscloth 公司的唯一股东和董事，被告 Seager 为公司高级管理人员。当 Seager 离开 Sportscloth 公司创办竞争公司时，Sportscloth 公司唯一的面料供应商决定将其业务转移到 Seager 的新公司。纽约第一巡回法院推翻了初审法院关于 Seager 篡夺了公司机会的裁定："一旦供应商决定不再与 Washer 或 Sportscloth 公司进一步交易，就不存在任何公司机会或预期。"④纽约州最高法院指出："直到现在，Washer 案仍然是纽约可适用的先例。"⑤

在 Rafield v. Brotman 一案中，数据处理公司的唯一客户决定逐步断绝其与该公司的关系，并建立一个内部机构来提供该公司一直在提供的数据处理服务。原告称，公司董事在此后不久离开公司为客户工作，这实际上将数据处理业务转移给自己而篡夺了公司商业机会。初审法院驳回了这一请求，认定被告接受这一工作时，客户已经独立作出决定将这一业务纳入公司内部机构。纽约第一巡回法院维持该判决，认为由于客户的决定"使公司丧失了继续其业务的任何可行前景"，公司在维持与客户的关系上并没有"有形的预期"。⑥

另外，在 DiPace v. Figueroa 一案中，原告声称，董事购买的物业构成了公司机会。纽约第三巡回法院驳回原告的公司机会诉讼请求，因为"卖方明确

---

① Washer v. Seager，272 A. D. 297 (N. Y. 1st Dep't 1947).

② Rafield v. Brotman，261 A. D. 2d 257 (N. Y. 1st Dep't 1999).

③ DiPace v. Figueroa，223 A. D. 2d 949 (N. Y. 3d Dep't 1996).

④ Washer v. Seager，272 A. D. 303 (N. Y. 1st Dep't 1947).

⑤ Jonathan Rosenberg, Kendall Burr, Making Sense of New York's Corporate Opportunity Doctrine , *New York State Bar Association Journal*, Vol. 80, No. 5, 2008, p. 13.

⑥ Rafield v. Brotman，261 A. D. 2d 258 (N. Y. 1st Dep't 1999).

地声明他们不会卖给公司或原告,而只卖给被告个人"①。

在 2007 年审理的 Moser v. Devine Real Estate, Inc.②一案中,纽约第三巡回法院认为由于第三方"毫不含糊地证明"他将不会提供商业机会给公司,公司在这样的机会中没有"有形的预期"。法院引用 DiPace 案指出:"通常情况下,有关第三方不愿与公司交易的证据,足以排除存在公司机会的裁定。"③

美国特拉华州法院支持第三方拒绝交易抗辩的著名案例是 1980 年 Science Accessories Corp. v. Summagraphics Corp.④一案。特拉华州最高法院主张,当交易相对人拒绝与公司进行交易时,该机会即不属于公司机会。该案原告 Science Accessories Corp.(以下简称 SAC)是一家经营数字绘图软件及设备的科技公司。被告公司 Summagraphics Corp. 则为 SAC 三名重要员工 Whetstone、Snyder、Phillips 在离开 SAC 前创设的公司,该公司同样以数字绘图设备为经营项目。Whetstone 于离开 SAC 之前五个月私下与一位科学家 Brenner 签订协议生产并销售其所发明的设备。Brenner 所研发的技术取代原本 SAC 所采用的生产技术,使 Summagraphics 公司大大提高数字绘图设备的使用期限并降低生产成本。由于 Brenner 不愿意让 SAC 得知或利用其发明,因此他与 Whetstone 间的协议是在私下签订的。SAC 诉称,员工得知此一机会后未向公司披露并侵占该机会的行为违反忠实义务。原审法院认为该机会并不属于 SAC 而判决原告败诉,但上诉人不服,向特拉华州最高法院提起上诉。最高法院根据原审法院所查明的事实认为,由于 Brenner 并不愿意使 SAC 得知或利用其发明,因此该机会并不属于 SAC 所拥有的公司机会。

然而,美国大多数州法院认为除非是以信息披露等为前提条件,否则第三方拒绝交易抗辩不能成立。⑤ 马萨诸塞州的 Energy Resources Corp. v. Porter⑥一案即为其典型。在该案中,Energy Resources Corp. 公司(以下简称 ERCO)的黑人副总裁和首席科学家 Porter 是流化床燃烧煤方面的专家。Porter 代表公司准备与另一组织霍华德大学合作申请基金来发展这一项目。这一合作者对项目申请的成功十分重要。当准备申请时,霍华德大学的项目

---

① DiPace v. Figueroa, 223 A. D. 2d 952 (N. Y. 3d Dep't 1996).

② Moser v. Devine Real Estate, Inc. , 42 A. D. 3d 731 (N. Y. 3d Dep't 2007).

③ Moser v. Devine Real Estate, Inc. , 42 A. D. 3d 735 (N. Y. 3d Dep't 2007).

④ Science Accessories Corp. v. Summagraphics Corp. , 425 A. 2d 957 (Del. 1980).

⑤ See Regal-Beloit Corp. v. Drecoll, 955 F. Supp. 849, 861-63 (N. D. Ill. 1996).

⑥ Energy Resources Corp. v. Porter, 438 N. E. 2d 391 (Mass. App. 1982).

负责人 Jackson 不想让人产生这样的误解，即这个项目是黑人在为白人公司充当先锋但仅仅拿到少数报酬。因此他鼓动 Porter 本人与他一道提出申请。最后他们获得了基金立项。

ERCO 提起公司机会诉讼后，被告 Porter 辩称，由于合作申请人拒绝与公司合作，机会就不是公司的机会。法院认为，合作者不愿意给予公司项目是不充分的抗辩，因为董事还没有向公司充分披露。"辩解的困难是，Jackson 不愿合作的决定绝不是不可改变的，而 Porter 将 Jackson 的立场和理由保密，从未给予 ERCO 证实的机会。如果 Porter 告诉 ERCO 关于霍华德大学想与黑人分包商合作的情况，事情就可以有许多其他可能。ERCO 的其他高级管理人员可能已说服 Jackson 或者霍华德大学的其他人，Porter 在 ERCO 的身份即是如此（他即为非裔黑人董事），他们对 ERCO 的担心是没有理由的。因为根据霍华德大学的要求，ERCO 很有可能已经组织设立一个 Porter 占主要地位而 ERCO 占次要地位的新公司。而这些只是许多可能性中的少数几个。"[①]因此，如果没有充分披露，公司将不知道第三方拒绝与其交易，因此就没有机会采取行动说服并改变第三方的立场。法院指出："由于拒绝合作的坚定性不能仅仅由公司高级管理人员充分查证，除非已首先向公司披露对方拒绝合作，否则它就不能得到支持。如果没有充分披露，很难查证拒绝交易的真实性，高级管理人员很容易诱导第三方拒绝交易。"[②]法院同时指出，当提供机会方拒绝与公司合作时，董事必须"毫不含糊地向公司披露这一拒绝，以及对拒绝理由的公平陈述"[③]。

在其他有关第三方拒绝交易抗辩的案例中，大多存在着与 Energy Resources 一案相同或相似的事实前提。例如，在 Regal-Beloit Corp. v. Drecoll 一案中，法院认为电力传输系统和精密切削工具主要生产商的副总裁和雇员篡夺公司机会，尽管卖方提供证词说不信任原告公司拒绝与原告公司交易。[④]

① Energy Resources Corp. v. Porter, 438 N. E. 2d 391 (Mass. App. 1982).
② Energy Resources Corp. v. Porter, 438 N. E. 2d 394 (Mass. App. 1982).
③ Energy Resources Corp. v. Porter, 438 N. E. 2d 395 (Mass. App. 1982).
④ Regal-Beloit Corp. v. Drecoll, 955 F. Supp. 849 (N. D. Ill. 1996).

另外,在 Production Finishing Corp. v. Shields^① 一案中,法院认为钢铁抛光公司的总裁从福特汽车公司获得业务是篡夺公司机会,尽管福特汽车公司提供证词,表明其拒绝与公司交易。^② 而在 Imperial Group, Inc. v. Scholnick 一案中,法院认为房地产投资集团的受信人通过为自己购买某一特定土地而篡夺了公司机会,尽管土地业主的证词说在相同的条款和条件下,不会出售给该房地产投资集团。^③ 这些案例的共同特征是董事未向公司披露第三方拒绝与公司交易的事实,并且无法判断第三方的拒绝是否受到董事的影响导致其主观性过强。

英国传统的立场是,除非被告向公司披露该机会被第三方拒绝的情况,使公司有机会去争取该机会,否则,永远不能确切知道第三方是否可能已经被说服放弃对公司的抵制。英国的典型案例是 Industrial Development Consultants Ltd v. Cooley^④ 一案。案中被告 Cooley 先生是天然气行业的著名建筑师,担任原告公司的执行董事,曾代表原告与第三方谈判一个天然气项目但一直没有成功。后来第三方找到 Cooley,答应合作但条件是与 Cooley 个人合作而非与原告公司合作。然而,Cooley 没有将此机会告知公司,而是从公司辞职来追求机会。Cooley 抗辩主张提供合同的一方不愿聘用原告公司。不过,法院驳回这一抗辩,理由是:被告在作为执行董事的能力范围内获得了这样的

---

① Production Finishing Corp. v. Shields, 405 N. W. 2d 171 (Mich. Ct. App. 1987). 该案案情与 Energy Resources 案有点类似,被告希尔兹(Shields)从 1974 年 1 月到 1981 年 8 月是 Production Finishing Corporation (PFC)的总裁。PFC 垄断了底特律汽车行业大部分钢铁抛光工作。公司仅仅没有争取到福特汽车公司这一大客户,因为福特汽车公司自己进行抛光。在相当长的一段时间内,PFC 通过希尔兹的定期的销售寻求福特汽车公司的业务。1981 年,希尔兹获悉,福特汽车公司正在考虑外包其抛光工作。希尔兹向 PFC 董事会披露这一事实,董事会指示他追求机会。但是,福特汽车公司拒绝希尔兹的初步建议,因为 PFC 如果获得福特汽车公司业务,会对该地区形成垄断地位,这对福特汽车公司的交易地位将是不利的。希尔兹不是与 PFC 董事会讨论这一情况,而是瞒着 PFC 以自己名义与福特汽车公司签订了合同获得福特汽车公司业务。后来 PFC 提起诉讼声称希尔兹违反公司机会规则。希尔兹认为,他有权利追求福特汽车公司的抛光工作,因为福特汽车公司曾明确拒绝与 PFC 交易。但是,就像 Energy Resources 案一样,法院驳回抗辩,理由是希尔兹没有遵守对 PFC 的披露义务。

② Production Finishing Corp. v. Shields, 405 N. W. 2d 171 (Mich. Ct. App. 1987).

③ Imperial Group, Inc. v. Scholnick, 709 S. W. 2d 358 (Tex. Ct. App. 1986).

④ Industrial Development Consultants Ltd v. Cooley [1972] 2 All ER 162.

信息,却没有将信息转给原告。相反的,被告却为了让自己得到订立这一合同的机会开展了一系列的活动。① 法院认为:"并不能说原告将肯定能够得到这个合同。但另一方面,原告始终存在说服提供合同的第三方改变他们想法的可能性。并且,具有讽刺意味的是,努力说服他们改变主意一直是被告的义务。这是一个奇怪的位置,根据这个位置,有义务说服第三方改变主意的 Cooley,不应说原告没有遭受损失,因为他从没有试图成功地说服第三方改变主意。"② 正如柯林斯法官后来在 CMS Dolphin Ltd v. Simonet 一案中所说:"他(Cooley)所要做的是使自己远离此类型的合同,他的工作就是为公司获得这种合同(即使公司不太可能赢得合同)。"③

综合以上案例,笔者认为,当第三方不愿与公司进行交易时,如果公司得知此一信息,公司可能以提供较优厚的交易条件等方式与该第三方进行协商,从而仍有取得该机会的可能,这也正是董事等经营者所应负担的职责。因为第三方拒绝与公司交易是基于其对交易候选人的一种主观倾向,第三方的偏好可以被董事或公司的努力改变。比如,在 Energy Resources 一案中,法院认为如果被告向公司披露,公司很有可能缓解合作者的担心,改变合作者的态度。这种抗辩将与前述财务无能力抗辩一样,将可能导致经营阶层为取得该机会而故意急于说服对方,从而将产生更大的代理成本。也有学者采纳这一见解。④

因此,如果第三方拒绝与公司交易,董事即有义务向公司披露第三方拒绝交易的事实,给公司一个采取补救措施的机会,否则第三方拒绝交易的事实就无法得到客观验证。董事向公司披露该事实,并且获得公司对该机会的拒绝,是董事主张的第三方拒绝交易这一抗辩得以成功的先决条件。否则,公司机会规则限制董事篡夺公司机会的目的可能被轻易地规避,公司将处于十分不利的地位。⑤

---

① Industrial Development Consultants Ltd v. Cooley〔1972〕2 All ER 172.

② Industrial Development Consultants Ltd v. Cooley〔1972〕2 All ER 176.

③ CMS Dolphin Ltd v. Simonet〔2001〕2 BCLC 704.

④ Franklin A. Gevurtz, *Corporation Law*, West Group, 2000, p. 381.

⑤ Franklin A. Gevurtz, *Corporation Law*, West Group, 2000, p. 381.

第二节　披露与批准抗辩：安全港规则

一、安全港规则概述

在英美法上，董事利用公司机会如同自我交易一样并不当然地要承担责任，在某些条件下仍允许董事利用外部商业机会。如果董事将商业机会首先披露给公司，并且公司决定不追求或同意董事利用该机会，则完全可以避免利益冲突的发生，董事利用这样的机会就不用承担法律责任。因此，英美法院发展出公司机会的安全港(Safe Harbor)规则来平衡公司的发展与董事的个人利益之间的关系。这种类似于自我交易中适用的安全港规则已经得到许多英美判例法和成文法的认可。

在英国的 Regal(Hasting) Ltd v. Gulliver 一案中，罗素法官就曾指出："如果他们愿意，他们本应该可以通过 Regal 公司的股东大会决议来保护自己，由于缺乏这样的批准，当然应该施加责任。"[1]同样，在 Canadian Aero Service Ltd. v. O'Malley 一案中，拉斯金法官提道："董事不得秘密地，或者未经公司批准(这需要充分披露相关事实)而为自己利益获得任何属于公司或公司一直在谈判的财产或商业利益。"[2] 在成文法方面，英国《2006 年公司法》就突出了披露和批准程序上的要求，该法第 175 条的第 4 款、第 5 款、第 6 款花了很大篇幅规定董事得到公司批准而免责的事项。[3]

在美国，法院在 Teixeira & Co., Inc. v. Teixeira 一案的判决中就明确

---

[1]　Regal(Hasting) Ltd v. Gulliver [1942] 1 All ER 378, at 389.

[2]　Canadian Aero Service Ltd. v. O'Malley (1973) 40 DLR(3d) 371, at 382.

[3]　英国《2006 年公司法》第 175 条的相关规定是："(4)下列情况并未违反义务：(a)如果不能合理地认为可能引起利益冲突；或(b)如果该事项已得到董事会成员的授权。(5)下列情况可由董事会成员批准：(a)在私人公司中，公司章程并未禁止将利益冲突事项提交给董事会批准；或(b)在公开公司中，公司章程规定董事会可以批准提交的利益冲突事项。(6)授权仅仅在下列情况下方可生效：(a)讨论事项的会议符合法定人数，该人数不包括利害关系董事或相关董事；(b)利害关系董事或相关董事不能对该事项投票或如果他们的投票没有被计算在内该事项也能通过。"

承认安全港规则。本案法院认为当受信人知道一个可能的公司机会时,他必须首先分析这样的机会是否理应属于公司。法院进一步认为,不管他如何决定,将机会提交给公司将创造一个"安全港",并减少随后关于受信人违反信义务诉讼的可能性。^① 此外,Broz v. Cellular Information Systems, Inc. 一案法院虽然不要求强制披露,但也承认董事为利用机会而寻求董事会的同意,是一"安全港"的措施,一旦经过董事会的同意,该董事即无责任可言。^② 美国法学会《公司治理原则:分析与建议》中关于公司机会的强制披露也是安全港的体现,按照其中第 5.05 条第(a)款第(1)项,除非董事或高级管理人员首先将机会提供给公司,并且披露有关的利益冲突和公司机会事实,否则不得利用公司机会。^③ 因此,如果董事行为符合安全港要求的条件,就可以合理利用公司机会而不必承担责任,这也成为董事利用公司机会最普遍且较无争议的抗辩理由。

在安全港规则中,法院更多的是关注董事是否向公司披露该商业机会及其相关重要事实,以及公司是否拒绝追求该机会或是否同意董事追求该机会。只有经过这一系列的程序,董事才能合理利用公司机会而不致承担篡夺公司机会的法律责任。因此,公司机会的安全港规则的内容主要包括披露规则和同意(批准)规则两个方面。

二、披露规则

(一)披露的必要性

"披露"作为利用公司机会安全港的第一道闸门,日益受到法院和学者重视。美国特拉华州法院最早承认了披露作为一个独立的义务存在。^④ 代表性案件有 Kerrigan v. Unity Savings Association^⑤ 案、Lynch v. Vickers Energy

---

① A Teixeira & Co., Inc. v. Teixeira, 699 A. 2d 1383, at 1388 (RI, 1997).

② Broz v. Cellular Information Systems, Inc., 673 A. 2d 148, 157-158 (Del. 1996).

③ American Law Institute, *Principles of Corporate Governance: Analysis and Recommendations*, American Law Institute, 2004. §5. 05 (a) (1).

④ L. A. Hamermesh, Calling Off the Lynch Mob: The Corporate Director's Fiduciary Disclosure Duty, *Vanderbilt Law Review*, Vol. 49, 1996, p. 1117.

⑤ Kerrigan v. Unity Savings Association, 317 N. E. 2d 39 (Ill. 1974).

Corp. ①案、Weinberger v. UOP, Inc. ②案以及 Smith v. Van Gorkom③ 案。

在 1974 年伊利诺伊州(Illinois)的 Kerringan v. Unity Savings Association 一案中,一家信贷合作社的几位董事设立了保险代理公司,在合作社场所内向合作社的客户推销家庭财产保险。合作社的一位股东提起派生诉讼,认为设立保险代理公司是合作社的商业机会。董事们争辩说成文法不准信贷公司承办保险业务,因此保险不属合作社业务,不是合作社的机会。这一抗辩得到初审法院支持,但在上诉法院和州最高法院均被推翻。伊利诺伊州最高法院强调董事有义务向合作社提供和披露该机会:"如果商业机会规则要具备有效性,公司或协会必须有机会在得到有关事实的充分披露后,决定是否要进入一个与其现有或预期经营相契合的业务。如果董事没有就此向公司披露并提交机会给公司,信义规则所特有的预防性目的将禁止董事为自己利益利用机会。" ④

Lynch v. Vickers Energy Corp. 一案涉及公司董事从股东手里购买公司的股票。法院要求董事向股东披露他所了解的董事支付的价格过低的公司信息。⑤ Weinberger v. UOP, Inc. 一案,法院认为"一个拥有更优越信息的人不得利用股东不知道的公司信息误导股东",⑥但大股东任命的董事并没有披露他们为大股东购买股权而准备的可行性研究的结果。Smith v. Van Gorkom 一案关注董事在向股东建议合并意见时的尽责程度。法院认为,董事违反了他们在给出这些意见之前必须充分披露的义务,并且对于一个合理的股东在投票决定合并时认为重要的所有信息,董事根本没有披露。⑦

新泽西州法院在 CameCo., Inc. v. Gedicke⑧ 一案中进一步承认披露义务为独立义务。Gedicke 是 Cameco 公司的中层经理,负责安排运输粮食产品到零售商店。这需要 Gedicke 统筹运输计划,谈判运费和监督涉及装货过程

① Lynch v. Vickers Energy Corp. , 103383 A. 2d 278 (Del. 1977).

② Weinberger v. UOP, Inc. , 104 Weinberger v. UOP, Inc. , 457 A. 2d 701, 711 (Del. 1983).

③ Smith v. Van Gorkom, 105 488 A. 2d 858 (Del. 1985).

④ Kerrigan v. Unity Savings Association, 317 N. E. 2d 44 (Ill. 1974).

⑤ Lynch v. Vickers Energy Corp. , 103383 A. 2d 281 (Del. 1977).

⑥ Weinberger v. UOP, Inc. , 104 Weinberger v. UOP, Inc. , 457 A. 2d 701, 711 (Del. 1983).

⑦ Smith v. Van Gorkom, 105 488 A. 2d 893 (Del. 1985).

⑧ CameCo. , Inc. v. Gedicke, 109724 A. 2d 783 (NJ 1999).

的员工。Gedicke 和他的妻子背着 Cameco 公司成立了安排运输食品的公司，它的两个客户是 Cameco 的竞争对手。虽然实质性问题是经理为竞争对手服务是否构成对 Cameco 不忠，但法院的注意力集中在一个程序性问题上。法院强调了披露对这一实质性问题的重要性，认为雇员设立一个可能会与雇主冲突的独立公司之前，一般应将其计划告知雇主，以提醒雇主注意潜在的问题并且保护雇员自己免受不忠实的指控。①

在公司机会案件中，披露义务体现为要求董事在追求机会之前向公司先行披露该机会及其可能产生的利益冲突，②以便公司能够对该机会行使优先拒绝权。③然而法院的见解并非完全一致。有些法院认为董事须先向公司提供商业机会，并完全地披露其利益，由公司评价董事行为是否合适，如法院在Demoulas v. Demoulas Super Market，Inc. 一案就重点强调了披露机会的必要性："为确保对公司公平，不管有什么障碍，机会都要被提交给公司，必须充分披露重要的事实，使公司有机会考虑是否应克服和如何克服这些障碍。如果没有这样的规则，受信人的自我利益可能影响他的判断或引诱他忽略自己的义务。"④Broz v. Cellular Information Systems，Inc. ⑤一案法院则认为在某些特定情形下，董事不必先向公司披露该机会。法院认为需要建立清楚且确信的证据，去证明董事的行为未篡夺公司的机会，而不必通过披露公司机会的形式来证明董事对公司所负的忠实义务。但法院同时承认，如果董事已先将机会提供给公司且做了完全的披露，并且经公司拒绝后，即可为董事创造一安全港而使该董事免受篡夺公司机会的控诉。⑥

---

① CameCo. , Inc. v. Gedicke, 109724 A. 2d 788 (NJ 1999).

② See Carlsted v. Holiday Inns, Inc. , No. 86C 1927 (N. D. Ill. Oct. 9, 1986) (LEXIS, Genfed library, Courts file); Lussier v. Mau-Van Dev. , Inc. , 4 Haw. App. 359, 368-69, 667 P. 2d 804, 813 (1983); Hill v. Hill, 279 Pa. Super. 154, 163, 420 A. 2d 1078, 1082 (1980). 这些案例都表示，仅仅当股东已知道机会，同意受信人利用机会并且这种利用不会损害公司，才允许受信人利用机会。

③ 公司机会的优先拒绝权模式是，拥有机会的一方(要约人)在将机会提供给受信人之前有责任将机会提供给公司。因为根据披露义务，除非受信人首先将机会提供给公司，否则不能追求他想要追求的机会。由于受信人不拥有机会，他们不能确保公司获得机会，仅仅可以保证他们将不再与公司竞争机会。

④ Demoulas v. Demoulas Super Markets, Inc. , 677 NE 2d 159, 181 (Mass. 1997).

⑤ Broz v. Cellular Information Systems, Inc. , 673 A. 2d 148 (Del. 1996).

⑥ Broz v. Cellular Information Systems, Inc. , 673 A. 2d 148 (Del. 1996).

从安全港角度而言,披露义务有其显著的优点。第一,要求董事披露公司可能有兴趣的一切机会,这最大限度地保护了公司利益。公司可以监控董事的忠诚度,因为当董事考虑可能导致利益冲突的商业机会时,他将必须先通知公司。公司可以根据其经营战略和对机会预期投资回报的评估,事先决定是否将追求该机会,而不必事后猜测公司是否会追求机会。第二,在理论上,如果披露程序被明确界定,公司、董事和法院也容易确定董事是否遵守这一程序。由于法院可以客观衡量董事是否作出了充分的披露,以及公司是否已有效地拒绝或接受机会,这极大地提高了公司机会规则的确定性和可预测性。

(二)披露的范围

在理论上,只有满足下面两个条件,董事才应遵守披露机会的义务:第一,机会被推定属于公司;第二,董事希望从事这样的机会。虽然董事知道他们自己是否希望追求机会,但难以确定机会是否属于公司。对于这一问题,英美判例法和成文法至今都无法给出明确的答案。打算利用商业机会的董事更加难以凭自己的经验准确判断机会的归属。一旦董事作出错误的判断,将公司机会误认为不属于公司的机会而加以利用,其责任风险是巨大的。因此,笔者认为,董事应将自己想利用的一切机会都向公司披露,并寻求公司的授权同意来追求机会。如果公司作出了同意董事利用该机会的决定,那么董事就等于获得了免除责任的安全港,不用担心法院在事后判决他非法篡夺公司机会。这是基于以下几点理由:

一方面,董事对公司负有忠实义务,应为了公司的利益而尽其心力,去谋求公司的最大发展与利益。因此如果董事遇到一商业机会,不管此机会是否在公司的经营范围内或公司对此是否有利益或预期,均应向公司披露。因为该机会可能不在公司的经营范围内或公司对此无利益或预期,但仍可能为公司提供一个创新或多元化经营的机会。当前,多数跨领域企业都是利用与本来业务不相关的机会来拓展业务。只要有发展的商机,公司就会有发展的可能性。虽然尝试利用机会也要负担风险,但公司是否利用该机会应属于商业判断的范畴,与董事是否披露机会不可混为一谈。

另一方面,如果允许董事运用自由裁量权来判断机会是否属于公司,董事可能会产生一种侥幸的心态,即虽然董事错误判断一机会不属于公司机会,要负担被控诉的风险,但不一定就必定要承担篡夺公司机会的责任。因为股东有可能根本不起诉,法院也有可能采纳董事的抗辩,等等。董事在面对有巨额利益的机会时,即有可能心存侥幸而篡夺该机会,这将使公司丧失发展的可能性。因此董事在面临一商业机会时,仍应将机会向公司披露由公司决定是否运用,应是较为妥当的方法。

因此,笔者认为董事原则上应将所有机会向公司披露,由公司决定是否利用机会。只有公司拒绝利用该机会,董事方可利用机会。这种简单的判断可使董事易于行事,避免董事产生侥幸的心态,导致错误判断而须承担责任。

可能有人会认为这种做法对董事过于严苛,将可能使董事无法利用其他机会来分散其投资风险。如果公司不管是否有能力运用而一律接受所有的商业机会,这将实质上剥夺董事自由创业权利。另外,如果一律要求董事披露所有的机会,可能造成该机会泄漏于外而遭到他人篡夺。以上质疑,均有其合理之处。然而笔者认为就公司利用机会与董事风险分散二者而言,应更着重于前者的保护,这也符合忠实义务所要求的应将公司利益置于个人利益之前的原则。因此笔者认为与其交由个别董事自行判断机会是否属于公司机会,不如要求其向公司披露并交由公司决定更为恰当。

(三)披露的充分性

如果董事确实负有披露义务,接下来的问题就是如何界定充分披露。英美国家有的法院要求董事对机会和董事在机会中可能的个人利益作出充分披露。[①] 美国法学会的《公司治理原则:分析与建议》借鉴证券法律的标准,要求董事的披露必须符合"实质性"(material)标准,即董事应披露理性人将极可能认为对决策重要的所有实质性事实。[②]

俄勒冈州是美国第一个赞同《公司治理原则:分析与建议》强制披露义务的州。俄勒冈州最高法院在 Sabre Farms Inc. v. Jordan[③] 一案中阐述了什么是适当的披露。案中被告董事通知公司,一个竞争对手马铃薯种植企业即将出售,而且董事以其个人而不是职务身份与卖方讨论了他们购买业务的兴趣。6个月后董事向公司披露,他已与对方缔结购买意向备忘录。但是,根据双方的保密协议而不便披露详细条款。被告还向公司解释,他打算将其业务转换成工业设施,从而减少公司的一个竞争对手。经讨论后,无利害关系董事一致同意被告利用这一机会。尽管收购协议的具体条款受到保密,但法院认为:

---

① 提出披露要求的案例有:Energy Resources Corp. v. Porter, 14 Mass. App. Ct. 296, 301 n. 2, 438N. E. 2d 391, 394 n. 2 (1982); Klinicki v. Lundgren, 298 Or. 662, 683, 695 P. 2d 906, 920 (1985).

② American Law Institute, *Principles of Corporate Governance: Analysis and Recommendations*, American Law Institute, 2004. § 1. 20.

③ Sabre Farms, Inc. v. Jordan, 78 Or. App. 323, 717 P. 2d 156 (1986).

"公司在作出同意决定时不需要知道每一个事实,被告披露的信息足以让无利害关系董事知道或应当知道机会的具体情形,以及被告是否有不当行为。"[1]

虽然恰当的披露应该包括披露机会和董事利益两个方面,但法院更重视董事对其利益的披露。在 Klinicki v. Lundgren 一案中法院认为,董事不披露他为自己篡夺机会的意图以及其他事实,违反了他的义务。[2] 其他法院也表示,董事应当披露其在机会中的自身利益。[3]

此外,如果董事隐瞒关于机会的信息,或以任何方式干扰公司获取机会,这种"充分披露"的抗辩就可能不起作用。比如,一个公司的主要销售人员向他的雇主充分披露机会,以获取新的产品线,但此前在晚餐时他已告诉生产商说他的雇主没有多少资金,并且雇主在该领域的专长是令人怀疑的。这不仅违背了雇员对雇主的受信人责任,而且违反了公司机会规则,因为销售员依然通过使公司不可能获得该机会的方式而"篡夺"了机会。当销售员 6 个月后辞职并创办了新产品线的新公司,由此引起的诉讼迅速查明了餐桌上的对话,销售员最终向他以前的公司支付赔偿。[4]

三、批准规则

(一)拒绝(Rejection)还是批准(Approval)

当董事向公司披露之后,必须得到公司对机会的拒绝还是要得到公司批准,董事才可以追求机会呢?公司拒绝追求机会在实质和形式上都明显不同于公司批准董事利用机会。拒绝仅仅表明公司放弃追求机会,而批准则进一步表明公司允许董事可以为个人利益追求机会。

美国对这一问题的基本立场以美国法学会的《公司治理原则:分析与建议》为代表。其中第 5.05 条第(a)款第(2)项规定,董事将机会披露给公司后,如果公司拒绝该机会,董事即可自行利用该机会。美国法学会在评注中解释说:"如果公司已经拒绝了一项机会,董事或高级管理人员就可以去争取这一

---

[1] Sabre Farms, Inc. v. Jordan, 78 Or. App. 323, 717 P. 2d 159-160 (1986).

[2] Klinicki v. Lundgren, 298 Or. 662, 683, 695 P. 2d 906, 920 (1985).

[3] Sabre Farms 一案法院要求被告披露其在机会中的个人利益;Energy Resources Corp. v. Porter, 14 Mass. App. Ct. 296, 300-01, 438N. E. 2d 391, 394 (1982)一案法院批评被告对离开公司的原因保密。

[4] Lisa Peters, Corporate Opportunity, A Primer: Part 1, *Canadian Corporate Counsel*, Vol. 23, No. 4, 2001, p. 11.

机会,只要不导致与公司发生竞争而违反第 5.06 条关于与公司竞争的规定。"①换句话说,如果机会是与公司相竞争的业务,在公司拒绝机会后董事想利用该机会,董事还须根据竞业禁止规则取得公司的批准方可。当然,如果机会并不与公司业务相竞争,在公司拒绝机会后董事即可利用。

纽约法院审理的 Foley v. D'Agostino② 一案即完全体现了这一观点。本案中的被告是管理一个连锁超市的高级管理人员和董事,他们因创立一个竞争性连锁超市而受到指控。被告辩称,他们可以自由地创办和经营竞争业务,因为他们先前已经将机会提供给了公司,但公司董事会投票决定不予利用。③审理案件的法官认为,虽然董事会拒绝了机会,但这没有免除受信人的忠实义务。由查明的事实可以确定他们因与雇主竞争而违反了义务,因此原告的诉讼请求应该得到支持。本案强调董事与公司竞争必须获得公司的批准,如果追求机会并不会与公司竞争,则只要公司拒绝即可。④

与美国的立场相反,英国判例和学说则要求公司不仅拒绝(Rejection)利用机会,而且要求公司批准(Approval)董事利用机会,董事才可利用该机会。⑤ 加拿大最高法院审理的 Canadian Aero Service Ltd v. O'Malley 一案即是这一立场的代表。拉斯金法官在本案判决中认为被告的信义义务在辞职后仍然存在,被告如果没有充分的披露并经公司批准(approval of the company),就不得为自己利益利用机会。⑥ 更为权威的代表是英国《2006 年公司法》第 175 条第(4)款第(b)项的规定,该条规定如果董事同公司的利益冲突事项已得到董事会的授权批准(Approval),董事即可免责。

笔者认为,英国主张的"拒绝加批准"立场比较切合我国实际。事实上,我国现行《公司法》中的公司机会规则即是采取"公司批准"作为董事利用公司机会的前提条件。这是一种稳妥谨慎的立法方式,值得肯定。其一,"批准"不但表示公司拒绝了机会,还表示公司允许董事追求这一机会,可以彻底解除董事

① 美国法学会编:《公司治理原则:分析与建议》,楼建波等译,法律出版社 2006 年版,第 331 页。

② Foley v. D'Agostino, 21 A. D. 2d 60 (1st Dep't 1964).

③ Foley v. D'Agostino, 21 A. D. 2d 68 (1st Dep't 1964).

④ Jonathan Rosenberg & Kendall Burr, Making Sense of New York's Corporate Opportunity Doctrine , *New York State Bar Association Journal* , Vol. 80, No. 5, 2008, p.11.

⑤ 曹顺明:《公司机会准则研究》,载《政法论坛》2004 年第 2 期,第 63 页。

⑥ Canadian Aero Service Ltd v. O'Malley (1973) 40 DLR (3d) 371.

利益冲突的嫌疑。实践中大多数公司机会都在公司经营范围之内,公司放弃该机会并不等于董事可以追求机会。因为董事往往熟稔公司内部信息,利用这样的机会将造成与公司的竞争,损害公司的利益。因此,董事披露的机会即使获得了公司的拒绝,其利用机会还不一定能获得免责。只有公司权衡各种利益关系后批准董事利用机会,利益冲突才能消除,董事利用机会才可以得到免责。这才是真正的安全港。其二,"拒绝"存在许多歧义情况,董事有时难以准确把握。按照英美判例法,拒绝分为明示拒绝和默示拒绝,而默示拒绝存在多种不确定的情况,比如公司不作任何表示是否就可以认定为默示拒绝,公司多长时间内不作为才能认定默示拒绝? 这些问题不仅在实践中难以认定,立法上更难以界定。而"批准"是公司的一种积极作为,不存在上述难以界定的情况,歧义较少,更具确定性和可操作性,对于初引入该制度的成文法国家来说比较适合。①

(二)适格的批准机关

当董事打算从公司获得决议批准他利用机会时,应该由董事会还是由股东会作出这种决议呢? 学者戴维斯(Davis)和普伦蒂斯(Prentice)认为,只要董事向董事会披露他的利益,并且自己不参与董事会对这一问题的讨论,董事会即可以决定拒绝机会并批准董事利用机会。② 罗森玛丽(Rosemary)在她的文章中建议允许向董事会披露并经董事会批准,是法律对商业现实的一种呼应。③ 帕尔默(Palmer)提出不同的观点,他建议,在技术上,董事会不能批准董事利用公司机会,即便是经过充分披露并且利害董事不参与投票。不过,如果董事会善意决定公司不应该利用该机会,就意味着机会已经不再是公司机会,董事随后利用机会将不再违反信义义务。④ 美国法学会的《公司治理原则:分析与建议》主张原则上应由董事会作出拒绝与否的决定,只有在大多数

① 肖璟翊:《试论公司机会的认定标准及例外规定》,深圳市福田区人民法院网,http://www.ftcourt.gov.cn/Detail.aspx? D=15,54,54,-1.下载日期:2009 年 10 月29 日。

② Paul L. Davies, *Gower's Principles of Modern Company Law*, 6th ed., Sweet & Maxwell, 1997, p. 617.

③ Rosemary Teele, The Necessary Reformulation of the Classic Fiduciary Duty to Avoid a Conflict of Interest or Duties, *Australian Business Law Review*, Vol. 22, 1994, p. 101.

④ Palmer, *Palmer's Company Law* (Vol. 2, loose-leaf ed.), Sweet & Maxwell, 1992, p. 79.

董事与该机会都存在利益冲突的情况下，才由股东会来作决定。[①] 这也是美国法院普遍采纳的观点。

英国法院在早期坚持应该由公司股东会批准董事利用公司机会的行为。因此，在 Regal 一案中，即使被告董事已经获得了董事会的批准购买子公司股票，仍然要对公司承担篡夺公司机会的责任。加拿大关于这个问题的立场有点模糊。在 Peso Silver Mines v. Cropper[②] 一案中，加拿大最高法院根据公司董事会拒绝机会的证据而免除了董事利用公司机会的责任。但是，在 Zwicker v. Stanbury[③] 一案中加拿大最高法院认为如果没有公司股东会的批准，董事不能为个人利益获取股票和财产抵押。然而，加拿大大多数法院似乎都遵循 Peso 案或美国法院的观点，允许董事会或股东会作为批准董事利用公司机会的机关。英国在近期似乎开始考虑商业世界的现实情况，逐渐采纳加拿大的立场。英国《2006 年公司法》第 175 条第（4）款第（b）项即明确规定如果冲突事项已得到董事会的批准，就没有违反义务。因此，从总体上而言，英美法主流观点是让董事会来充当批准董事利用公司机会的机关。

当然，也有许多学者主张应由股东会作出批准的决定。马克埃利斯（Mark Ellis）即认为"批准的法则"应该是由股东一致投票批准。[④] 其他评论家认为，股东的批准是可取的，主要是因为股东是公司真正的所有人，是最能保护公司利益以及他们自己利益的人。董事会成员可能是欲利用机会的利害董事的"亲信"。[⑤] 董事相互之间本为同事，董事投票表决时可能会受到感情色彩的影响而无法作出客观公正的决定。这就像高尔教授所言："允许董事决定公司不应该接受机会以及后来他们自己利用机会，就存在很大的偏见（Impartiality）限制。"[⑥] 另外，欲利用机会的董事可能在公司内部有很大的权力控制其他董事，比如可以雇佣或解雇董事。那么，他想追求该机会的暗示可能使

① American Law Institute, *Principles of Corporate Governance：Analysis and Recommendations*, American Law Institute, 2004. § 5. 05 (a) (3) (B), (C).

② Peso Silver Mines v. Cropper (1966)58 D. L. R. (2d) 1.

③ Zwicker v. Stanbury [1954]1 D. L. R. 257.

④ Mark Ellis, *Fiduciary Duties in Canada* (loose-leaf ed.), Carswell, 1993, p. 51.

⑤ T. Cockburn, "*Fiduciary Disclosure Obligations*" in Disclosure Obligations in Business Relationships, Federation Press, 1996, p. 48；Jeffrey Legault, Redefining Corporate Opportunity in Canada, *Business Law Review*, Vol. 27, 1996, p. 75.

⑥ Gower, *The Principles of Modern Company Law*, 3ⁿᵈ ed. , Sweet&Maxwell, 1969, pp. 519～520.

得其他董事不敢违背其意志。在这种情况下董事会决定的公正性就很值得怀疑，因此，董事会作为批准的机关似乎就不太恰当。还有的学者建议以利用机会的时间点来划分批准机关，即如果董事利用机会之前寻求公司批准，他应该向董事会寻求批准决定。如果董事已经违反信义义务篡夺公司机会，董事欲寻求免责，他必须在事后得到股东会的多数决议批准。①

笔者认为，到底应该由董事会还是股东会作为批准机关并不真正重要，重要的是不管哪个机关行使批准权都必须符合独立性、代表公司最佳利益以及有效率等条件。因此，可采取较为折中的办法来调和董事会和股东会的批准决定权。股东会作为批准机关可能存在很高的成本以及滞后性，特别是在一些大型股份有限公司，大多数股东为消极股东，不关心公司的经营事务，有时即使想关心公司事务也可能难以得到决策所需的充分信息。因此，股东会的批准看似权威和公正，但如果每一个商业机会的拒绝都需要股东会作决定，在实践上很难操作。在大多数情况下等到股东会召开时，机会已经消失，批准已无意义可言。笔者建议，可以利用公司章程的作用来划分董事会与股东会的批准权。

首先，董事会在原则上作为决定商业机会的批准机关。这又可以分为两种情况：(1)在有限责任公司中，公司章程并未禁止将商业机会提交给董事会作决定；(2)在股份有限公司中，公司章程规定董事会可以对提交的商业机会作决定。第一种情况是一个选出(opt out)规则，除非公司章程作出另外的不同安排，否则即自动适用。第二种情况是选入(opt in)规则，即只有当公司章程中规定了董事会作为批准决定机关时，董事会才有权对机会作出批准与否的决定，否则就只能通过股东大会来获得批准。这充分利用公司章程的作用作出灵活的规定，体现了公司的意思自治原则。英国《2006 年公司法》也采取类似的做法。

其次，公司章程还可以根据商业机会对公司的重要性和价值来决定应该由哪一个机关作出批准决定。对于一般的商业机会，公司章程可以把决定权授予董事会。对于影响公司股东资产价值的重要商业机会，股东们非常关注，公司章程可以明确列举具体某一类或几类情形，并且规定只有股东会才有权对这些商业机会作出是否批准的决定。

最后，在董事会作为批准机关的情况下，如果董事会的大多数董事都存在

---

① Austin, *Fiduciary Accountability for Business Opportunities*, P. D. Finn. *Equity and Commercial Relationships*, Law Book Co., 1987, p.183.

利益冲突,导致董事会无法正常表决,则由股东会作为批准机关。如果股东会也无法独立表达意见,则要求利用机会的董事证明整个交易对公司是公平的。通过充分利用公司章程的意思自治作用,可以避免一刀切地规定单一的批准机关,既能保证董事会决定的效率,又能保证股东会决定的公正。

(三)利害关系的判断

在利用公司机会的安全港中,无论是董事会还是股东会作为批准机关,都要求由无利害关系的董事或股东组成。因此,利害关系的判断就成为一个关键问题。为了恰当地确定某一公司机会是否会被董事会或股东会决定利用,我们必须独立分析每名董事或股东的个人情况。①

根据利益冲突理论,无利害冲突董事或股东须具有非利害性与独立性。②因此,可投票表决该商业机会的董事或股东,须不具有直接经济上的利益,或与利益冲突人之间不具有亲属、财务、职业或雇佣关系等间接经济上的利益。因为这样的关系可被合理地推论投票表决的董事将受到利益冲突影响,无法独立地行使表决权,人们难以期待他将公司利益置于优先地位。③ 在 Kahn v. Lynch Communication Sys.④一案中,法院对于具有利益冲突的并购议案,要求独立董事须能不受影响地独立行使职权,方可产生举证责任转换的效力。

关于间接经济利益的判断,有学者提出了实质性经济利益标准。即如果董事或股东在欲利用公司机会的经济实体(公司、合伙或独资企业)中担任董事或高级管理人员,或在该实体中有一个实质性的经济利益(Material Financial Interest),那么根据公司机会规则推理,董事或股东个人与该机会之间存在利害关系。⑤ 实质性经济利益标准受到特拉华州法院⑥、美国《示范商业公

---

① Eric G. Orlinsky, Corporate Opportunity Doctrine and Interested Director Transactions: A Framework for Analysis in an Attempt to Restore Predictability, *Delaware Journal of Corporate Law*, Vol. 24, 1999, p. 509.

② Orman v. Cullman , 794 A. 2d 5, 24 (2002).

③ Franklin A. Gevurtz, *Corporation Law*, West Group, 2000, pp. 331~332.

④ Kahn v. Lynch Communication Sys. , 638 A. 2d 1110, 1117 (1994).

⑤ Eric G. Orlinsky, Corporate Opportunity Doctrine and Interested Director Transactions: A Framework for Analysis in an Attempt to Restore Predictability, *Delaware Journal of Corporate Law*, Vol. 24, 1999, p. 509.

⑥ Cinerama, Inc. v. Technicolor, Inc. , No. 8358, 1991 Del. Ch. LEXIS 105 (Del. Ch. June 21, 1991).

司法》①的支持，并且美国许多其他州也采用这一标准。只有在利害关系非常明显，以至于可能会影响董事对该机会投票的判断时，实质性经济利益标准才被援用。换句话说，如果在经济上的利益是非实质性的，并不能合理预期将影响董事的表决，那么就不存在冲突的利害关系。

笔者赞同这样的观点，利害冲突不一定非得是投票的董事本人直接利用商业机会才会存在，当他与利用机会的实体或个人有实质上的经济利益关系时，同样也会使董事产生利害冲突。当然，争议的经济利益必须与争议商业机会直接相关。换言之，仅仅因为董事与原公司有某种财务关系，但如果他在争议交易中没有经济上的利益，董事不应被视为有利害关系。

一般来说，董事应被推定处于独立、无利害关系的地位。因此，如果他们与公司机会无直接或间接利害关系，在大多数情况下董事将被视为独立的。即使董事单独或与他人一道，拥有公司股票的控制性多数，董事也被视为独立的。在关于董事独立性的开创性案例 Aronson v. Lewis 一案中，特拉华州最高法院解释说："仅仅拥有一个公司的多数所有权，并没有推翻董事的独立性以及善意谋取公司最大利益的行为推定，还必须证明控制的事实存在。这些事实将证明，通过个人或其他关系，董事依赖于控制者。另外，仅仅指控董事是根据这些控制公司选举结果的意志被提名或选举也是不够的，因为这是公司董事的通常产生方式。一般涉及独立性的是对职责履行的关照、注意和个人责任感，而不是选举方法。"②

当然，这一推定独立性规则存在一个例外。如果证明个别董事非常感激控制人（通常是在争议机会中有直接利害关系的人）以至于受其控制，即可推翻独立性推定。在 Guth v. Loft, Inc. 一案中，特拉华州最高法院即描述了如何确定某一董事控制董事会的情况："Guth 不仅是 Loft 公司的董事会主席，他还是 Loft 公司的掌控者。Guth 表现出一些独裁者的品质，董事由他选举，其中一些人还是公司的受薪董事。他们都以 Guth 的喜好作为自己的立场。他们是否仅仅是懒散，或有足够的理由完全屈从于 Guth，很难查证。完全可以说，他们或者故意或过失允许 Guth 管理 Loft 公司事务的绝对行动自由。无论如何，他们的立场都不是一个值得赞同的立场。"③自 Guth 案以来，许多

---

① Revised Model Business Corporation Act (2007) § 8.60 (1) (i).

② Aronson v. Lewis, 473 A. 2d 805, 815-16 (Del. 1984).

③ Guth v. Loft, 5 A. 2d 503, 512 (Del. 1939).

其他案件都运用了控制董事理论。[①] 因此,如果董事会被一个在商业机会中有个人利害关系的人支配和控制,董事们将被视为有利害关系,董事会的批准决定就不能使利用机会的行为人免责。

(四)批准的形式

关于公司作出其批准决定的形式,公司正式的批准是安全港规则的典型形式。但有争议的问题是,如果公司知道机会,并知晓董事在机会中的利益,但公司没有采取正式的行动,是否也构成公司的批准;当公司不采取行动追求机会时,是否仍然保留其对机会的优先利益;还是随着一定时间的推移,董事就可以利用机会?有法院作出否定的回答。[②]美国法学会《公司治理原则:分析和建议》原则上也要求公司必须作出正式决定,并且详细界定了公司正式拒绝的形式。美国法学会指出,公司可通过无利害冲突董事投票拒绝机会,此时董事的决策将受到商业判断标准的审查。另外无利害冲突的股东也可能投票表决拒绝机会,但他们不能浪费公司资产。[③]

然而,有法院认为如果允许公司在不合理的时期内保持其优先地位,则既无效率又对董事不公平。例如,在 Farber v. Servan Land Co. [④]一案中,股东1968 年多次开会讨论取得邻近公司高尔夫球场和乡村俱乐部土地的可能性,认为应着手进行调查,并通过融资准备资金。但股东后来没有采取任何正式行动,公司也没有进行调查。大约一年后,一个董事以个人身份购买了这块土地。法院强调,在 1968 年的股东会议上的讨论并不代表购买时机已经成熟,因此认为股东不采取行动并不是拒绝机会。[⑤] 与前案类似,在 Lussier v.

---

① See, eg., Johnston v. Greene, 121 A. 2d 919, 923-26 (Del. 1956); Clark v. Lomas & Nettleton Fin. Corp., 625 F. 2d 49, 52-53 (5th Cir. 1980); Grobow v. Perot, 539 A. 2d 180, 189 (Del. 1988); Aronson v. Lewis, 573 A. 2d 805, 812 (Del. 1984); Kaplan v. Centex Corp., 284 A. 2d 119, 123 (Del. Ch. 1971); Mayer v. Adams, 167 A. 2d 729, 732 (Del. Ch.); Gries Sports Enters., Inc. v. Cleveland Browns Football Co., 496 N. E. 2d 959, 965 (Ohio 1986).

② See, eg., Lindenhurst Drugs, Inc. v. Becker, 154 Ill. App. 3d 61, 70, 506 N. E. 2d 645, 651 (1987).

③ American Law Institute, *Principles of Corporate Governance: Analysis and Recommendations*, American Law Institute, 2004. § 5. 05 (a) (3) (B)/ (C).

④ Farber v. Servan Land Co., 662 F. 2d 371 (5th Cir. 1981).

⑤ Farber v. Servan Land Co., 662 F. 2d 379 (5th Cir. 1981).

公司机会规则研究

厦门大学法学院经济法学文库

Mau-Van Dev.，Inc.①一案中，董事在股东大会上向公司建议购买一块适于商业发展的土地，并表示如果公司不能拿出这笔钱，他会利用这一机会。② 法院认为董事已经披露了机会，而且股东对机会的不作为包括他们不反对董事随后收购土地，这构成了默示拒绝。

美国法学会《公司治理原则：分析和建议》规定，公司未能在一段合理的时间内接受机会将被视为拒绝该机会。③ 我国有学者也认为："为保护依法运用公司所拒绝的商业机会的董事起见，公司机关应在商业机会允许的合理期限尽快就其是否拒绝某一商业机会作出决议；若在商业机会的最后有效期临近时，公司仍然未置可否，则应推定为公司拒绝运用该机会。"④

对于默示拒绝，笔者持反对立场。因为默示拒绝是一种不作为，其形式难以界定。如果允许董事根据当时情况推断公司拒绝追求机会，实践中会造成很大的混乱。比如，公司的不作为到底要经过多长时间才能被视为默示拒绝；即使公司默示拒绝了机会，是否就意味着董事可以追求机会而不违反对公司的忠实义务；默示拒绝还涉及对公司公平的问题，如何才能保证对公司公平？对于这些问题我们无法得出肯定的答案。因此，将默示拒绝作为董事利用机会的安全港是难以经得起挑战的。

笔者认为，公司应以正式和明示的方式"批准"董事利用公司机会，才能成为董事免责的真正安全港。批准是公司的一种积极的作为，它往往以明确的形式如口头或书面形式表现于外，易于确定。如前文所述，公司行使批准权的机关是董事会或股东会，而作为一种会议体，它们一般是以会议的形式讨论并作出决定。因此，公司批准董事利用机会也应该以会议决定的书面形式作出。这有助于避免冲突和争议的发生。

---

① Lussier v. Mau-Van Dev.，Inc.，4 Haw. App. 359，667 P. 2d 804 (1983).

② 法院查明股东证词如下。问：您记得召集过股东的会议吗？答：我记得我们召集过一个股东会议，Kainz 先生站起来并对股东们说，第 19 地块和第 20 地块的选择权期马上到期了，如果我们能够拿出钱那么我们就应该拿出钱购买，否则他将推动一家新公司购买。See Lussier v. Mau-Van Dev.，Inc.，4 Haw. App. 359，369，667 P. 2d 804，813 (1983).

③ 参见美国法学会编：《公司治理原则：分析与建议》，楼建波等译，法律出版社 2006 年版，第 333 页。§ 5. 05 (a) (3) (A).

④ 刘俊海：《股份有限公司股东权的保护》，法律出版社 1997 年版，第 252 页。

第三节 篡夺公司机会的抗辩事由探讨

一、关于无能力抗辩

(一)我国审判实践中的无能力抗辩

随着我国《公司法》引入公司机会规则,我国法院在司法实践中同样会遇到无能力抗辩的情况。比如,本书第二章第三节所举的刘某诉李某某公司高级管理人员损害公司利益赔偿案[①]中,法院就承认了机会提供方拒绝与公司交易这一抗辩。在本案中,国贸中心是万朋公司实际控制人,万朋公司的最大客户就是国贸中心,为国贸中心提供餐饮和花卉租赁业务。万朋公司的工作人员李某某另外成立了服茂祥公司,并且将国贸中心原来交给万朋公司的有关业务转移到服茂祥公司。法院认为,鉴于本案国贸中心为万朋公司实际控制人并且为其唯一客户,服茂祥公司与万朋公司竞争的并非是公开市场上的不特定客户,而是特定客户的特定业务,国贸中心对服茂祥公司与万朋公司在相关业务上的交叉是默许的。因此,与其说李某某的服茂祥公司从事了与万朋公司同类的经营,不如说国贸中心选择将相关业务交给服茂祥公司承接,不再交给万朋公司。法院的这段说理实质上是承认了第三方拒绝交易这一抗辩。

另外,在本书第三章第三节所举的宁波市科技园区新华信息技术有限责任公司诉徐某建等损害公司权益案[②]中,被告提出,原告公司因无技术能力完成约定的任务,致使机会提供方不愿意再与原告公司合作,因此,原告公司已不再存在商业机会。本案法院最后支持了被告的主张,判决在机会提供方不

---

① 北京市第一中级人民法院〔2010〕一中院终字第 1099 号民事裁决书。载国家法官学院案例开发研究中心编:《中国法院 2012 年度案例》,中国法制出版社 2012 年版,第 164～166 页。

② 参见宁波市鄞州区人民法院〔2007〕甬鄞民二重字第 2 号民事判决书。载国家法官学院编:《中国审判案例要览(2008 年商事审判案例卷)》,人民法院出版社 2009 年版,第270～274 页。

愿与公司合作的情况下,不存在公司机会。[①] 这是我国法院在审判实践中对无能力抗辩的积极回应,明确承认第三方拒绝与公司交易这种抗辩事由。

然而,我国现行公司立法并没有规定无能力抗辩,以上法院的判决仅仅为个案,并不能代表我国《公司法》的立场。我国现行《公司法》第 149 条第 1 款第 5 项规定:"未经股东会或者股东大会同意,利用职务便利为自己或者他人谋取属于公司的商业机会,自营或者为他人经营与所任职公司同类的业务。"笔者认为,我国现行公司立法并非对无能力抗辩问题不置可否,而是通过"经股东会或者股东大会同意"这一表述,隐含了拒绝无能力抗辩的立场。

(二)关于我国公司法上无能力抗辩的立场

关于无能力抗辩,法院和学界争议最大的问题之一就是,法律应该为公司董事规定一个严格的预防性标准还是灵活性标准。在公司机会规则发展初期,普遍采取衡平法的严格规则来调节董事的信义义务。英国法院和成文法一直坚持这种标准,典型表现就是不承认无能力抗辩事由,只有经过公司批准董事利用机会才可能免责。加拿大法院虽仍尊重这个严厉的规则,但是已经开始对这一规则慢慢放松。另外,美国法院几乎完全抛弃了古老的严格信托标准,而是赞成现代的灵活性公平标准。这也主要反映在对无能力抗辩的承认上。

以上做法谁优谁劣,尚无定论。承认或拒绝无能力抗辩实际上反映了一国公司立法对效率与公平的取舍。如上文所述,承认无能力抗辩着重于效率目标,而拒绝无能力抗辩源于董事不得利用职务获利的衡平基础。我国宁波市鄞州区人民法院在宁波市科技园区新华信息技术有限责任公司诉徐某建等损害公司权益案中即采取效率观点,法院在判决中指出,如果第三人交投公司不愿与原告公司合作,原告无法拥有商业机会,在此情况下如仍不容许被告徐某建去获得和利用该商业机会,则是对公司高级管理人员忠实义务的极端理解,会造成社会资源的浪费。[②] 现实中也可能存在下面的极端例子,一个亿万富翁商人作为一个小型的、资不抵债的公司的董事,在他任职期间,获知一个以 1 亿元购买某一业务的机会,这一数额远远超出公司的支付能力。又比如第三方用明确的条款使得不愿与公司交易的态度十分明显,并且受信人为公

① 参见宁波市鄞州区人民法院〔2007〕甬鄞民二重字第 2 号民事判决书。载国家法官学院编:《中国审判案例要览(2008 年商事审判案例卷)》,人民法院出版社 2009 年版,第 270～274 页。

② 参见宁波市鄞州区人民法院〔2007〕甬鄞民二重字第 2 号判决书。

司获得机会用尽了所有的方法但仍未成功。在这些情况下，人们很可能会以经济效率为理由，支持无能力抗辩。

然而，承认无能力抗辩实际上掩盖了真正的问题：公司和董事之间谁有权利用这一机会？如果公司拥有这一权利，那么必须由公司自己来决定是否行使这一权利。试图发展机会的董事必须向公司披露该商业机会并报告公司发展机会的障碍，由公司决定是否允许董事利用这一机会。因为法定权利的维护应优先于效率目标，否则，公司机会规则的基础就会动摇。另外，如前文分析指出，法律承认无能力抗辩可能难以应对董事的道德风险，因为董事为自身利益经常会利用职权"人为制造"公司无能力的假象。比如董事可能影响第三方的态度，使其拒绝与公司交易，或者不尽最大努力为公司消除无能力的状况。事实上，前文列举我国的两个案例①中被告都曾与第三方事先接触，第三方的态度在一定程度上都受到了被告的影响。法院的判决可能实现了个案公正，但牺牲了普遍正义。

基于上述分析，笔者认为我国应采取英国公司法的立场，原则上拒绝无能力抗辩。事实上，我国《公司法》第149条第1款第5项的规定蕴含了这样的要求，即，不管公司是否有能力利用公司机会，董事原则上应将所有机会提交给公司，由公司决定是否利用。因此，我国《公司法》在董事利用公司机会的抗辩事由上，并未做复杂的分类规定，仅仅要求董事一律将机会提交给公司，由公司批准董事利用该机会。这种方法简单易行，比较适合我国目前的司法传统。当然，在董事提交公司机会时，须披露相关重大的事项，这本属董事所负有的忠实义务中的披露义务。因此，除了前文所述法律强制性禁止公司从事的机会外，董事利用公司机会的唯一抗辩理由就是公司拒绝机会并批准董事利用机会。

值得注意的是，拒绝无能力抗辩与董事的作用和避免利益冲突的要求是一致的。董事的任务主要是为公司寻找、利用商业机会，此外董事还必须找出公司所面临的障碍，然后想办法克服障碍或考虑其他人提出的策略。如果董事没有为克服障碍尽自己最大努力，即存在冲突的可能。因此，尽管美国承认无能力抗辩，然而现代美国的做法是通过发展附属规则来限制无能力抗辩的影响。在实践上，英国公司法和美国法律的立场在本质上是相同的。英国拒绝无能力抗辩但允许无利害关系董事授权个人利用机会；而美国承认无能力

---

① 刘某诉李某某公司高级管理人员损害公司利益赔偿案；宁波市科技园区新华信息技术有限责任公司诉徐某建等损害公司权益案。

抗辩但要求披露和无利害董事对无能力的确认,授权董事个人利用机会。董事个人是否能利用机会不应该取决于私人判断公司是否有能力利用机会。将机会提供给公司,由公司根据实际情况特别授权董事利用机会,能够更好地提供必要的灵活性。因此,对披露的强调正在动摇承认无能力抗辩的重要性。

二、关于公司批准抗辩

董事的披露与公司批准应是目前为止争议最小的抗辩事由,我国《公司法》第 149 条第 1 款第 5 项也承认了股东会或者股东大会"同意"董事利用公司机会这一抗辩事由。然而,相对于英美法批准规则的详细系统规定,我国的这条规定就显得简单了许多,导致法院在审判实践中出现了适用不准确的情况。

在宁波市科技园区新华信息技术有限责任公司诉徐某建等损害公司权益案[①]中,原、被告双方即对披露与批准问题产生了争议。被告徐某建认为,原告已放弃商业机会且已知道该商业机会由被告徐某建组建的新华利邦公司获得,故徐某建没必要再向原告进行披露。而原告认为自己还有获得商业机会的机会,被告徐某建从交投公司获得商业机会后,应向原告进行披露,否则损害了原告的权益。宁波市鄞州区人民法院认为,在第三人交投公司不愿与原告公司合作的情况下,作为公司高级管理人员的徐某建在获得商业机会后是否还需要履行一定的程序如向原告进行披露,对此,法律并未明确规定。根据现行《公司法》第 149 条第 1 款第 5 项规定,认定高级管理人员是否谋取公司商业机会,只要证明交投公司已不愿与原告合作,原告已经失去商业机会,从而认定被告徐某建自然获得了商业机会,并非是向原告夺取所谓的本属原告的商业机会,被告徐某建的行为并未损害原告的权益,不构成侵权。本案法院的逻辑是,因为第三方拒绝提供机会给原告公司,原告就不再存在商业机会,该机会是被告人获得的机会,当然不用向原告披露。法院在本案将第三方拒绝与公司交易这一抗辩事由作为认定公司机会的因素,混淆了抗辩事由与认定标准的性质。根据前文的分析,即使第三方拒绝与公司交易,作为公司的高级管理人员,个人与提供商业机会的一方继续合作,仍然需要通过一定程序向其所属公司进行披露,由公司决定是否批准高级管理人员利用这一机会。法院对披露问题在认识上的偏差是由于我国现行《公司法》的批准规则过于简单

---

① 参见宁波市鄞州区人民法院〔2007〕甬鄞民二重字第 2 号判决书。

引起的。笔者认为,我国《公司法》应从以下两方面完善批准规则。

其一,我国《公司法》应明确规范董事的披露义务。虽然我国《公司法》要求董事利用公司机会必须得到公司的批准,隐含了将机会提交和披露给公司这一前提,但披露义务包含的内容广泛,我国《公司法》没有明确规定董事披露义务将导致审判实践上的困惑。在披露机会的范围方面,从前文分析可知,如果董事在遇到一商业机会时,不管此机会是否在公司的营业范围内或公司对此是否有利益或预期,均应向公司披露。因此,只要董事想利用某一机会,不管这一机会的内容是什么,董事均应向公司披露,以便使公司有考虑和决定的机会。在披露内容方面,为了符合充分披露的要求,我们可以参考英美法上的"实质性"(material)标准,即不但要披露机会,还要将机会相关的实质性事实向公司披露,此外,还要披露董事在机会中的利益,以便公司作出知情决定。

其二,我国《公司法》虽然规定了批准规则,但还存在许多不足的地方。在批准机关的确定上,我国《公司法》仅仅规定了股东(大)会作为批准机关,这体现了公司法的严格性要求。随着各国对经济效率的日益重视,英国《2006年公司法》和美国法学会《公司治理原则:分析与建议》都将董事会作为公司的批准机关,股东(大)会只是在董事会存在利益冲突的情况下才作为备选机关。相对而言,我国《公司法》在批准机关上的规定缺乏一定的灵活性。我国《公司法》不妨借鉴英美法规定,将董事会也纳为批准机关,并且处理好董事会与股东(大)会作为批准机关的关系。在具体制度安排上,可充分发挥公司章程的意思自治作用。比如,在有限责任公司中,除公司章程另有规定外,应将商业机会提交给董事会作决定。当然,公司也可在公司章程规定由股东会行使批准权。而在股份有限公司中,只有当公司章程明文规定董事会为批准机关时,才可以由董事会对提交的商业机会作决定,否则股东大会即为默认的批准机关。另外,在批准机关的独立性上,我国《公司法》没有任何规定。事实上,不管是由董事会批准还是由股东(大)会批准,都要求批准机关的成员与诉争公司机会无利害关系,处于超然的独立地位。他们仅能凭着商业判断原则或不浪费公司资产的原则来作出是否批准的决定,而不能掺杂其他利益因素在内。美国法学会的《公司治理原则:分析与建议》第5.05条第(a)款第(2)项就规定公司机会应被无利害冲突的董事或股东拒绝,且要求无利害冲突的董事必须符合商业判断原则,股东不得浪费公司财产。因此,建议我国《公司法》规定批准机关应符合无利害关系标准,与诉争公司机会有利害关系的董事会或股东(大)会成员不得参与投票,即使其参与投票也不得计算在内。对于利害关系的判断，可从直接经济利益关系和间接的实质性经济利益关系两个方面来考察。这些规定能够使批准决定真正代表公司意志，维护公司最大利益，避免受到不当影响。

第五章

篡夺公司机会的法律救济

篡夺公司机会是一种典型的利益冲突行为,在早期英国法中,只要涉及利益冲突的行为(如自我交易行为),都可由公司选择是否使之无效。然而,篡夺公司机会行为与自我交易行为不同。自我交易行为涉及的当事人仅仅为董事和公司两方,法律关系较为简单,公司通过撤销交易即可得到救济。而篡夺公司机会行为除了关系到董事和公司两方,还涉及公司以外的第三人。第三人通常是公司机会的另一方当事人,基于保护相对人交易安全,董事与第三人间的公司机会交易行为不得被撤销,仍然具有法律效力。但是,董事篡夺公司机会行为并不因此而免责,董事尚须就篡夺公司机会行为向公司负法律责任。

英美国家对于董事篡夺公司机会采取的法律救济方式相当丰富,主要有禁止令(即篡夺行为刚刚发生,公司或者股东可以获得禁止令或限制令以责令董事停止篡夺机会的行为)、解任董事职务、拟制信托、损害赔偿等诸多救济方式。① 这些救济方式各有优劣,法院往往根据案件具体情况选择适用。本书选取其中最为常见的拟制信托和损害赔偿两种救济方式进行分析。

厦门大学法学院经济法学文库

---

① 学者泰利就曾指出:"在没有充分披露或无公司的适当拒绝的情况下追求机会构成违反信义义务行为,而承担可怕的后果:公司可获得禁令救济(如果可行的话)、返还收益甚至惩罚性赔偿(Punitive Damages)。"See Talley, Eric, Turning Servile Opportunities to Gold: A Strategic Analysis of the Corporate Opportunities Doctrine, *Yale Law Journal*, Vol. 108, No. 2, 1998, p. 279.

第一节　拟制信托(Constructive Trust)

在英美法中,为了确保公司利益的至上性,董事等公司经营者的行为的首要标准是对公司忠实。如果董事未经公司许可利用属于公司的商业机会,或虽经公司同意,但因董事虚假陈述或隐瞒重要内容导致公司错误同意其使用该机会,则违反了对公司的忠实义务,应承担相应的法律责任。在 Guth v. Loft, Inc. 一案中,法院认为被告董事未经正当程序而利用公司机会时,即使原告未能证明公司因失去此一机会而受有损害,仍应将董事篡夺机会所得利益视为董事为公司持有的一个信托,董事如受托人般负有返还该利益的义务。法院指出:"在这种情况下,如果董事背叛公司的利益,公司可以要求其将交易所得的全部利益归自己,法律将对董事利用机会获得的财产、利润和利益施加有利于公司的信托。拟制信托(Constructive Trust)是使谋取私利的行为必须让位于严厉忠实义务要求的救济措施。"①

一、拟制信托作为救济方式的法理依据

拟制信托是英美衡平法院基于公平正义的衡平原则,以判决拟制创设的信托。不管当事人的意思如何,只要符合一定要件,即可认为当事人间存在信托关系。②《元照英美法词典》将拟制信托定义为:"法律根据当事人的某些行为以及衡平原则而推定产生的信托关系,以阻止不法行为人从其不法获得的财产上不当得利。如违反他人意愿或滥用其信任,以实际或推定的欺诈、胁迫或各种违法、不公正、阴谋、隐瞒手段获得在公平和诚信情况下本不应该获得并享有的权利,法律推定此类行为违反信托关系。"③也就是说,拟制信托的成立并非是根据当事人之间的信托合意,而是根据法律的直接规定或法院的裁决,在当事人之间拟制成立的信托关系。在拟制信托中,将利用不正当手段夺取他人财产的行为人推定为受托人,使其不得享有该财产利益。

---

① Guth v. Loft, Inc., 5 A. 2d at 511, 510 (Del. 1939).

② 谢哲胜:《信托法》,元照出版有限公司 2007 年版,第 56 页。

③ 薛波主编:《元照英美法词典》,法律出版社 2003 年版,第 305 页。

拟制信托分为两种类型：一是制度性拟制信托（Institutional Constructive Trust）；二是救济性拟制信托（Remedial Constructive Trust）。前者以英国为代表，英国《1925年受托人法》对信托的界定就引申适用于拟制信托，拟制信托被看作是与明示信托、默示信托、结果信托并列的一种信托形式。① 后者以美国为代表，在美国，拟制信托是一种衡平救济方法，当普通法无法对违反公平正义的行为进行规制时，法院往往会施加拟制信托提供另一种救济。正因为拟制信托被认为是救济性的制度，所以美国《统一信托法》并没有将拟制信托包括在内。② 但研究者认为，救济性和制度性拟制信托的区别越来越小，实体性拟制信托制度在一定情形下也具有吓阻的功能和返还财产的功能，这显然是救济性功能的体现。③

从拟制信托的起源来看，拟制信托来源于英美衡平法，至少在17世纪就已经存在。当时法院主要是将其作为一种补充信托工具适用，尤其是在法院认为应该介入却没有相应的法律依据时采用。④ 法院根据"衡平法不欲有不法行为而无救济"（Equity will not suffer a wrong without remedy）原则，在需要维持公平、良知的情形下适用拟制信托。即拟制信托作为衡平法上的一种救济措施，主要是针对不公正的利益获得行为。拟制信托的救济依据可追溯至 Docker v. Somes⑤ 一案。在本案中，法院认为遗嘱执行人以信托财产投资自己的事业并获利，因而形成了拟制信托，受托人因此省下的5%的利息应予返还。相反，如果受信人的服务或努力经衡量提高了信托财产的价值，则依据拟制信托，法院也许会允许对受信人给予相当的补偿。另外，美国法官卡多佐认为，当出现法律上所有权人并非以良知状态（Conscientiousable Situations）持有实际受益利益这种情况时，拟制信托就应该成立。⑥ 因此，在美国，拟制信托适用的条件比较宽松，当事人之间存在信义关系，其中一方信任他方，但该他方却滥用这一信任关系，通过该受信人身份、地位为自己取得利益。法院

① See Trustee Act（England）1925，section 68（17）.

② See English & David M，The New Mexico Uniform Trust Code，*New Mexico Law Review*，Vol. 34，2004，p. 5. 转引自徐卫：《信托受益人利益保障机制的分析与构建》，厦门大学2007年博士学位论文。

③ 徐卫：《信托受益人利益保障机制的分析与构建》，厦门大学2007年博士学位论文。

④ D. M. Waters，*The Constructive Trust*，The Athlone Press，1964，p. 335.

⑤ Docker v. Somes，39 Eng. Rep. 1095（Ch. 1834）.

⑥ Beatty v. Guggenheim，122 N. E. 378，at 380（1919）.

即会将不正当获利的一方拟制为受托人,将需要救济的另一方拟制为受益人,双方就该项获利成立拟制信托关系。拟制受托人必须将他因身份、地位而获得的利益返还给拟制受益人。显然,法院将董事篡夺公司机会获得的利益视为受信人的不公正获利,同样可以施加拟制信托。

在信义关系中,受信人违反忠实义务表现为一种"窃取—动机"的模型(Appropriation-Incentive Model)。当双方形成信义关系时,委托人便会放手给受信人对自己资产行使管理权,或授权给受信人使资产置于受信人控制之下,从而导致所有权与经营权分离。如此一来便使受信人有机会窃取委托人的资产或由其衍生的价值。如果双方具备对等信息时,不忠实行为可得到适度监控。然而信义关系的继续性特征使受信人须不时地根据实际情况进行适当的自由裁量,由于受信人能力上确实比委托人优秀,放手让其在日常经营管理中做独立决定,才能发挥信义关系的最大效能。但这也使受信人有更强动机去窃取委托人的资产,而且,由于时间、成本和知识等原因,委托人对此不法行为又难以审查。

信义关系的特征使受信人可在其违反忠实义务行为中获得巨额利益。因此,只有规制信义关系的法律在实质与程序上相互配合,才能遏止该不法行为。实质上的救济就是把受信人所获取的利益完全视为为委托人持有,使其回到无不法行为时的状态。然而,如果因程序上举证的困难致使制裁的效果无法充分发挥,则制裁须等同或超过不法所能获得的利益,才能有效地遏止不法行为。因此,在程序上,法院不认为损害是拟制信托的要件,而以受信人所获利益为判断。正如英国法官丹宁(Denning)在 Reading v. Attorney-General 一案中的判决所说:"我的判决是,身为一个仆人,违反其诚实与善意义务(his duty of honesty and good faith),而利用其服务之便为自己获取利益。在这样的意义下,他所控制的财物(assets)或他享有的设备(facilities)或他所占据的地位,是其取得金钱的真正原因,与因偶然的机会取得这些利益是有所分别的。也就是说,如果他以其有利地位取得这些金钱,就须对主人负责。因此问题不在于其主人损失何种利益或遭受何种损失,也并不是主人自己无法做这一件事,真正的核心是当仆人未经许可已不正当地基于其服务地位而得利。因为他取得这些利益仅仅是因其有仆人的地位,取得这些利益非其所保有而应归属其主人。"[1]

---

① House of Lords (1951) A. C. 507 (H. L.).

二、拟制信托的制度优势

目前，拟制信托已经成为英美法院在公司机会案件中广泛运用的救济方式，这与其内在的制度优势是分不开的。

首先，拟制信托所产生的责任兼有物权责任和债权责任的属性。当法院裁定拟制信托成立后，产生两方面的救济效果：（1）物权效果。根据信托的基本原理，一旦成立信托，财产即具有独立性，独立于受托人的固有财产。信托财产具有同一性，即在信托存续期间，不论信托财产的形态和价值如何变化，均为同一信托目的而存在，并不因此失去信托财产的性质。① 当拟制受托人仍然持有不当行为所获之物时，或者该物虽已转让但受让人为恶意，拟制受益人即可主张物权，要求返还该物及其所产生或孳生的任何收益、增值。在这种情况下，拟制受益人可以选择是否行使物权请求权。物权请求权的优势在于，如果拟制受托人破产，该物不属于破产清算财产，拟制受托人的债权人不能对该物主张权利，不能查封、拍卖该物。因此，拟制信托有显著的破产隔离效应，能最大程度地确保原告的利益得到恢复。（2）债权效果。当该物消失或灭失，或被转让给支付对价的善意第三人，则物权消失，受益人只能对受托人行使债权。显然，拟制信托兼具物权和债权的救济效果，相对于其他单纯的物权或债权救济方式（如返还财产、不当得利和损害赔偿等）而言，能更好保护受益人的利益。

其次，拟制信托可以使得责任人的范围扩大，不仅包括违反义务的拟制受托人本人，还包括了作为第三人的知情接受人和知情协助人。② 知情接受人是指那些事实上占有或曾经占有信托财物的恶意第三人，善意取得者则不属于知情接受人。这里的"恶意"主要是指明知或应知转让人违反信义义务。然而，当第三人恶意受让的财产仍然存在的情况下，拟制受益人可以通过物权追及救济方式要求返还财产，没有必要对其施加拟制信托。只有在下列三种情况下才有必要对该第三人施加拟制信托：一是接受者以不能追及的方式处理了财产；二是财产在接受者手中已发生贬值；三是接受者从财产中获取了额外利益。因为在上述情况下，追及救济存在很大局限，只有让接受者成为最初转让给他的整个财产的拟制受托人，处理财产所造成的损失、财产贬值及获取的

---

① 何宝玉：《信托法原理》，中国政法大学出版社 2005 年版，第 152 页。

② 沈达明：《衡平法初论》，对外经济贸易大学出版社 1997 年版，第 263 页。

额外利益等才能得到恢复。[①]

知情协助人是指那些没有持有过有关财产,但明知受托人违反义务仍协助其侵害受益人利益的第三人。在衡平法上,如果董事篡夺公司机会,公司可以对那些协助此种篡夺行为的第三人提起诉讼,要求他们向公司返还财产,但必须符合四个要件:(1)公司与董事之间存在拟制信托;(2)董事的不诚实、欺诈性的篡夺计划;(3)第三人凭局外人的身份对这个计划进行协助;(4)第三人的知情。[②]

追究第三人的责任对于原告公司极为重要。因为董事可能由于破产或逃跑而使公司无法得到救济,而那些第三人往往是有清偿能力的法人,例如银行或不动产抵押贷款公司。对于遭受损失的原告公司来说,这些人是很有吸引力的被告。[③] 拟制信托将责任人范围扩大到第三人,使得受益人的利益得到了最大限度的保护。而在此方面,物权返还请求权则适用于非法占有物的人,对不再占有信托物的相对人、知情协助人则无能为力。

再次,在归责原则方面,拟制信托实行严格责任的原则。一旦法院查明有违反忠实义务的事实而施加拟制信托,即使该行为对公司没有损害或者损害只是潜在的,法院基于吓阻忠实义务人滥权或机会主义行为的考虑,仍然会要求拟制受托人承担赔偿责任。然而,根据损害赔偿救济,受害人须证明损害的存在才能获得赔偿。在董事利用公司机会情形下,如果公司没有实际的经济损失,这种损害就很难确定。当然,公司可以主张如果它已经利用了机会将已收到的利润。但是,如果董事没有篡夺该机会,公司是否已经利用了机会,可能是不确定的。即使公司利用了机会,但公司是否能够得到与董事同样多的利润,也是推测性的。此外,如果公司没有能力发展机会,公司从它实际上本不能发展的机会很难主张利润损失或其他经济损害。[④] 相反,施加拟制信托却不需要受害人证明损害的存在,只需证明存在违反忠实义务的事实即可。在原告可证明的损失少于被告获利情况下,拟制信托显然更有利于原告。

最后,拟制信托不仅可以为公司恢复机会,而且可以恢复所有的利润和所

---

① 徐卫:《信托受益人利益保障机制的分析与构建》,厦门大学 2007 年博士学位论文。

② 沈达明:《衡平法初论》,对外经济贸易大学出版社 1997 年版,第 263 页。

③ 沈达明:《衡平法初论》,对外经济贸易大学出版社 1997 年版,第 217 页。

④ See Freeman v. Decio, 584 F. 2d 186, 193 (7th Cir. 1978),该案法院将公司机会规则类推为内幕交易,并将公司是否有能力利用这一机会作为衡量对公司的损失或损害是否可能发生的因素。

产生的增值。即使董事可能用自己的时间、才干和个人资金为发展机会做出了重大贡献，即使公司实际上可能从机会中受益，或者受信人未从机会中受益，这一救济措施也同样适用。在 Regal(Hastings) Ltd v. Gulliver[①] 一案中，法院虽然发现公司并没有遭受任何实际损失，但法院还是施加了拟制信托。法院认为："衡平规则坚持主张，无论谁利用受信地位谋利均要返还所获利润，这绝不取决于是否欺诈或没有善意，也不取决于公司能否或应否获取利润、获利者是否负有义务为公司寻找获取利润的资源、获利者是否承担了风险或为公司利益而行动、公司是否因此而受损害或得益。责任仅仅基于获利者已获取利润这一事实，无论他是多么诚实和善意，均不能逃脱承担责任的风险。"[②]这被许多学者批评说公司获得了本不该有的"意外横财"(Unexpected Windfall)，[③]其实这正体现了公司机会规则的预防目的和受信人惩罚性责任的严格观念。因此，美国特拉华州最高法院在 Guth 一案中指出："这一规则由来已久和不妥协的严厉，并不取决于由背叛信任所造成的对公司损害或伤害这一狭隘根据，而是根据更广泛的基础：一个明智的公共政策，即为了消除所有的诱惑，消灭一切通过失信行为获利的可能性。"[④]

三、适用拟制信托应注意的问题

适用拟制信托应注意的第一个问题是，当董事使用未经授权的公司资产而发展成为一项可获利的商业机会时，就公司本身的财产而言，公司当然可以取回，然而公司除取回财产外，能否因取得公司财产而要求移交商业机会呢？由于公司机会涉及公司与董事两方之外的第三人，法律关系比较复杂，这个问题在学说与实务上都有不同的见解，主要观点有两种：

一为要素说。在 Guth v. Loft Inc. 案中，法院即认为 Guth 大量使用 Loft 公司的资源（包括资金、设备、营销网络、信用）发展百事可乐这一机会，因此，这是 Guth 应将其百事可乐商业机会移转给 Loft 公司的重要理由之一。法院命令 Guth 把百事可乐所有的股票转让给 Loft 公司，并将从百事可乐获

---

① Regal(Hastings)Ltd v. Gulliver [1967] 2 AC 134.

② Regal(Hastings)Ltd v. Gulliver [1967] 2 AC 144-145.

③ G. Jones, Unjust Enrichment and the Fiduciary's Duty of Loyalty, *Law Quarterly Review*, Vol. 84, 1968, p. 732.

④ Guth v. Loft, Inc. , 23 Del. Ch. 270, 5 A. 2d 510 (1939).

得的所有股息、利润、工资、收益返还给 Loft 公司。[①]

二为要件说。学者布鲁尼和克拉克认为须以使用公司资产所产生的商业机会，作为移转给公司的要件，此资产只要是公司所拥有的信息即可。他们认为关于商业机会的信息本身即是公司资产，而使用公司资产衍生的商业机会，当然为公司所有。如果代理人知悉或获取这个机会是利用公司的营业秘密而得到的，则公司当然可主张。[②] 而这种观点也为美国法学会的《公司治理原则：分析与建议》第 5.05 条第（b）款第（1）项第（B）目所采纳，该条规定通过使用公司信息或财产，高级管理人员或董事根据合理的判断应该相信这一机会是对公司有利的机会，即为公司机会。

因此，公司在原则上是可追及利用其资产所产生的公司机会利益的，这主要是根植于传统衡平法上拟制信托救济。然而追及的范围仍需受到限制。在 Rapistan Corp. v. Michaels[③] 一案中法院拒绝将被告使用公司财产（包括资金、设备、人员与报酬），作为判决被告将商业机会移转给公司的充分理由。法院认为与价值 1950 万美元的商业机会比较，被告使用的公司财产数量微少；而且，法院指出在资产的使用与商业机会的形成之间并不存在"直接与实质的关联或因果关系"。很明显，法院所观察的是利用公司多少资产，且该资产的使用对公司机会的发现或开展，是否具有决定性作用。如果不能要求移交整个机会，在这种情况下是否只能要求返还所使用的公司财产？答案是否定的。法院仍会寻求给予公司相当的补偿，其方法便是追及公司使用资产的利益。[④]

至于董事没有使用公司资产发展商业机会的情况，如果商业机会属公司机会，一经开发出来即会与公司既有或未来的市场重叠而产生竞争，公司除可要求对正式营业的部分颁发禁止令，禁止其利用该机会开展竞争行为外，公司还可寻求移转这个商业机会给自己。[⑤]

适用拟制信托应注意的第二个问题是，拟制信托是否需要补偿受信人付出的努力和贡献。在英美国家，许多原告追究董事篡夺公司机会责任的原因

---

① Guth v. Loft, Inc., 23 Del. Ch. 270, 5 A. 2d 503 (1939).

② Victor Brudney, Robert Clark, A New Look at Corporate Opportunities, *Harvard Law Review*, Vol. 94, No. 5, 1981, p. 1006.

③ Rapistan Corp. v. Michaels, 203 Mich. App. 301, 511 N. W. 2d 918 (1994).

④ Franklin A. Gevurtz, *Corporation Law*, West Group, 2000, p. 384.

⑤ 在 Northeast Harbor Golf Club, Inc. v. Harris, 661 A. 2d 1146 (Me. 1996) 一案中，原告主张被告应停止因篡夺公司机会而取得公司所有高尔夫球场外围土地，开发为民用住宅区，以至影响球场的发展，并要求移转这个商业机会。

在于可获得严厉的拟制信托救济措施,其数额可能相当大。① 然而,在一些案例中,由于董事的个人能力、努力、技术和管理经验在创造利润过程中起了相当大的作用,并且公司没有因董事篡夺机会的行为遭受明显可计算的损失,公司甚至还获有利益。这就引发了人们对是否要补偿受信人付出的努力和贡献这一问题的关注。

有学者认为,当对受信人施加拟制信托时,公司须补偿其为寻求、开发、建立这个商业机会支出的所有费用(Expenditure)与合理的报酬。② 在法院的司法实务中,只要存在受益者意外横财的情况,法院可能倾向于让受信人分享利益。如果一个机会是由受信人发展的,法院可能又会认为补偿其努力是公平的。澳大利亚高等法院在 Warman International v. Dwyer③ 一案中判决认为,只要利润产生于受信人的技能、努力、财产和资源、他引入的资本和他承担的风险,让受信人保留一定比例的利润是适当的。④ 澳大利亚高等法院的判决语言揭示了更加开明的概念,即勤奋的受信人可能分享其努力所产生的经济收益。这受到一些学者极力支持,认为法院通过部分免除受信人赔偿责任来放宽适用救济措施,是法律可循的合适的方向。它提供了一个宝贵的手段,在最应当减轻的情形下(即受信人善意)减轻对受信人责任不必要的严厉惩罚。⑤

然而,笔者对此持不同意见,因为受信人与公司之间存在着信义关系,受信人的所有精力、野心和进取心都应归其所在公司。有的案例将受信人的时间和才干当作是公司的一项软资产(Soft Assets),董事、高级管理人员利用为公司工作的时间开发机会就是利用公司的资产来开发机会。⑥ Guth 一案判决即基于这样的假设:公司雇员均可合理地被预期贡献他所有的努力给雇用他的公司。衡平法院认为:"Guth 是与 Loft 公司订有极具吸引力的雇佣合同

① See, D. J. Hayton & O. R. Marshall, *Commentary and Cases On The Law Of Trusts and Equitable Remedies*, 10th ed., Sweet & Maxwell, 1996, p. 335.

② Jeffrey D. Bauman, Elliott J. Weiss & Alan R. Palmiter, *Corporation Law and Policy-Materials and Problems*, 5th ed., Thomson West, 2003, pp. 802~803.

③ Warman International v. Dwyer (1995)128 ALR 201.

④ Warman International v. Dwyer (1995)128 ALR 212.

⑤ John Lowry, Rod Edmunds, Corporate Opportunity Doctrine: the Shifting Boundaries of the Duty and its Remedies, *Modern Law Review*, Vol. 61, No. 7, 1998, p. 526.

⑥ Levy v. Markal Sales Corp., 643 N. E. 2d 1206, 1217 (Ill. App. Ct. 1994); Rapistan Corp. v. Michaels, 511 N. W. 2d 918, 926 (Mich. Ct. App. 1994).

的全职总裁，他在 Loft 公司的办公室里从事 Loft 事务的同时参与百事可乐事务。"[1]因此法院拒绝了 Guth 通过自己的劳动（而不是通过使用 Loft 公司的资源）已经赢得了他在百事可乐的利益的要求，不予补偿其付出的努力和贡献。事实上，为了确保公司董事行为标准高于普通人，[2]拟制信托常常被用作绝对威慑的救济措施吓阻违反忠实义务的行为人。因为拟制信托首先考虑的是原告公司而不是被告受信人的利益，如果考虑受信人对获利业务的技能或其他贡献而部分免除责任，这将动摇拟制信托这一严厉衡平救济的基础。

第二节　损害赔偿

一、公司机会规则适用损害赔偿救济的法理

　　拟制信托为一种典型的利益返还救济方式，要求董事返还从公司机会中所获得的财产、利润或将商业机会交易直接转交给公司，这在许多情况下可能仍然吓阻不足。因为这种制裁最多使董事回到篡夺公司机会之前的状态，对其而言并没有因篡夺公司机会而处于比守法时更糟糕的状况。按照理性经济人假设，当行为人可通过违反规范获得额外利益时，选择违法才是理性的。[3]只有当法律制裁产生的成本高于篡夺公司机会行为所获得的利益时，才能产生有效吓阻董事篡夺公司机会的效果。学者常常将篡夺公司机会行为称为违反忠实义务的"侵占行为"，由于董事握有投资人所投入资产的控制权，通过侵占行为所获得的利益因此相当巨大。[4]　在巨额利益的引诱下，侵占行为对董事产生的诱因将远高于违反注意义务的不当管理行为。这一高额利益使得董事无须继续停留于公司或市场中进行交易。学者因此认为，侵占行为通常具

---

　①　Guth v. Loft, Inc., 2 A. 2d 232 (1939).

　②　参见卡多佐法官在 Meinhard v. Salmon, 249 NY 456, 464 (1928) 一案中的论述。

　③　Frank H. Easterbrook, Daniel R. Fischel, *The Economic Structure of Corporate Law*, Harvard University Press, 1998, p. 678.

　④　Frank H. Easterbrook, Daniel R. Fischel, *The Economic Structure of Corporate Law*, Harvard University Press, 1998, p. 103.

有一次性(One Shot Appropriation)、拿了钱就跑(Take the Money and Run)等特性。[1] 因此,对于篡夺公司机会等侵占行为的规范,不能简单停留在利益返还的救济措施上。如果要有效吓阻董事的篡夺行为,应使其行为所产生的成本现值总和高于所获利益。[2]

在篡夺公司机会行为将产生高额利益的情形下,如何减少董事从事此类行为的诱因就成为制定救济方式的主要考量。法院可以通过提高责任数额的方式达到这一目标。在通常情况下,篡夺公司机会的董事试图隐藏其行为,公司往往难以察觉到其篡夺行为。[3] 即使公司发觉董事的篡夺行为,从概率论而言,法院裁判也存在错误的可能性。因此,并非所有的篡夺行为都会受到法律的惩罚。法律只有在规范上提高董事所负的责任数额,才能达到吓阻效果。我们假设法律责任数额为 L_S,责任概率为 L_P,B 代表董事因从事篡夺公司机会行为所获得的利益。只有在公式为 $L_S \times L_P > B$ 的情况下,董事才可能被吓阻。整理公式后可得 $L_S > B/L_P$,由公式可知,如果要对董事产生有效的吓阻效果,法律所课予的责任数额需大于董事所获得的利益与责任发生概率倒数的乘积。由于 L_P 为概率值,L_P 必然小于或等于1,其倒数必然大于或等于1。因此,虽然责任发生概率在实际中难以评估,但仍可推知,法院所科以篡夺公司机会的董事责任数额应高于或等于董事所获得的利益 B。因此,笔者认为,在并非所有篡夺公司机会行为都受到法律制裁的情形下,法律所课责任数额应高于董事所获利益。

因此,法院通过拟制信托要求董事返还所获得利益的方式并无法产生足够的吓阻效力。从董事利益角度而言,拟制信托并不会使其因从事篡夺行为而受到额外损失。如果董事从事的篡夺行为未被公司发现,董事将因此获得高额利益。但当董事被科以违反忠实义务的拟制信托责任时,董事充其量仅回到其未从事该行为之前的状态,并不会有额外的损失。因此,笔者认为,除要求董事返还因篡夺行为所得利益之外,法院还应科以董事额外的赔偿责任数额,才能达到吓阻效果。

① Frank H. Easterbrook, Daniel R. Fischel, *The Economic Structure of Corporate Law*, Harvard University Press, 1998, p. 103.

② Robert Cooter, Bradley J. Freedman, The Fiduciary Relationship: Its Economic Character and Legal Consequence, *New York University Law Review*, Vol. 66, 19991, p. 1052.

③ Stephan M. Bainbridge, *Corporation Law and Economics*, Foundation Press, 2002, p. 306.

当然，如果公司因董事违反忠实义务而受有损害时，自然应使董事负担该损害赔偿责任。另外，由于篡夺公司机会行为属于违反忠实义务的行为，在责任上可考虑纳入惩罚性赔偿金（Punitive Damage）救济，使法律的救济机制能够产生吓阻的效力。我们也经常可从特拉华州司法实务中见到这种扩张董事赔偿责任的判决。特拉华州最高法院在 Weinberger v. UOP 案中即认为初审法院在董事违反忠实义务时，有权赋予原告任何形式的适当衡平或损害赔偿救济（Equitable and Monetary Relief）。① 特拉华州最高法院在 Thorpe by Castleman v. Cerbco 案中也表示，对违反忠实义务科以严厉惩罚是为了吓阻此类行为。这一原则并非为了单纯填补公司所受损害，而是为了完全打消董事从事此类行为的念头，完全消除董事因违反忠实义务而获有利益的任何可能性。② 在 Bomarko v. International Telecharge 案中，法院即援引上述见解对被告董事科以高额的赔偿责任。③ 被告则于该判决后向最高法院上诉认为该赔偿数额已近乎惩罚性赔偿金。最高法院维持了原审法院判决，认为为达到吓阻效果，该高额赔偿应属适当。④

二、公司机会规则损害赔偿救济的性质

在英美法上，如果董事篡夺公司机会获得利润，法院通常会施加拟制信托，要求返还利用机会所获得的财产和利润。然而，如果篡夺公司机会并没有导致董事获利，拟制信托难以适用时，越来越多案例的救济重点已被吸引到要求董事赔偿因违反忠实义务而造成的公司损失。⑤ 损害赔偿包括补偿性损害赔偿和惩罚性损害赔偿，二者的区别主要在于前者功能为损害填补而后者为吓阻威慑。那么，公司机会规则适用的损害赔偿应是什么性质呢？

董事与公司之间的关系是一种继续性的法律关系，董事作为忠实义务人在执行职务的过程中，常常会因单一行为导致多种请求权的发生，例如，窃取公司资产会构成所有物返还请求权、占有物返还请求权、不当得利返还请求

---

① Weinberger v. UOP, 457 A. 2d 701, 714 (1983).

② Thorpe by Castleman v. CerbCo., Inc., 676 A. 2d 436, 445 (1996).

③ Bomarko, Inc. v. International Telecharge, Inc., 794 A. 2d 1161, 1184 (1999).

④ International Telecharge, Inc. v. Bomarko, Inc., 766 A. 2d 437, 441 (2000).

⑤ John Lowry, Rod Edmunds, Corporate Opportunity Doctrine: the Shifting Boundaries of the Duty and its Remedies, *Modern Law Review*, Vol. 61, No. 7, 1998. p. 527.

权、侵权损害赔偿等,这些都是民法上的普通请求权,主要适用于处于平等地位的双方当事人之间。在篡夺公司机会情形下,原告如果能够证明董事行为符合上述责任要件,当然可以依据这些普通的请求权使公司得到救济。例如,我国现行《公司法》第 150 条就规定:"董事、监事、高级管理人员执行公司职务时违反法律、行政法规或者公司章程的规定,给公司造成损失的,应当承担赔偿责任。"这是典型的补偿性损害赔偿规定。公司如果要依据这一条追究董事的损害赔偿责任,必须要证明董事行为符合违法性、存在损失、因果关系和主观过错等要件。但是,在董事对公司负忠实义务的情形下,这种普通的损害赔偿请求权在很多情况下还无法完全地救济公司。这主要是因为董事与公司双方之间存在信赖关系,董事操控公司事务,负有比普通人更高的忠实义务,许多在普通人之间可从事的行为,董事却不得从事。因此,如果用规范普通人之间的损害赔偿责任来规范董事篡夺公司机会的赔偿责任,显然忽视了董事更高的忠实义务这一特殊情况,导致董事在事实上可以逃避应负的责任。另外,董事往往可以利用其地位刻意隐瞒与淡化不法行为,公司难以发现和举证,即使发现也是多种行为相互结合,某些行为因法律规定而无法行使,或因消灭时效、除斥期间的经过而不能行使赔偿请求权。因此,在责任竞合的情况下,如果符合普通的损害赔偿要件,公司当然能够依此追究董事承担篡夺公司机会的责任。但公司机会规则存在的意义,就在于董事篡夺机会的行为往往不符合普通的补偿性损害赔偿责任要件,这就需要对董事适用特殊的赔偿原则。

比如,存在这样的情况,即篡夺公司机会的董事没有获得任何利益,并且公司的损害也难以举证证明。由于公司的损失即为失去该商业机会,很难证明和计算。此时,公司就无法按照普通的补偿性损害赔偿方式获得救济,也无法适用拟制信托。但是,在董事无获利的情况之下,并不表示公司就没有受有损害,董事篡夺公司机会的行为并不因此而符合忠实义务,法律仍应通过其他途径追究董事的赔偿责任。惩罚性赔偿即可发挥这一效果。

例如,在 CST, Inc. v. Mark[①] 一案中,一个制作广告业务的公司出版了旅行指南,作为在弗吉尼亚州报纸中的一种广告补充。在公司有意寻求出版旅游指南修订版的情况下,公司的一名高级管理人员通过自己的私人公司谈判修订该旅游指南。这个高级管理人员最终将项目归还给公司,虽然公司在财力上不能发展这一项目。本案法院认为管理人员违反了自己的义务,因为他从未得到公司的同意,虽然公司财务紧张,但没有破产。法院接着转向董事

---

① CST, Inc. v. Mark, 360 Pa. Super. 303, 520 A. 2d 469 (1987).

赔偿责任的问题。由于他已返回项目给公司,他没有不当得利。但法院却认为董事应对利润损失负责,即使他和公司都没有获得来自该业务的任何收入。法院着重强调了两个因素:第一,董事是否披露,公司是否同意董事利用机会;第二,公司是否有追求机会的理论上的能力。① 尽管本案中没有不义之财,法院还是处罚了董事,它大概认为要达到威慑效果应采取严厉的救济措施。另外,在加拿大的 Canadian Decision in Canson Enterprises v. Boughton & Co② 一案中,柯比(Kirby)法官曾指出:"总之,赔偿是一个衡平法的金钱补救,当返还利润的衡平法补救措施不恰当时,它是可用的,其理由和要求不同于普通法损害赔偿原理。"③

因此,英美法院为了避免无法吓阻行为人违反忠实义务的行为,在篡夺行为是特别的恶意、压迫或不守信用情况下,法院通常会对行为人施加额外赔偿的负担,例如惩罚性赔偿(Punitive Damages)。④ 这里的恶意、压迫或不守信用主要指董事利用机会过程中存在故意这一过错,比如董事可能完全未向公司披露机会而违反义务,董事瞒着公司偷偷追求机会等。虽然法院没有硬性要求存在这种过错,但可以肯定的是,未向公司披露而篡夺机会,似乎比充分披露但没有得到公司拒绝更有可能受到惩罚性赔偿。⑤ 美国罗得岛州高等法院在 A. Teixeira & Co. v. Teixeira 案中即对被告 Armenio 在 Mendon 中的股份施加拟制信托,并且判决被告支付 20000 美元惩罚性赔偿金给原告 Teixeira。⑥

① CST, Inc. v. Mark, 360 Pa. Super. 303, 520 A. 2d 471-472 (1987).

② Canadian decision in Canson Enterprises v. Boughton & Co (1991) 85 DLR (4th) 129 (Sup Ct of Canada).

③ Canadian decision in Canson Enterprises v. Boughton & Co (1991) 85 DLR (4th) 163 (Sup Ct of Canada).

④ Talley & Eric, Turning Servile Opportunities to Gold: A Strategic Analysis of the Corporate Opportunities Doctrine, *Yale Law Journal*, Vol. 108, No. 2, 1998, p. 298.

⑤ United Teachers Assocs. Ins. Co. v. MacKeen, Bailey, Inc., 847 F. Supp. 521, 543-44 (W. D. Tex. 1994); Levy v. Markal Sales Corp., 643 N. E. 2d 1206, 1221-23 (Ill. App. Ct. 1994).

⑥ A. Teixeira & Co. v. Teixeira, 699 A. 2d 1383, at 1384 (R. I. 1997).

第三节　篡夺公司机会的法律救济

　　我国现行《公司法》第 149 条第 2 款即规定了公司机会规则的相应救济措施:"董事、高级管理人员违反前款规定所得的收入应当归公司所有。"另外,《公司法》第 150 条还规定:"董事、监事、高级管理人员执行公司职务时违反法律、行政法规或者公司章程的规定,给公司造成损失的,应当承担赔偿责任。"因此,我国法规定的篡夺公司机会的救济措施主要有归入权和损害赔偿两种。[①]

一、我国公司归入权制度的完善

(一)归入权的概念和性质

　　所谓归入权,是指公司对法定的职员违法交易的利益,收归公司所有的权利。[②] 我国《公司法》第 149 条规定的违反忠实义务归入权、《证券法》第 47 条规定的短线交易归入权都属于此。[③] 学者主张归入权的行使并不以公司受有损害或不利益为条件,因此归入权并非在于填补公司损害赔偿,而是在于对违反忠实义务的董事科以惩罚性的特别民事责任。[④]

　　我国法上的归入权与英美法上的拟制信托有相似之处。二者要求董事承担责任都不以公司的损害为前提,是对违反忠实义务的董事处以的一种特别的惩罚。二者都是赋予公司以介入权,将董事违反忠实义务所获得的利益收归公司所有。然而,在篡夺公司机会的情形下,我国的公司归入权与英美拟制信托的不同在于,公司归入权仅仅是将董事违反忠实义务"所获得的收入"收归公司所有。如果商业机会交易没有完成,并不能将交易本身直接移转至公司,使公司成为一方当事人。拟制信托却不同,公司不仅能将董事利用公司机

---

　　① 赵旭东:《新公司法讲义》,人民法院出版社 2005 年版,第 182 页。

　　② 郑文科:《归入权研究》,载《法学杂志》2004 年第 6 期。

　　③ 任秀芳:《论我国公司归入权的适用规则及其完善》,载《政治与法律》2009 年第 4 期。

　　④ 林国全:《董事竞业禁止规范之研究》,载《月旦法学杂志》2008 年第 8 期。

会所获得的利润收归公司所有，在可行的情况下，还可将机会交易移转至公司，由公司取代董事作为交易的当事人。这在英美许多案例中都有体现，比如，在 L'agarde v. Anniston Lime&Stone Co. [1]一案中，原告公司即成功地取得了被董事购买的第二个三分之一矿场。在 Guth v. Loft, Inc. [2]一案中，法院对百事可乐这一公司机会实行了有利于原告 Loft 公司的拟制信托，将董事在百事可乐中的股份转给了原告。因此，从二者的适用范围来看，拟制信托比归入权的范围更广，在篡夺公司机会情形下能够更好地保护公司利益。

关于归入权的性质，主要有请求权与形成权两种观点。持形成权观点的学者认为，归入权经由公司单方的意思表示即可行使，且一经行使即发生将董事所得视为公司所得的法律效果，因此归入权为一种形成权。[3] 我国台湾地区著名学者史尚宽教授即持这一观点。[4] 而持请求权观点的学者认为公司想要将义务人所获的利益收归公司所有，必须依靠义务人履行义务才能实现。[5]我国台湾地区著名学者郑玉波教授为这种观点的代表。[6] 德国《股份法》第88条第3款规定，公司对董事收入的请求权，自其他董事及监事知悉发生违反忠实义务行为时起经过三个月而消灭，或自行为成立时经过五年而消灭。[7] 根据这一规定，归入收益的请求权时效为消灭时效，因此可以将德国法上的归入权定性为请求权。我国多数学说认为，归入权是基于公司一方意思表示，使违反忠实义务的董事将其由该行为所得的经济上效果归属于公司的特殊权利，故属形成权。[8]

笔者认为，从我国《公司法》第 149 条的归入权与《证券法》第 47 条的短线交易归入权的规定而言，两个条文都明文规定"所得收入应当归公司所有"，公司只需根据自己的意思表示，就能够使既存的法律关系发生，这一法律效果是确定的，不需要董事作出某种辅助的行为或共同的行为，更无须"请求"董事将其利益归于公司。另外，从《证券法》第 47 条来看，短线交易归入权具有公益

① Lagarde v. Anniston Lime&Stone Co. , 126 Ala. 496, 28 So. 199 (1900).

② Guth v. Loft, Inc. , 23 Del. Ch. 255, 5 A. 2d 503 (1939).

③ 雷兴虎：《论公司的介入权》，载《法学研究》1998 年第 4 期。

④ 史尚宽：《债法各论》，台湾荣泰印书馆 1981 年版，第 414 页。

⑤ 郑文科：《归入权研究》，载《法学杂志》2004 年第 6 期。

⑥ 郑玉波：《民商法问题研究》（一），台湾三民书局 1980 年版，第 285 页。

⑦ 卞耀武：《当代外国公司法》，法律出版社 1995 年版，第 114 页。

⑧ 柯芳枝：《公司法论》（下），三民书局 2009 年版，第 280 页；雷兴虎：《论公司的介入权》，载《法学研究》1998 年第 4 期。

性质,如果将其界定为请求权,尚须经过公司向违反短线交易人请求归入利益,短线交易人才有义务将利益归于公司,这显然不利于公司,与本条规定的公益目的相违背。因此,本书赞成公司归入权为形成权。

（二）归入权的适用范围

我国《公司法》第 149 条的归入权的行使,包括董事利用职务便利为自己或者他人谋取属于公司的商业机会。德国《股份法》第 88 条第 2 款对于归入权的行使,也包括将董事为自己计算所为的交易视为为公司计算而为的交易,以及为他人计算所为的交易应交付其所获取的报酬或让与该报酬请求权两部分。这就可能会产生一个问题,即董事为他人利益谋取属于公司的商业机会,如公司可行使归入权,要求该他人将由商业机会获得的收益都返还给公司,将使他人的行为效果归于公司,对于该他人而言显然过于苛刻。并且,归入权的行使,是为确保董事善尽忠实义务,并非为填补公司的损害,具有制裁的性质,其效果应局限于公司与董事之间,而不应扩及第三人。

事实上,董事篡夺机会的行为究竟是为自己还是为他人利益,实践中往往难以分辨。如果对于为他人篡夺公司机会的行为不赋予公司归入权,无异于变相鼓励董事以为他人的名义篡夺公司机会,这将使公司权益更受损害。但鉴于目前商业往来情况错综复杂,如果公司可完全不受限制对第三人行使归入权,不但容易引起纠纷,同时也将增加市场交易的不确定性。因此,基于保护公司利益与维护市场交易安全的平衡角度,笔者认为,公司归入权的行使范围应仅限于董事为自己篡夺公司机会的行为。至于董事为他人篡夺公司机会,可参照日本《公司法》第 423 条第 2 款关于损害额推定的规定,将董事为他人计算所获取的利益,推定为公司所受损害;或参考德国《股份法》第 88 条第 2 款的规定,责令董事交付为他人计算所获取的报酬,或让与该报酬请求权。但依照日本的损害额推定方式,公司必须就董事为他人计算所获得的利益负举证责任,这存在相当的困难。相比之下,采用德国法要求董事交付为他人计算所获取的报酬,或让与该报酬请求权,是一种更容易的方式。

（三）归入权的行使期间

我国《公司法》没有明确归入权的行使期间。从上文分析可知,归入权既然属于形成权,就应该预定一定期限的除斥期间。所谓除斥期间,也称不变期间,除斥具有排除、截止期限之意,是指法律对权利所规定的存续期间。[①] 除斥期间是权利的存续期间,只有在该期限内权利才能存在,超过该期限权利将

---

① 王利明:《民法总则研究》,中国人民大学出版社 2003 年版,第 756 页。

公司机会规则研究

厦门大学法学院经济法学文库

会丧失。因此,为了督促公司尽快行使归入权,使权利义务关系予以稳定,建议我国《公司法》应该给归入权规定一个除斥期间。至于归入权的除斥期间多长较为恰当,应当平衡董事和交易对方的利益以及公司利益,根据行使权利的起点的不同来定不同的时间期限。我国台湾地区"公司法"第209条第5款规定归入权的行使期间为自所得产生后一年内。此外,日本《商法》第264条第4款也规定自交易时起一年内可行使归入权。我国也可根据行使权利的不同起点来确定不同的时间期限,笔者建议我国将公司归入权的行使期间规定为:自该行为发后两年内,或自所获得的收入产生后一年内。也就是说,如果行为发生后可证明收入产生时间,规定较短的除斥期间为收入产生后一年;而如果无法证明收入为何时产生,则规定自行为发生时起两年为除斥期间。

综合前文分析,笔者建议我国对《公司法》第149条第2款的归入权进行修改,具体条文可为:"董事、高级管理人员违反前款规定,为自己计算而行为时,所从事的交易和获得的收入应当归入公司;为他人计算而行为时,公司可请求董事交付因此获取的利益及报酬,或让与该报酬请求权。自该行为发生后两年,或自所获得的收入产生后一年,归入权消灭。"

二、归入权与损害赔偿的关系

当董事违反公司机会规则,公司可要求行使归入权及损害赔偿,二者是否可同时行使或须择一行使? 有学者认为,归入权与损害赔偿请求权,到底是择一行使还是同时行使,可由公司斟酌具体情况决定,唯不以获双重利益为当。[1] 另有学者认为归入权与损害赔偿请求权,仅可择一行使。如果择一行使便可填补公司所受损害,则无行使另一权利之必要。并且二者无先后顺序,公司可选择对其最有利之方式为之。[2] 德国《股份法》第88条第2款规定,董事如违反竞业禁止规定,公司可向董事请求损害赔偿。或者还可以行使归入权,将董事为自己计算所进行的交易,视为为公司计算而进行的交易,或交付其为他人计算所获取之报酬或让与该报酬请求权,以代替损害赔偿。二者可择一行使。[3]

---

① 梁宇贤:《公司法论》,三民书局2003年版,第429页。

② 郑玉波:《论竞业之禁止》,载台湾大学法学丛书编辑委员会编:《民商法问题研究》(二),三民书局1980年版,第180页。

③ 卞耀武:《当代外国公司法》,法律出版社1995年版,第114页。

笔者认为,基于保护公司立场,达到吓阻作用,两者同时行使并无不可,只要公司没有获得双重赔偿,就应允许公司自由选择。具体而言,违反信义义务的救济建立在这样的公共政策之上,即为了消除所有诱惑,消除从违反信赖获得利润的可能性。① 这个公共政策基础使得原告在篡夺公司机会诉讼中无需证明对公司的损害,施加责任是基于受信人在篡夺的机会中获取的利润而非基于公司可衡量和可证明的损失。在一些案例中,董事篡夺公司机会所获得的利润是可识别和计算的,无论原告是否能够证明损害的存在,都可以行使归入权。当然,在这种情况下,如果公司同时可证明董事篡夺公司机会的行为导致公司遭受损失,公司可以择一请求或同时请求归入权和损害赔偿,但以不获双重利益为前提。如果董事篡夺公司机会没有获利,归入权无法实行,但当公司所受损失可以计算时,要求董事对所造成的损失负赔偿责任是恰当的。还有一种极端情况存在,即董事利用公司机会没有获得利益,同时公司的损害也无法证明,也可以要求董事承担损害赔偿责任,只不过这是前文所述的惩罚性赔偿的责任。关于归入权与损害赔偿的关系,请参见下表。

归入权与损害赔偿的关系

损害	利润	救济方式
√	√	归入权、损害赔偿
√	O	损害赔偿
O	√	归入权
O	O	惩罚性赔偿

注:√ 表示有可证明的损害或利润存在,O 表示无法证明损害或利润的存在

当然,篡夺公司机会的惩罚性赔偿相较于归入权和补偿性损害赔偿只是补充性的救济方法,原则上其有立法政策上的特殊考虑,与归入权和补偿性损害赔偿是前后顺序的关系。换言之,如果归入权和补偿性损害赔偿可以达到填补和吓阻效果则不必施加惩罚性赔偿,反之则可施加惩罚性赔偿。

根据以上对董事篡夺公司机会的法律救济分析,笔者认为可以通过如下途径来改造我国公司机会规则的救济方式。第一,当董事因篡夺公司机会已经获得实际利益时,如果该实际利益能够明确确定,公司可以直接行使归入

---

① Talley, Eric, Turning Servile Opportunities to Gold: A Strategic Analysis of the Corporate Opportunities Doctrine, *Yale Law Journal*, Vol. 108, 1998, p. 298.

权,将该项利益收归公司所有。如果获得的实际利益估价困难,我们应当经过合理的估算,按照市场上该类交易一般利润来决定能够行使归入权的价值范围。如果公司有可证明的损失存在,当以上两种方法仍然无法完全弥补公司的损失时,应由董事同时承担相应的赔偿责任。此即为同时主张归入权和损害赔偿。第二,当董事篡夺公司机会但并未获得实际利益时,应当本着公平、公正的原则,考虑双方的具体情况,由该董事对其行为给公司造成的损失予以适当赔偿。此为惩罚性损害赔偿的运用。以上两种救济途径相互配合,以归入权为主,损害赔偿为补充,对规范董事篡夺公司机会的行为应能起到良好作用。

结　论

在英美衡平法上,商业机会一直被视为公司的珍贵资产。[①] 英美法院经由多年判例的累积,对董事篡夺公司商业机会进行规制,形成了今天的公司机会规则。由于我国法律和英美法之间存在显著差异,所以关注英美公司机会规则,用英美经验指导我国法律改革时必须注意到这种差异。虽然我国现行《公司法》已经引进了英美法上的公司机会规则,但相较于英美国家,我国的公司机会规则不论是在法院判决还是在学说发展上,都处于初步阶段。因此,考察英美公司机会规则的理论和司法实务判决,进一步完善我国的公司机会规则,具有重要意义。

公司机会规则要求董事或高级管理人员对公司负有不得篡夺属于公司的商业机会的义务。对这种义务来源的认识曾经较为模糊。有学者误解了公司机会在衡平法上的信托财产属性,将公司商业机会作为公司的财产来保护。还有学者认为,公司机会具有期待权或优先权属性,因此董事不得篡夺。事实上,公司机会的不确定性使它很难依据传统民法来解释法律保护的理由,因为在商业机会发展成为一个具体的交易之前,人人都可以通过公平的方式来竞争机会,任何人都不能对某一商业机会拥有像财产所有权一样的排他性权利。因此,对公司机会的权利仅仅存在公司和董事两者之间,即公司机会仅仅指在公司和董事之间,某一商业机会属于公司。因此,公司机会并不是公司的传统民事权利,而是依据公司法享有的特别权利。这样即可以消除民法规范适用到公司法中水土不服的情况,廓清认识上的误区。事实上,董事不得篡夺公司机会的义务来源于其与公司之间的信义关系,在这种关系中董事处于被信赖

---

① John Lowry, Rod Edmunds, Corporate Opportunity Doctrine: the Shifting Boundaries of the Duty and its Remedies, *Modern Law Review*, Vol. 61, No. 7, 1998, p. 536.

的地位,对公司负有忠实义务,不得与公司产生利益冲突。此外,良好的法律制度设计往往也具有经济上的合理性。公司机会规则正是在所有权与经营权分离的情形下为减少代理成本的一种选择。由于法律干预产生的成本通常小于代理成本,基于社会成本最小化的考虑,要求董事将商业机会交给公司能够创造出更高的经济效率。

由于公司机会规则只适用于具有信赖关系的特定当事人之间,因此,确定当事人的身份就成为法院需要解决的首要问题。在英美法上,公司机会规则的义务人主要包括董事、高级管理人员和控制股东。一般情况下,根据所担任的公司职务和头衔较容易认定其身份。然而,基于权利义务一致的原理,如果不具有上述职务和头衔的人掌握公司业务的经营权和监督权,也应受到公司机会规则的规制,比如我国公司法上的监事、独立董事以及被视为关键雇员的部门经理。只不过他们的权限相较于普通董事和经理更为狭窄,所以他们所负的义务也相应更低,即他们仅被禁止利用基于其职位或利用公司信息或财产所获悉的机会。同样,控制股东仅仅在行使其控制力时才被禁止篡夺公司机会。因此,我国公司法应将控制股东也纳入公司机会规则的义务主体。

此外,如何认定董事篡夺机会的行为也是公司机会规则的一个核心问题。美国法和英国法在解决这个问题时存在较大的差别。美国法主要通过法院发展的各种判断标准来认定公司机会,而英国法则通过古老的利益冲突标准来确定董事是否有篡夺公司机会的行为。美国法被认为是灵活的、模糊的,而英国法则被认为是严格的、清晰的。虽然美国认定公司机会的标准仍未取得统一,甚至还被批评为混乱和多变,但一些标准如 Guth v. loft 一案提出的经营范围标准已经取得了广泛的认可。这些标准虽然也各有缺点,但是毕竟为法院提供了一些可供参考的依据。因此,从我国正处于市场经济初级阶段以及法院的审判经验和传统来看,我国法应参考美国法的公司机会认定方法,综合考虑以下因素:获得机会的职务身份、公司与机会之间的先前联系、机会对公司是否必不可少或具有特殊价值、是否使用公司的资源、机会与公司经营范围的契合程度等等。当然,法院应该根据具体案情来决定哪些因素可用。虽然这些因素没有为我们提供一个明确的标准,但至少避免了英国主要依靠法官经验和良心来判断公司机会的情况。

在商业机会被认定为公司机会的情况下,如果董事提出有力的抗辩理由,也可能不会被责难。实践中董事提出的抗辩事由可能五花八门,但常见的抗辩理由可归纳为公司无能力利用机会以及公司已经拒绝该机会或批准了董事利用该机会两种类型。前一类抗辩又包括财务无能力、法律上无能力以及第三方拒绝与公司交易等几种情形。关于无能力抗辩,由于董事应该尽最大努力为公司争取商业机会,为了防止具有利益冲突的董事的懈怠,原则上不应承认无能力抗辩。除非董事将商业机会披露给公司,由公司根据自身能力状况决定是否利用该机会。当然,如果董事能证明向公司披露并得到公司批准,是对篡夺公司机会指控的最有力抗辩。美国特拉华州虽然不要求董事正式披露,但也认为披露能够为董事创造一个"安全港"。董事如果主张这一抗辩,必须充分披露与机会相关的重要事实以及董事在机会中的个人利益。另外,在程序上,基于商业现实的考虑,适格的批准机关原则上应由董事会担任。仅仅在董事会缺乏独立性或公司章程作特别规定的情形下,才由股东(大)会作为批准机关。另外,参与批准的董事或股东还应符合无利害冲突的标准,对于利害冲突的判断,可采取实质性的经济利益(a material financial interest)标准来判断。关于批准的形式问题,鉴于默示拒绝的不确定性,公司应以正式和明示的方式"批准"董事利用公司机会,才能成为董事免责的抗辩事由。

对于董事篡夺公司机会违反忠实义务的行为,拟制信托作为英美衡平法上的救济措施尤其显现出其制度优势。拟制信托是一种利益返还救济,主要适用于违反忠实义务但没有损害发生或损害难以证明的情形。在这种情形下施加拟制信托,即可要求返还从机会获取的财产和利润,甚至移交该机会给公司,这对于制裁篡夺公司机会的董事尤其有效。另外,在董事利用机会但未获利的情况下,并不等于不存在违反忠实义务的行为,英美法院有时会施加惩罚性赔偿金来救济公司。我国《公司法》规定了归入权与损害赔偿两种救济措施。与英美法的救济措施相比较,我国的救济方式显然非常有限。其中归入权与拟制信托有一定的相似性,然而我国公司归入权还存在许多需要改进之处:为了市场交易安全,须对董事为他人计算而行为施加与为自己计算而行为不同的责任;应该给归入权的行使预定一定期限的除斥期间等。在归入权与损害赔偿的关系上,应该以归入权为主,损害赔偿为补充,如此才能完全地救济公司。

公司机会规则渊源于英美判例法,在英美国家历经一百多年的发展历史。然而,即使在英美国家,公司机会规则也被称为最为难懂和最为有争议的法律领域之一。我国公司立法引进公司机会规则才短短数年,在理论与规范上处于严重匮乏与不足的境地。笔者对公司机会规则的思考也仅仅是初步的探讨,在许多问题上还不够全面和深入。但笔者相信,在不久的将来,我国对公司机会规则的研究必将呈现繁荣局面。

参考文献

一、著作

（一）中文著作

[1]卞耀武：《当代外国公司法》，法律出版社 1995 年版。

[2]曹顺明：《股份有限公司董事损害赔偿责任研究》，中国法制出版社 2005 年版。

[3]蔡福华：《民事优先权研究》，人民法院出版社 2000 年版。

[4]冯果：《公司法》，武汉大学出版社 2007 年版。

[5]国家法官学院案例开发研究中心编：《中国法院 2012 年度案例》，中国法制出版社 2012 年版。

[6]国家法官学院编：《中国审判案例要览（2008 年商事审判案例卷）》，人民法院出版社 2009 年版。

[7]何宝玉：《信托法原理》，中国政法大学出版社 2005 年版。

[8]何美欢：《香港代理法》，北京大学出版社 1996 年版。

[9]洪逊欣：《中国民法总则》，台湾三民书局 1981 年版。

[10]蒋大兴：《公司法的展开与评判：方法·判例·制度》，法律出版社 2001 年版。

[11]金伯富：《机会利益论——兼析其在金融体系中的应用》，复旦大学出版社 2000 年版。

[12]柯芳枝：《公司法论》，台湾三民书局 2009 年版。

[13]李文颖：《机会学》，辽宁人民出版社 1992 年版。

[14]李雨龙：《企业产权改革法律实务》，法律出版社 2005 年第 2 版。

[15]梁宇贤：《公司法论》，台湾三民书局 2003 年版。

[16]刘俊海：《股份有限公司股东权的保护》，法律出版社 1997 年版。

[17]毛亚敏：《公司法比较研究》，中国法制出版社 2001 年版。

[18]梅慎实：《现代公司法人治理结构规范运作论》，中国法制出版社 2001 年版。

[19]沈达明：《衡平法初论》，对外经济贸易大学出版社 1997 年版。

[20]史尚宽：《债法总论》，中国政法大学出版社 2000 年版。

[21]施天涛：《公司法论》，法律出版社 2006 年版。

[22]王利明：《侵权行为法研究》（下），中国人民大学出版社 2004 年版。

[23]王利明：《民法总则研究》，中国人民大学出版社 2003 年版。

[24]王文宇：《公司法论》，台湾元照出版有限公司 2008 年第 4 版。

[25]王泽鉴：《民法学说与判例研究》（第 1 册），中国政法大学出版社 1997 年版。

[26]谢哲胜：《信托法》，台湾元照出版有限公司 2007 年版。

[27]徐海燕：《英美代理法研究》，法律出版社 2000 年版。

[28]徐晓松：《公司法与国有企业改革研究》，法律出版社 2000 年版。

[29]薛波主编：《元照英美法词典》，法律出版社 2003 年版。

[30]殷召良：《公司控制权法律问题研究》，法律出版社 2001 年版。

[31]曾世雄：《民法总则之现在与未来》，中国政法大学出版社 2001 年版。

[32]张开平：《英美公司董事法律制度研究》，法律出版社 1998 年版。

[33]张民安：《现代英美董事法律地位研究》，法律出版社 2007 年第 2 版。

[34]张学文：《有限责任公司股东压制研究》，法律出版社 2011 年版。

[35]赵旭东：《公司法学》，高等教育出版社 2006 年版。

[36]赵旭东：《新公司法讲义》，人民法院出版社 2005 年版。

[37]周友苏：《新公司法论》，法律出版社 2006 年版。

[38]周枏：《罗马法原论》（上册），商务印书馆 1994 年版。

（二）译著

[1][美]阿道夫·A.伯利、加德纳·C. 米恩斯：《现代公司与私有财产》，甘华鸣、罗锐韧、蔡如海译，商务印书馆 2005 年版。

[2][英]贝克：《英格兰法制史概说》，小山贞夫译，载[日]大木雅夫：《比较法》，范愉译，法律出版社 1999 年版。

[3][加]布莱恩 R. 柴芬斯：《公司法：理论结构和运作》，林华伟、魏旻译，法律出版社 2001 年版。

[4][美]弗兰克·伊斯特布鲁克、丹尼尔·费希尔：《公司法的经济结构》，张建伟、罗培新译，北京大学出版社 2005 年版。

[5][德]汉斯·J.沃尔夫等：《行政法》，高家伟译，商务印书馆 2002 年版。

[6][德]K.茨威格特、H.克茨：《比较法总论》，潘汉典、米健、高鸿钧、贺卫方译，法律出版社 2003 年版。

[7][韩]李哲松：《韩国公司法》，吴日焕译，中国政法大学出版社 2000 年版。

[8][美]理查德·A.波斯纳：《法律理论的前言》，武欣、凌斌译，中国政法大学出版社 2003 年版。

[9][美]理查德·A.波斯纳：《法律的经济分析》，蒋兆康译，中国大百科全书出版社 1997 年版。

[10][美]罗伯特·C.克拉克：《公司法则》，胡平等译，中国工商出版社 1999 年版。

[11][美]罗伯特·W.汉密尔顿：《公司法概要》，李存捧译，中国社会科学出版社 1998 年版。

[12][美]罗斯科·庞德：《法律史解释》，邓正来译，中国法制出版社 2002 年版。

[13][美]罗斯科·庞德：《通过法律的社会控制》，沈宗灵、董世忠译，商务印书馆 1984 年版。

[14][马来西亚]罗修章、[中国香港]王鸣峰：《公司法：权力与责任》，杨飞等译，法律

出版社 2005 年版。

[15][英]佩林斯·杰弗里斯:《英国公司法》,上海翻译出版公司 1984 年版。

[16][美]文森特·R.约翰逊:《美国侵权法》,赵秀文等译,中国人民大学出版社 2004 年版。

[17][美]小艾尔弗雷德·D.钱德勒:《看得见的手——美国企业的管理革命》,商务印书馆 1987 年版。

[18][英]亚当·斯密:《国民财富的性质和原因的研究》(下卷),郭大力、王亚南译,商务印书馆 1981 年版。

[19][美]约瑟夫·E.斯蒂格利茨、卡尔·E.沃尔什:《经济学》,黄险峰、张帆译,中国人民大学出版社 2005 年版。

(三)外文著作

[1]A. D. Chandler Jr, *The Visible Hand*: *The Managerial Revolution in American Business*, Belknap Press, 1977.

[2]Austin, *Fiduciary Accountability for Business Opportunities*, P. D. Finn, Equity and Commercial Relationships, Law Book Co, 1987.

[3]Ballantine, *Ballantine On Corporations* (*Rev. ed.*), Callaghan, 1946.

[4]B Pettet, *Company Law*, 2nd ed., Longman, 2005.

[5]Bruce, Martha, *Rights and Duties of Directors*, Tottel Publishing, 2005.

[6]Bryan A, Garner, *Black's Law Dictionary*, 8th ed., West Group, 2004.

[7]Choper, Coffee, Gilson, *Corporations*: *Case and Materials*,中信出版社 2003 年版。

[8]Cox, Hazen, O' Neal, *Corporations*, Aspen Law &. Business, 1997.

[9]D. J. Hayton &. O. R. Marshall, *Commentary and Cases On The Law Of Trusts and Equitable Remedies*, 10th ed., Sweet &. Maxwell, 1996.

[10]D. M. Waters, *The Constructive Trust*, The Athlone Press, 1964.

[11]Eisenberg, Melvin A., *Corporations and Other Business Organizations* 2006: *Statutes*, *Rules*, *Materials*, *and Forms*, Foundation Press, 2006.

[12]Frank H. Easterbrook, Daniel R. Fischel, *The Economic Structure of Corporate Law*, Harvard University Press, 1998.

[13]Franklin A. Gevurtz, *Corporation Law*, West Group, 2000.

[14]G. M. D. Bean, *Fiduciary Obligations and Joint Ventures*, Clarendon Press, 1995.

[15]G Moffat, *Trusts Law*: *Text and Materials*, 3rd ed., Butterworths, 1999.

[16]Gower, *The Principles of Modern Company Law*, 3rd ed., Sweet&.Maxwell, 1969.

[17]Hamilton, Robert W., *The Law of Corporations*, West Group, 2000.

[18]Harry G. Henn &.John R. Alexander, *Laws of Corporation*, West Publishing Co, 1983.

参考文献

［19］James D. Coxetal，*Corporations*，Aspen Publishers，Inc.，1997.

［20］Jeffrey D. Bauman Et Al，*Corporations Law and Policy*，6ᵗʰ ed.，Thomson West，2007.

［21］Jeffrey D. Bauman, Elliott J. Weiss & Alan R. Palmiter，*Corporation Law and Policy-Materials and Problems*，5ᵗʰ ed.，Thomson West，2003.

［22］L. C. B. Gower. *Gower's Principles of Modern Company Law*，4ᵗʰ ed.，Sweet&Maxwell，1979.

［23］L. C. B. Gower，*Gower's Principles of Modern Company Law*，5ᵗʰ ed.，Sweet&Maxwell，1992.

［24］L. D. Solomon, D. E. Schwarts & E. J. Weiss，*Corporations：Law & Policy*，West Pub. Co，1994.

［25］Mark Ellis，*Fiduciary Duties in Canada（loose-leaf ed.）*，Carswell，1993.

［26］Palmer，*Palmer's Company Law（Vol. 2，loose-leaf ed.）*，Sweet & Maxwell，1992.

［27］Paul L. Davies，*Gower and Davies' Principles of Modern Company Law*，Sweet & Maxwell，2008.

［28］Paul L. Davies，*Gower's Principles of Modern Company Law*，6ᵗʰ ed.，Sweet & Maxwell，1997.

［29］P. Birks，*An Introduction To The Law Of Restitution*，Clarendon Press，1989.

［30］Pennington，*Pennington's Company Law*，Butterworths，1985.

［31］Peter Loose, Michael Criffiths, David Impey，*The Company Director——Power、Duties、Liabilities*，Jordan Publishing Limited，2000.

［32］P L Davies，ed.，*Gower and Davies：The Principles of Modern Company Law*，7ᵗʰ ed.，Sweet & Maxwell，2003.

［33］Robert Charles Clark，*Corporate Law*，Aspen Publishers，Inc.，1986.

［34］Robert W. Hamilton，*The Law of Corporations in a Nutshell*，5ᵗʰ ed.，West Publishing Co，2000.

［35］Robert W. Hamilton，*The Law of Corporations in a Nutshell*，法律出版社 1999 年版。

［36］Solomon, Lewis D. Schwartz, Donald E.，Bauman & Jeffrey D，*Corporations：Law and Policy*，West Publishing Co，1994.

［37］Stephan M. Bainbridge，*Corporation Law and Economics*，Foundation Press，2002.

［38］Stephen Griffin，*Company Law Fundamental Principles*，Pearson Longman，2006.

［39］Steven L.，Emanuel，*Corporations*，中信出版社 2003 年版。

［40］T. Cockburn，*"Fiduciary Disclosure Obligations" in Disclosure Obligations in Business Relationships*，Federation Press，1996.

［41］［英］珍妮特·丹恩:《公司法》,法律出版社 2003 年版。

二、论文

（一）中文论文

[1]邱长策、刘凯：《论公司董事、高级管理人员违反竞业禁止义务的法律责任》，载《企业经济》2006 年第 4 期。

[2]薄守省：《论美国法上的公司机会原则——兼谈大陆法上的竞业禁止》，载沈四宝主编：《国际商法论丛》(4)，法律出版社 2002 年版。

[3]曹顺明：《公司机会准则研究》，载《政法论坛》2004 年第 2 期。

[4]曹顺明：《股份有限公司董事损害赔偿责任研究》，中国社会科学院博士学位论文，2002 年。

[5]陈璟菁：《论董事篡夺公司机会之禁止义务——兼论我国〈公司法〉中相关制度之完善》，载《学术交流》2000 年第 3 期。

[6]程胜：《董事篡夺公司机会法律问题研究》，载顾功耘主编：《公司法律评论》(2001 年卷)，上海人民出版社 2001 年版。

[7]冯果：《"禁止篡夺公司机会"规则探究》，载《中国法学》2010 年第 1 期。

[8]郭升选：《论董事竞业在司法中的认定》，载《河北法学》2009 年第 1 期。

[9]侯怀霞：《我国"禁止篡夺公司机会原则"司法适用研究》，载《法商研究》2012 年第 4 期。

[10]蒋大兴：《董事离任义务立法规制研究——兼论我国〈公司法〉之修改》，载《法学评论》2001 年第 5 期。

[11]李岩：《民事法益研究》，吉林大学 2007 年博士学位论文。

[12]林国全：《董事竞业禁止规范之研究》，载《月旦法学杂志》2008 年第 8 期。

[13]刘连煜：《现行上市上柜公司独立董事制度之检讨暨改进方案——从实证面出发》，载《政大法学评论》2010 年第 6 期。

[14]刘连煜：《独立董事是少数股东之守护神？——台湾上市上柜公司独立董事制度之检讨与建议》，载《月旦民商法杂志》2009 年第 26 期。

[15]刘孝敏：《法益的体系性位置与功能》，载《法学研究》2007 年第 1 期。

[16]吕来明：《论商业机会的法律保护》，载《中国法学》2006 年第 5 期。

[17]梅慎实：《董事义务判断之比较研究》，载《外国法译评》1996 年第 1 期。

[18]任秀芳：《论我国公司归入权的适用规则及其完善》，载《政治与法律》2009 年第 4 期。

[19]石旭雯：《篡夺公司机会禁止制度研究》，载《甘肃政法学院学报》2001 年第 3 期。

[20]王保树：《股份有限公司的董事和董事会》，载《外国法译评》1994 年第 1 期。

[21]肖璟翙：《试论公司机会的认定标准及例外规定》，深圳市福田区人民法院网，http://www.ftcourt.gov.cn/Detail.aspx? D＝15,54,54,-1.，下载日期：2009 年 10 月 29 日。

[22]徐卫：《信托受益人利益保障机制的分析与构建》，厦门大学 2007 年博士学位

论文。

[23]张耀明:《论公司机会准则》,载《社会科学》2006 年第 9 期。

[24]张睿:《篡夺公司机会及其法律规制》,西南政法大学 2004 年硕士学位论文。

[25]张学文:《封闭式公司中的股东信义义务:原理与规则》,载《中外法学》2010 年第 2 期。

[26]赵渊:《析英国〈2006 年公司法〉中禁止篡夺公司商事机会规则》,载《政治与法律》2007 年第 6 期。

[27]郑文科:《归人权研究》,载《法学杂志》2004 年 6 期。

[28]郑玉波:《论竞业之禁止》,载台湾大学法学丛书编辑委员会编:《民商法问题研究》(二),三民书局 1980 年版。

[29]曾宛如:《监察人 v. 审计委员会——兼论监察人可否担任公司律师或法律顾问》,载《月旦民商法杂志》2006 年第 12 期。

[30]宗延军、李领臣:《公司机会原则的适用主体研究》,载《求索》2010 年第 4 期。

[31]周旺生:《论法律利益》,载《法律科学》2004 年第 2 期。

[32]朱慈蕴:《资本多数决原则与控制股东的诚信义务》,载《法学研究》2004 年第 4 期。

(二)外文论文

[1]Albert Tylis, Case Comment: Corporate Law——The Diversion of a Corporate Opportunity——A. Teixeira & Co. v. Teixeira, *Suffolk University Law Review*, Vol. 32, 1999.

[2]Albert Tylis, The Diversion of a Corporate Opportunity, *Suffolk University Law Review*, Vol. 32, 1997.

[3]Altero Dagostini, Robert W. Gilbert, Corporations: The Doctrine of Corporate Opportunities, *California Law Review*, Vol. 31, No. 2, 1943.

[4]Annotation, Fairness to Corporation Where "Corporate Opportunity" Is Allegedly Usurped by Officer or Director, *American Law Reports*, 4th, Vol. 17, No. 2, 1996.

[5] Anonymous, The Corporate Opportunity Doctrine in Dutch Corporate Law, http://www.thedefiningtension.com/2009/02/no-9-the-corporate-opportunity-doctrine-in-dutch-corporate-law-.html, 下载日期:2011 年 9 月 10 日。

[6]Beck. S. M, The Quickening of Fiduciary Obligations, Canadian Aero-Service v. O'Malley, *Can. Bar. Bev.* Vol. 53, 1975.

[7]Bernard S. Black, The Value of Institutional Investor Monitoring: The Empirical Evidence, *University of California, Los Angeles Law Review*, Vol. 39, 1992.

[8]B. R. Cheffins, Current Trends in Corporate Governance: Going From London to Milan via Toronto, *Duke Journal of Comparative & International Law*, Vol. 10, 1999.

[9]Bryan Clark, UK Company Law Reform and Directions' Exploration of Corporate

Opportunities, *International Company and Commercial Law Review*, Vol. 17, No. 8, 2006.

[10]Brudney, Clark, A New Look at Corporate Opportunities, *Harvard Law Review*, Vol. 94, No. 5, 1981.

[11]Christopher E Austin, David I Gottlieb, Renouncing Corporate Opportunities in Spin-Offs, Carve-Out IPOs, and Private Equity Investments, *Insights: the Corporate & Securities Law Advisor*, Vol. 17, No. 12, 2003.

[12]Christopher K. Aidun, Sarah Atkinson, What Venture Capital Investors Should Know about the Corporate Opportunity Doctrine, *Business & Securities Litigator*, Vol. 5, 2002.

[13]Company Law Review Steering Group, *Modern Company Law for a Competitive Economy-Final Report I*, 2001.

[14]David J. Brown, Note, When Opportunity Knocks: An Analysis of the Brudney & Clark and ALI Principles of Corporate Governance Proposals for Deciding Corporate Opportunity Claims, *The Journal of Corporation Law*, No. 11, 1986.

[15]David Cowan, Lynden Griggs, John Lowy, "To Say that a Man Is a Fiduciary only Begins Analysis": the Shifting Boundaries of Fiduciary Liability, *Newcastle Law Review*, Vol. 1, No. 1, 1995.

[16]David Kershaw, Does it matter how the law thinks about corporate opportunities, *Legal Studies*, Vol. 25, No. 4, 2005.

[17]David Kershaw, Lost in Translation: Corporate Opportunities in Comparative Perspective, *Oxford Journal of Legal Studies*, Vol. 25, No. 4, 2005.

[18]David J. Brown, When Opportunity Knocks: An Analysis of the Brudney and Clark and ALI Principles of Corporate Governance Proposals for Deciding Corporate Opportunity Claims, *The Journal of Corporation Law*, Vol. 11, 1986.

[19]Davm Clayton Carrad, The Corporate Opportunity Doctrine in Delaware: A Guide To Corporate Planning and Anticipatory Defensive Measures, *Delaware Journal of Corporate Law*, Vol. 2, No. 1 1977.

[20]D. D. Prentice, Jenny Payne, The Corporate Opportunity Doctrine, *Law Quarterly Review*, Vol. 120, No. 6, 2004.

[21]D. D. Prentice, Directors Fiduciary Duties: The Corporate Opportunity Doctrine, *Canadian Bar Review*, Vol. 50, 1972.

[22]D. D. Prentice, The Corporate Opportunity Doctrine, *The Modern Law Review*, Vol. 37, No. 4, 1974.

[23]Delarme R. Landes, Economic Efficiency and the Corporate Opportunity Doctrine: In Defense of a Contextual Disclosure Rule, *Temple Law Review*, Vol. 74, 2001.

参考文献

[24]Dempsey A. Cox, Financial Inability as a Defense Under the Corporate Opportunity Doctrine, *Kentucky Law Journal*, Vol. 39, 1950.

[25]Edwin J. Lukas, Opportunity Knocks: Proposed Legislative Reform of the Corporate Opportunity Doctrine in Michigan, *The Michigan Business Law Journal*, vol. Fall, 2008.

[26]English, David M, The New Mexico Uniform Trust Code, *New Mexico Law Review*, Vol. 34, 2004.

[27]Eric G. Orlinsky, Corporate Opportunity Doctrine and Interested Director Transactions: A Framework for Analysis in an Attempt to Restore Predictability, *Delaware Journal of Corporate Law*, Vol. 24, 1999.

[28]Frankel, Tamar, Fiduciary Law, *California Law Review*, Vol. 71, 1983.

[29]Frank H. Easterbrook & Daniel R. Fischel, Contract and Fiduciary Duty, *The Journal of Law and Economics*, Vol. 36, 1993.

[30]G. Jones, Unjust Enrichment and the Fiduciary's Duty of Loyalty, *Law Quarterly Review*, Vol. 84, 1968.

[31]Gilson, Ronald J., Controlling Shareholders and Corporate Governance, *Harvard Law Review*, Vol. 119, 2006.

[32]Hans C Hirt, The Law on Corporate Opportunities in the Court of Appeal: Re Bhullar Bros Ltd, *The Journal of Business Law*, Vol. 11, 2005, 11.

[33]Harvey Gelb, The Corporate Opportunity Doctrine: Recent Cases and the Elusive Goal of Clarity, *University of Richmond Law Review*, Vol. 31, 1997.

[34]Henry W. Blizzard, Jr., Corporations-Corporate Opportunity Doctrine-A Corporate Opportunity Does Not Exist Unless the Corporation Had an Interest or Tangible Expectancy in the Property, *Alabama Law Review*, Vol. 20, 1968.

[35]James Carpenter Gries, The Doctrine of Corporate Opportunity: Has It Meaning in Arizona, *Arizona Law Review*, Vol. 9, 1967.

[36]James E. Nervig, Corporate Opportunity, Miller v. Miller: Proper Application of the Fairness Doctrine in the Corporate Opportunity Area, *the Journal of Corporation Law*, vol. Winter, 1977.

[37]J Armour, Corporate Opportunities: If in Doubt Disclose (But How?), *Carolina Law Journal*, Vol. 63, 2004.

[38]Jeffrey Legault, Redefining Corporate Opportunity in Canada, *Business Law Review*, Vol. 27, 1996.

[39]John E. Jackson III, The Corporate Opportunity Doctrine: A Historical View With a Proposed Solution, *Missouri Law Review*, Vol. 53, 1988.

[40]John H. Langbein, Questioning the Trust Law Duty of Loyalty: Sole Interest or

Best Interest, *The Yale Law Journal*, Vol. 114, 2005.

[41]John Lowry, Rod Edmunds, The No Conflict-No Profit Rules and the Corporate Fiduciary: Challenging the Orthodoxy of Absolutism, *Journal of Business Law*, No. 3, 2000.

[42] John Lowry, Rod Edmunds, Corporate Opportunity Doctrine: the Shifting Boundaries of the Duty and its Remedies, *Modern Law Review*, Vol. 61, No. 7, 1998.

[43]John Lowry, Regal(Hastings) Fifty Years On: Breaking the Bonds of the Ancien Regime?, *Northern Ireland Legal Quarterly*, Vol. 45, No. 1, 1994.

[44]Jonathan Rosenberg, Kendall Burr, Making Sense of New York's Corporate Opportunity Doctrine , *New York State Bar Association Journal*, Vol. 80, No. 5, 2008.

[45]Jongseok Kim, The Corporate Opportunity Problem: How to Treat a Corporate Opportunity Problem in the Venture Capital Industry, *Korean J. of Company Law*, Vol. 31, 2003.

[46]Karen Mclaughlin, The Corporate Opportunity Doctrine in the Context of Parent-Subsidiary Relations, *Northern Kentucky Law Review*, Vol. 8, 1981.

[47]Kenneth B. Davis, Corporate Opportunity and Comparative Advantage, *Iowa Law Review*, Vol. 84, 1999.

[48]Kenneth J. Mickiewicz, C. Forbes SargentIII, Demoulas v. Demoulas Super Markets, Inc: Directors' and Shareholders' Duty of Loyalty in Self-Dealing Transactions Involving Corporate Opportunity, *Boston Bar Journal*, Vol. 42, 1998.

[49]L. A. Hamermesh, Calling off the Lynch Mob: The Corporate Director's Fiduciary Disclosure Duty, *Vanderbilt Law Review*, Vol. 49, 1996.

[50]Lawrence E. Mitchell, Fairness and Trust in Corporate Law, *Duke Law Journal*, Vol. 43, 1993.

[51]Leonard Q. Slap, Don't Get Caught by the "Corporate Opportunity" Trap, *Venture Capital Journal*, Vol. August, 2004.

[52]Lewis Black, Corporate Opportunity Amendment Doesn't Lend Itself to Boilerplate Treatment, *Delaware Law Weekly*, Vol. 33, 2000.

[53]Lisa Peters, Corporate Opportunity, A Primer: Part 1, *Canadian Corporate Counsel*, Vol. 23, No. 4, 2001.

[54]Lonnie D. Bailey, Corporations-New Trends in the Corporate Opportunity Doctrine-Ellzey v. Fyr-Pruf, Inc. , 376 So. 2d 1328 (Miss. 1979), *Mississippi College Law Review*, Vol. 2, 1980.

[55] Lowry, Directorial Self-Dealing: Constructing A Regime of Accountability, *North Ireland Legal Quarterly*, Vol. 48, 1997.

[56]Mary Siegel, The Erosion of the Law of Controlling Shareholders, *Delaware*

参考文献

Journal of Corporate Law, Vol. 24, 1999.

[57]Mary E. Waite, The Family Farm Corporation: A New Setting For the Doctrine of Corporate Opportunity, *Drake Law Review*, Vol. 34, 1985.

[58]Matthew R. Salzwedel, A Contractual Theory of Corporate Opportunity and a Proposed Statute, *Pace Law Review*, Vol. 23, 2002.

[59]M Bazerman, K Morgan, G Lowenstein, The Impossibility of Auditor Independence, *Sloan Management Review*, Vol. Summer, 1997.

[60]Michael Begert, The Corporate Opportunity Doctrine and Outside Business Interests, *University of Chicago Law Review*, Vol. 56, 1989.

[61]Michael Jensen & William Meckling, The Theory of the Firm: Managerial Behavior, Agency Costs, and Ownership Structure, *The Journal of Financial Economics*, No. 3, 1976.

[62]Pat Chew, Competing Interesting in the Corporate Opportunity Doctrine, *North Carolina Law Review*, Vol. 67, 1989.

[63]P Koh, Once a Director, Always a Fiduciary, *Cambridge Law Journal*, Vol. 62, 2003.

[64]Pearlie Koh, Principle 6 of the Proposed Statement of Directors' Duties, *The Modern Law Review*, Vol. 66, No. 6, 2003.

[65]P Koh, Once a Director, Always a Fiduciary, *Cambridge Law Journal*, Vol. 62, 2003.

[66]R Flannigan, Reshaping the Duties of Directors, *The Canadian Bar Review*, Vol. 84, 2005.

[67]R Flannigan, Fiduciary Duties of Shareholders and Directors, *The Journal of Business Law*, Vol. 5, 2004.

[68]Richard A. Epstein, Contract and Trust in Corporate Law: The Case of Corporate Opportunity, *Delaware Journal of Corporate Law*, Vol. 21, 1996.

[69]Richard H. Glucksman,Craig A. Roeb, Recent Developments in Corporate Director and Officer Liability and Liability Insurance, http: //www. cgdlawyers. com/viewart. asp? article_id=20, 下载日期:2008 年 11 月 25 日。

[70]Robert Cooter, Bradley J. Freedman, The Fiduciary Relationship: Its Economic Character and Legal Consequence, *New York University Law Review*, Vol. 66, 1991.

[71]Robert Flannigan, The Strict Character of Fiduciary Liability, *New Zealand Law Review*, 2006.

[72]Robert Flannigan, Director Duties: A Fiduciary Duty to Confess?, *Business Law Review*, Vol. 11, 2005.

[73]Rosemary Teele, The Necessary Reformulation of the Classic Fiduciary Duty to

Avoid a Conflict of Interest or Duties, *Australian Business Law Review*, Vol. 22, 1994.

[74]Stephen A Radin, IPO Spinning as a Usurpation of a Corporate Opportunity Claim Upheld, Insights: *The Corporate & Securities Law Advisor*, Vol. 18, No. 3, 2004.

[75]Stephen M. Bainbridge, Rethinking Delaware's Corporate Opportunity Doctrine (November, 062008), http://ssrn.com/abstract=1296962, 下载日期:2009 年 5 月 26 日。

[76]Struan Scott, The Corporate Opportunity Doctrine and Impossibility Arguments, *The Modern Law Review*, Vol. 66, No. 6, 2003.

[77]Stuart Turnbull, The Doctrine of Corporate Opportunity: An Economic Analysis, *Canada-United States Law Journal*, Vol. 13, 1988.

[78]Talley Eric, Complexity in Corporate Governance: the Case of Corporate Opportunities, http://www.oecd.org/corporate/corporateaffairs/corporategovernanceprinciples/2484797.pdf, 下载日期:2009 年 8 月 5 日。

[79]Talley, Eric, Turning Servile Opportunities to Gold: A Strategic Analysis of the Corporate Opportunities Doctrine, *Yale Law Journal*, Vol. 108, No. 2, 1998.

[80]Therese H. Maynard, Spinning in A Hot IPO—Breach of Fiduciary Duty or Business As Usual, *William and Mary Law Review*, Vol. 43, 2002.

[81]Thomas P. Segerson, Corporations: Officers and Directors: Corporate Opportunities Doctrine, *Michigan Law Review*, Vol. 50, No. 3, 1952.

[82]Victor Brudney, Robert Clark, A New Look at Corporate Opportunities, *Harvard Law Review*, Vol. 94, No. 5, 1981.

[83]William, A New New Look at Corporate Opportunities, http://ssrn.com/abstract=446960, 下载日期:2009 年 10 月 16 日。

[84]Winterbauer, Steven H, The Corporate Opportunity: Doctrine What Employers Should Know, *Employee Relations Law Journal*, Vol. 18, No. 3, 1993.

[85]W. W. Bratton. Self-Regulation, Normative Choice, and the Structure of Corporate Fiduciary Law, *Georgia Washington Law Review*, Vol. 61, 1993.

三、主要资料

[1]德国 1965 年股份法。

[2]法国 1966 年商事公司法。

[3]美国示范商业公司法(*Revised Model Business Corporation Act*, 2007)。

[4]美国法学会编:《公司治理原则:分析与建议》,楼建波等译,法律出版社 2006 年版。

[5]《特拉华州普通公司法》,徐文彬等译,中国法制出版社 2010 年版。

[6]《英国 2006 年公司法》,葛伟军译,法律出版社 2008 年版。

[7]Bryan A. Garner(ed.), *Black's Law Dictionary*, 8th ed., Thomson West, 2004.

后 记

生活中我常常提醒自己要心怀感恩。本书是在我的博士学位论文的基础上修改而成的,是我学术生涯中的第一部专著,对我而言意义非凡。如今能够完成这本专著,我首先要感谢我的博士生导师朱崇实教授。朱老师和蔼的笑容、严谨的治学态度以及仰之弥高的高尚人格,无不让我心生敬佩。虽然朱老师担任了繁忙的行政工作,但还是挤出自己的休息时间对我的初稿进行反复推敲、字斟句酌,关怀之情,溢于言表。只是由于我自己生性愚钝,懈怠放松,屡屡辜负老师的教诲与期望。我谨在此一并表达对恩师的敬意、谢意和歉意,同时衷心地祝愿朱老师一生平安、幸福。

我要特别感谢法学院的刘志云教授,刘老师给我的研究和写作提供了非常重要的指导和帮助。不管是在论文的宏观结构上还是在具体的文字细节上,刘老师都给我提出了很多宝贵的意见,使我常常有一种茅塞顿开之感。同时,刘老师还热情主动地帮我联系博士论文的出版事宜,将我的论文收入"厦门大学法学院经济法学文库",并推荐给厦门大学出版社,令我无比感激和尊敬。另外,感谢法学院民商法学科的各位老师,他们都对我的专业学习和研究提供了不可或缺的指导。林秀芹教授的深刻与睿智、蒋月教授的细致与严谨、徐国栋教授的名师风范和齐树洁教授的亲切与宽容,均在言行身教方面成为我最佳的学习典范,使我一生受用不尽。此外,在厦门大学学习期间,法学院刘巧英老师细致的组织协调工作也为我提供了良好的学习条件。在此,谨向曾经给予我直接或间接帮助的老师一并表示我由衷的谢意。

同窗李玲博士、张学文博士、党玺博士和许引旺博士在我写作困难之际对我的关心、鼓励和无私相助,令我感动不已。尤其感谢李玲博士为我写作的最

后阶段提供了重要的帮助。本书能够顺利出版，我还要感谢厦门大学出版社法律编辑室的李宁编辑以及其他几位老师，他们为本书的出版付出了辛苦的劳动，其认真的精神和专业的水准令人尊敬。在此向他们表示感谢，并祝福他们一切顺利。

我还要特别感谢我的亲人。爱妻杨晓密一直在旁督促和鼓励我坚持写作，是她的全力支持和深深的爱使我顺利完成了学业。慈母刘月英虽然已经去世近 20 年，但母亲的任劳任怨、善良和宽容一直深深印在我的脑海里，我取得的每一分成绩都与我的母亲不可分割。希望这本著作能够让母亲的在天之灵感到些许欣慰。此外，父亲年逾八旬，深深的父爱一直在背后默默地支持着我，在此我祝愿父亲健康长寿。最后，我要将本书献给爱女谢馨月，女儿可爱的笑脸为全家带来了无穷的欢乐，祝愿我们家的小馨月健康快乐成长。

◎ 后记

谢晓如

2013 年 12 月

图书在版编目(CIP)数据

公司机会规则研究/谢晓如著. —厦门:厦门大学出版社,2014.5
(厦门大学法学院经济法学文库)
ISBN 978-7-5615-5036-6

Ⅰ.①公… Ⅱ.①谢… Ⅲ.①公司法-研究-中国 Ⅳ.①D922.291.914

中国版本图书馆 CIP 数据核字(2014)第 064023 号

厦门大学出版社出版发行

(地址:厦门市软件园二期望海路 39 号 邮编:361008)
http://www.xmupress.com
xmup @ xmupress.com

三明华光印务有限公司印刷
2014 年 5 月第 1 版 2014 年 5 月第 1 次印刷
开本:720×970 1/16 印张:15 插页:2
字数:261 千字 印数:1~1 500 册
定价:32.00 元
本书如有印装质量问题请直接寄承印厂调换